若手なのにプロ教師！
新学習指導要領をプラスオン

小学5年生
新・授業づくり&学級経営
365日サポートBOOK

監修：谷　和樹（玉川大学教職大学院教授）

・教室の365日が、輝く学習の場になるように！
・教室の子どもの姿が頼もしく眩しい存在となるように！
——向山洋一（日本教育技術学会会長／TOSS代表）

学芸みらい社
GAKUGEI MIRAISHA

まんがで読む！

5学年担任のスクールライフ

（井手本美紀）

みんなであそぶぞ
そこで次の日から子どもと遊ぶことにした
そしたら・・・・
お〜!
教室では見られない姿も見られるようになったし
あ〜ん
教室ではおとなしい山田さん
低学年の子にはあんなにやさしい・・・・
トラブルも未然に防ぐことができるようになった
田辺君!今のはぶったんじゃないよ!ぶつかったんだよ!
酒井君もすぐあやまる!
いって〜・・・・
以前よりクラスの仲が良くなって
今じゃ毎日子どもと走り回っている
なのになんで体重って減らないんでしょうね?
お菓子食べ過ぎなのよあなたは
体重計

プロとしての資質・能力が身につく「教師のための教科書」／谷　和樹（玉川大学教職大学院教授）

「教師の仕事はテクニックやスキルではない」
「子供との信頼関係が大切だ」
これはもちろん正しい考え方です。しかし、だからと言って、テクニックやスキルを学ばないのでは、いい授業はできません。楽しい学級経営もできません。心構えは大切ですが、それだけでは子供たちは動かない、それが教員時代の私の実感でした。

子どもをひきつける授業、魅力的な学級経営をするためには、やはり「プロとしての勉強」が必要です。あらゆるプロは、一人でプロになることはできません。必ずその道の「教科書」があり「指導者」があって、基礎から仕事を学んでいくのです。

教師の世界も同じです。そういった上達の道筋には「具体的なコツ」があります。

①子供と出会う前までのチェックリストをどうつくるの？
②1時間の授業の組み立て方にはどんな種類があるの？
③子供や保護者に響く通知表の所見の書き方に原則はあるの？
④トラブルが対応したときの対応の基本手順は？
⑤毎日の教科の授業で子供を惹きつける発問をするには？

右のような一つ一つに、これまでの先人が培った洗練された方法が存在します。それらをまず学び、教室で実際にやってみて、良さや問題点を実感し、修正していく……そうした作業こそが、まず必要です。

このシリーズでは、先生方にとって大切な内容を、座右に置く辞典のように学年別に網羅し、分かりやすく解説しました。

全国の学校で、若い先生が増えています。首都圏などでは20代教員が2割を超えました。一方、50代教員の大量退職は今後も続きます。子どもの変化、保護者の変化、情報の多様化、多忙な職場……ベテラン・中堅が若手にコツを伝授する機会も減っているといいます。新採の先生が1年もたずに退職する例も数多く報告されています。そもそも、ベテランでさえ、安定したクラスを1年間継続するのは難しい時代です。

本シリーズは、全国の若い先生方の上達のお手伝いになればと願って刊行されました。

若手なのにプロ教師！　新学習指導要領をプラスオン

新・授業づくり&学級経営　365日サポートBOOK　5年生

目次

Ⅶ 保護者会・配布資料

実物「学級通信・学年通信」付き

統括：河田孝文

Ⅷ 対話でつくる学期別学習指導のポイント

教科別・月別・学期別

統括　国語：村野聡　社会：川原雅樹　算数：木村重夫　理科：小森栄治
音楽：関根朋子　図工：上木信弘　家庭：川津知佳子　体育：桑原和彦
道徳：河田孝文　英語：井戸砂織　総合：甲本卓司

Ⅷ 教科別・月別・学期別
対話でつくる学期別学習指導のポイント

本書の使い方ナビ

活用緊急度別カスタマイズ案内／村野聡・千葉雄二・久野歩

本書は、お読みいただくというより、〈実践の場にすぐ活用出来る〉を目指して刊行されました。活用のポイントは、先生の「現在の立ち位置がどこなのか」で、大きく変わると思っているからです。

そこで、新採か教職経験何年目かという状況別に、「どの章から入ると活用緊急度に応じたヒント記事に出会えるか」、BOOKナビ提案をしてみました。

学級経営ナビ

●新採の先生方へのメッセージ

Q．通学路で子どもに「おはよう」と声をかけたのに、返事がない。その時、どう対応しましたか?

・「先生から声をかけられたら返事をしなくちゃ」――と短く注意する。

・「今日はまだ眠いんだね」――とフォローする。

⬇BOOKナビ＝「時と場に応じて対応が異なる」という意見が出そうですが、正解は？　まずはⅡ章4からご活用いただけると「なるほどな〜」となるのではないかと思います。

●教職経験が2〜3年目の先生方へのメッセージ

Q．子どもの帰ったあと、教室の机を見て……

・今日、どんな発言をしたのか？　どうしても思い出せない子が5人以上いる。

・どんな姿だったか、イメージが湧かない子が2人以上いる。

⬇BOOKナビ＝Ⅰ・Ⅱ章からご活用いただければと思います。

●教職経験が5年以上の先生方へのメッセージ

Q．保護者対応――個人面談の臨機応変

・教室では、琴線に触れるようなことまでは踏み込まない。

・廊下や挨拶場面など、さりげない時に大事な事をいう。

⬇BOOKナビ＝Ⅶ章からご活用いただければと思います。

新指導要領の授業づくりナビ

●新採の先生方へのメッセージ

Q．「主体的・対話的で深い学び」授業への疑問・不安を感じる……

・基礎基本が出来てないのに対話の時間などとれない？

・知識がない状態で思考など無理？

⬇BOOKナビ＝Ⅳ章からご活用いただければと思います。

●教職経験が2〜3年目の先生方へのメッセージ

Q　道徳の教科化で何が変わるか？

・道徳授業で教室のモラルは良くなる気がしない。

・教科書を活用する腹案がある。

⬇BOOKナビ＝Ⅷ・Ⅺ章をご活用いただければと思います。

●教職経験が5年以上の先生方へのメッセージ

Q．英語の教科化で何をしなければならないのでしょうか？

・移行期にしておかなければならない対策とは

・教師の英語力―どう考えればいいのか

⬇BOOKナビ＝Ⅷ章（1年生からの指導ポイントあり）・Ⅺ章をご活用ください。

教育研究のディープラーニング

Q．特別支援

・今、最も重視しなければならない点はどこか

・特別支援計画づくりで最も大事なことは？

・授業のユニバーサル化って？

⬇BOOKナビ＝Ⅴ章からご活用ください。

Q．プログラミング教育って？

・思考力の育成ということだと言われているので、まだ準備しなくていい？

・民間では、プログラミング教材の開発が盛んになりつつあるようだけど授業と関係あるの？

⬇BOOKナビ＝附章が面白いです。

5年生の身体・心・行動 Data File

（三宅孝明）

体が大きく変化する
第二次性徴が始まります

約10%の男子は、精通を体験します。また、発毛も始まります。心も体も大きく変化を始める時期です。異性に対して恋心も芽生えます。

女子は男子に比べて成長が２歳分早いといわれています。９歳から11歳の間にぐんぐん体が成長します。10歳〜11歳が、一番身長の伸びが大きいと言われています。

女子は男子に比べて成長が２歳分早いです！

5年生のハート 他律

反抗期が始まり家族との会話が減ります

「家の人と学校での出来事について話をする」……77.5%

家族に素直になれない分、友達との繋がりを更に求めるようになります。

5年生の行動

就寝時間が遅くなっていきます

「22時までに就寝する」……67.9%

成長ホルモンが最も出始める23時台を確保するためには、これ以上遅い就寝時間は避けたいところです。

メディアコントロールは保護者と共に！

スマートフォンやタブレット端末などのメディアの使い方を、家の人と約束をして守れている……48.8%

メディアを持っていない……37.7%

家族間のルール作りが必要です。

身体はこう成長する！

4月初め	男子	138.8cm	34.2kg
	女子	140.2cm	34.0kg
3月終わり	男子	145.1cm	36.7kg
	女子	146.8cm	30.3kg

5年生のトリセツ

夢（目標）をもつこと

男子はサッカー選手、女子はパティシエが１位でした。一方、分からないと答えた子も約３割います。

新しく教科化される道徳の副読本には、困難を乗り越えたり、努力を重ねて夢を叶えた人達の話が沢山載っています。

「大人」として接すること

心も体も変化を始め、「大人として扱われたい！」という背伸びした気持ちが大きくなります。特に女子にその傾向が強いです。女子ではなく「女性」として接することです。服装は清潔にし、約束を必ず守ること。そして、話をよく聞いてあげましょう。

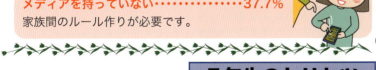

高学年なので、雨の日遊びとして、トランプ・百人一首以外に「ドメモ」「ドブル」「ハゲタカのえじき」など知的なボードゲームを置いている。

頭を使った知的なゲームなので、休み時間に熱中して行っている。ボードゲームを置くことで、物静かでおとなしい子が遊びの輪に加わるようになり、クラスの仲も良くなった。

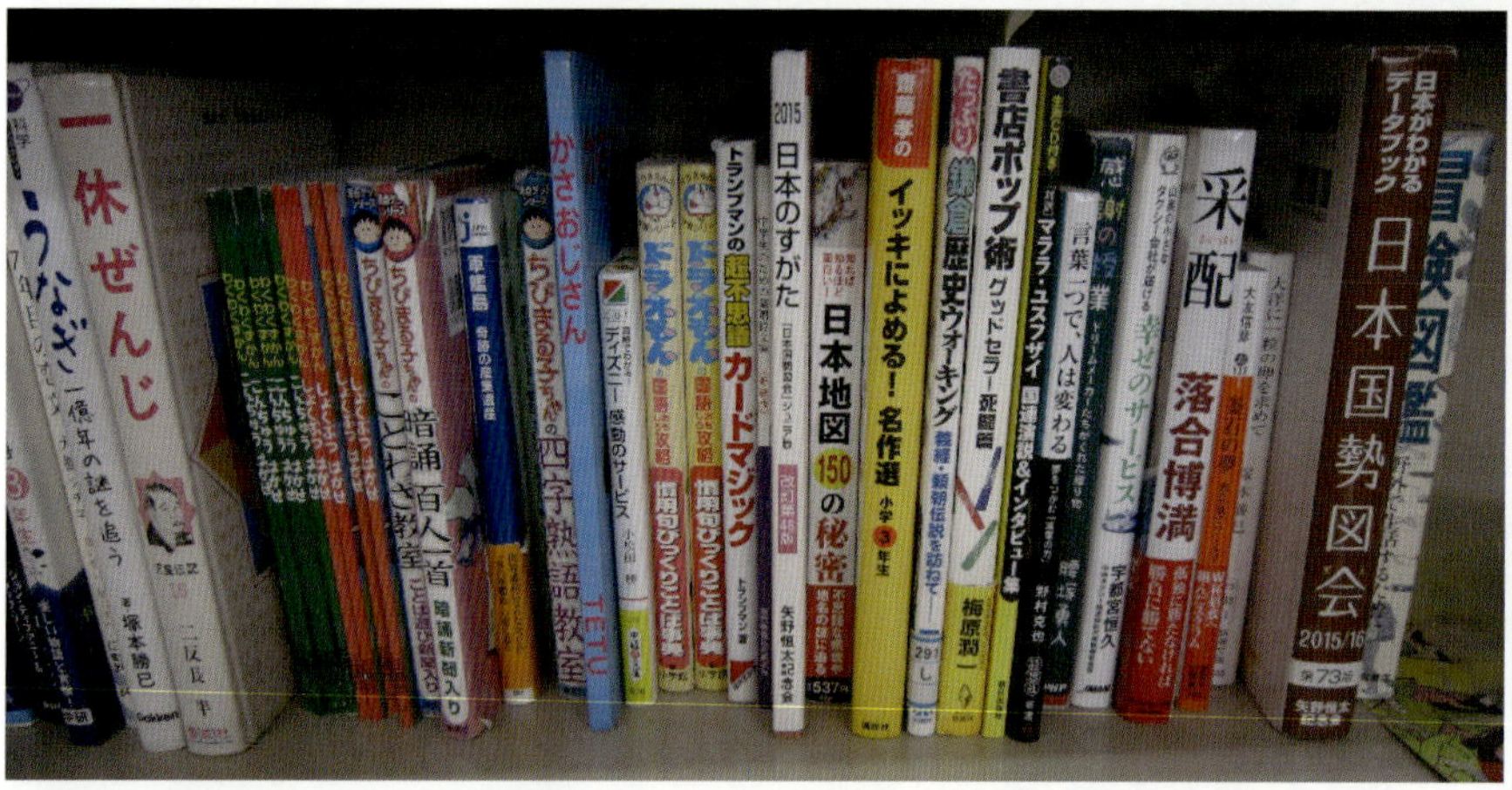

社会や総合でグループ学習をさせる際には様々な資料が必要である。教室には『日本のすがた』(矢野恒太記念会)や『朝日ジュニア学習年鑑』(朝日新聞出版)、『おしごと年鑑』（朝日新聞社）を置いており、いつでも調べられるようにしている。

グループ学習で意見を書く時に、B４の紙をラミネートしたものを使っている。ホワイトボードを購入しなくてもよく、裏にマグネットを貼れば黒板に掲示することができるので、とても便利である。

簡単に準備できるので、１人１枚用意すると学習の幅が広がる。

（宮森裕太）

教室レイアウト・環境づくり

基本とニューバージョン

特別支援を要する子が集中力を切らさないよう、教室の前面には原則、何も掲示しない。学校の決まりなど掲示が義務付けられているものは教室側面に掲示し、前面はシンプルにしている。保護者からも「前面掲示がないので子どもが学習に集中しやすい」とお褒めの言葉をいただいた。

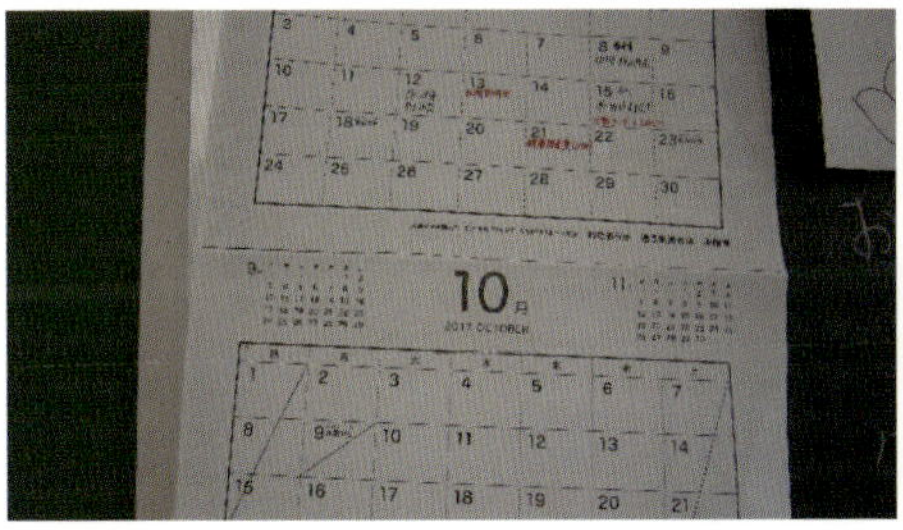

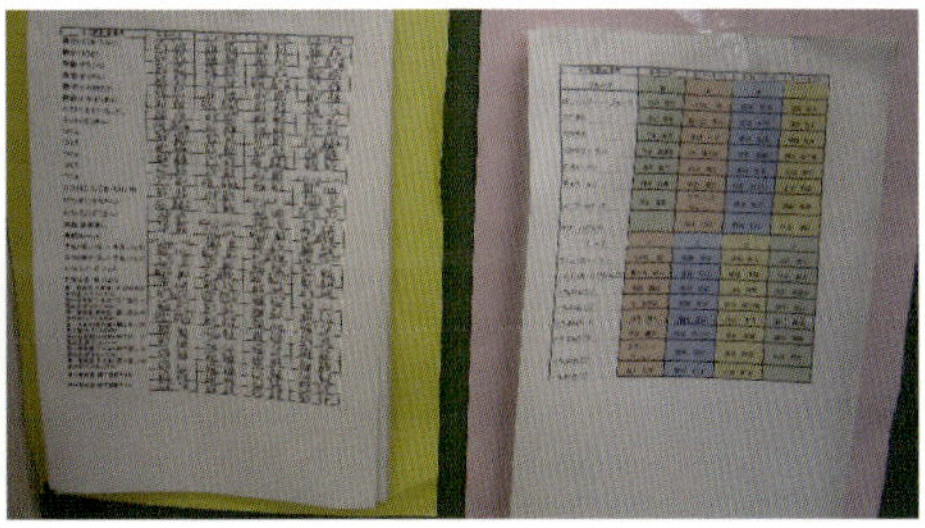

教室の側面には、給食当番や掃除当番表、委員会、クラブの名簿、行事のお知らせを貼っている。給食当番表や掃除当番表はエクセルで、長期休みの間で一気につくる。子どもが「いつ」「何をするのか」を明確にしているので、ストレスなく給食の準備、掃除をすることができる。

高学年になると委員会や林間学校などでクラスの子が分かれて活動するようになるので、カレンダーを掲示し、「いつ」「何があるのか」を視覚的に示している。カレンダーに示すことで、担任も全体の動きを把握することができる。

教室背面は、掲示物や会社活動のスペースにしている。会社の新聞を掲示したり、お楽しみ会の予定を貼るなど、子どもにも自由に使わせている。子どもが活発に活動するには物が不可欠である。画用紙やペンなど、自由に使ってよいことにしている。

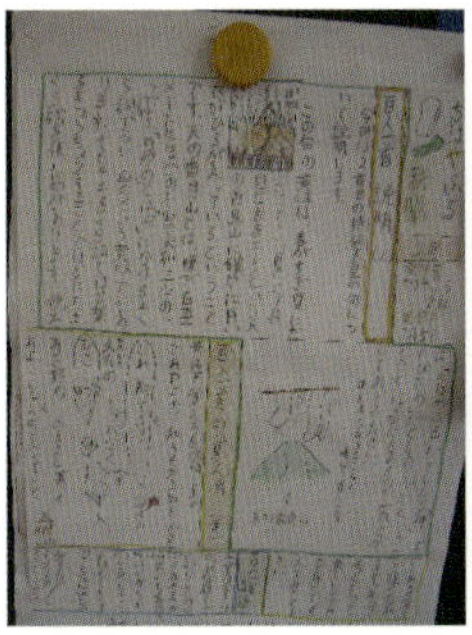

1学期 授業で力をつける

（奥本翼）

ここがポイント

夏休みの宿題は、子どもに丸投げできません。読書感想文、自由研究などは書き方を授業で指導しましょう。

国語や理科の授業で1回体験させておくとなお良いです。

「お手伝い」は、ぜひ夏休み課題にしましょう。大人になるための勉強です。学校では教えることができないのです。

4月 出会い 学級開き

・1学期始業式
・組織づくり（係・当番・委員会）
・学習のルールづくり
・生活のルールづくり
・学級目標の設定
・学力テスト

5月 遠足 家庭訪問

・学級イベント（お楽しみ会）
・遠足の作文
・田植え体験
（総合的な学習の時間）
・お礼のお手紙
・漢字まとめテスト（中間）

6月 プール開き 体力テスト

・衣替え
・新体力テスト
・プール指導
・QUアンケート
（1回目）

7月 夏休み 暑中見舞い

・学期末作文
・通知表わたし
・夏休みの生活指導
・夏休みの宿題配付
・水田観察（総合的な学習の時間）
・漢字まとめテスト（期末）
・計算まとめテスト

8月 夏休み 人権集会

・戦争を通した人権教育
・水泳記録会
・宿題提出
・運動会準備

仲間づくりにレッツトライ！

2学期へ！

ここがポイント

高学年は、夏休みを使って読書にも取り組ませたいものです。本を読むことの大切さを学級通信で啓発したり、よい本を教師が示すことも大切です。

夏休み読書感想文課題図書も、学級文庫に入れておきましょう。本を読んでいる子はほめてあげましょう。

ここがポイント

学級開きから始まる1週間は、楽しい授業、イベントをしましょう。「この学級は楽しい」「居心地がよい」と感じさせることが、1年間の原動力となります。

教師が子どもと一緒に遊ぶことで、子ども集団の構造が見えてきます。

ここがポイント

体力テストは、事前に練習が必要です。反復横跳びなどは、実施方法を理解させればぐんと記録が伸びます。

握力計は教室に置き、いつでも遊び感覚で子どもが手に取れるようにしておきましょう。

生活習慣・学習習慣づくりの見通し

学期ごとの学習の栞

2学期　行事で力をつける

ここがポイント

特に高学年女子は身体の成長による身体の変化とそれによる不安が出始めます。男性の先生は、保健室の先生からこまめに情報を聞くなどして子ども理解に努めましょう。

12月 冬休み
- ・学期末作文
- ・通知表わたし
- ・冬休みの生活指導
- ・冬休みの宿題配付
- ・年賀状の書き方
- ・漢字まとめテスト（期末）
- ・計算まとめテスト

11月 持久走大会 収穫感謝祭
- ・持久走大会
- ・授業参観
- ・収穫感謝祭（総合的な学習の時間）
- ・地域の方々への招待状づくり
- ・学習のまとめ新聞

ここがポイント

社会科で「工業」を学習します。教科書では自動車の事例が扱われていますが、自動車でなくとも構いません。地域の代表的な工業製品の工場を見学することで、より実感を伴う理解ができます。社会見学をする場合は、早めに行き先を決定しておきましょう。

マラソン練習は冬場の体力づくりの基本となります。体育授業でも、運動量を重視したスポーツ（サッカーなど）を通して、体力を高めましょう。

3学期へ！

行事を通して、力を伸ばそう!!

10月 運動会
- ・就学時健診補助
- ・社会見学（地域の工場など）
- ・お礼の手紙
- ・運動会
- ・持久走練習
- ・漢字まとめテスト（中間）
- ・QUアンケート（2回目）

9月 稲刈り 運動会練習
- ・2学期始業式
- ・学習のルール確認
- ・生活のルール確認
- ・稲刈り体験（総合的な学習の時間）
- ・運動会練習

ここがポイント

2学期は、行事を通して成長を体感させる時期です。行事の前後でどのようなことができるようになったのかをメタ認知させましょう。成長したことを行事作文で書かせることも有効です。

地域によっては、宿泊体験学習があります。当日に至るまでの準備をしっかりと行い、「やって良かった」「自分たちでできた」という達成感を与えたいものです。決して、叱る行事にならないよう先手をうちましょう。

ここがポイント

学級でのイベント（お楽しみ会など）を通して、団結する楽しさを体験させたいです。教師の力を借りなくても、みんなで協力して楽しく過ごせたという経験は大切です。そうしたクラスには、いじめがほとんどありません。少しずつ自治的な学級を目指しましょう。

ここがポイント

子どものがんばりを、教師がしっかり評価することが大切です。評価の方法は、口頭でのほめ、学級通信、保護者へのお手紙、賞状など様々です。

この時期は、教師側も余裕がなくなり、ほめる回数が減る傾向にあります。意識的にほめ、子どもを成長させましょう。

3学期 リーダー力をつける

ここがポイント
高学年のパーティーで、ぜひやっておきたいのが「企画書づくり」です。班ごとに企画書を書かせ、それを人数分印刷して学級会にかけます。企画案の出し方と検討の仕方について、一度体験しておくと次年度につながります。

解散パーティーをするにあたり、一番のポイントが「特別教室（体育館など）の確保」です。早めに場所をとっておき、準備を進めましょう。

3月 卒業式 学級解散
・卒業式
・学年末作文
・学年末スピーチ
・漢字まとめテスト
・計算まとめテスト
・学級解散パーティー

ここがポイント
６年生が卒業してからの１週間は、５年生だけで委員会活動をしなければなりません。最上級生としての意識が高まる時期です。できていないところに目を向けるよりも、できている子たちをとにかくほめましょう。下級生への声かけ、進んで仕事を補う姿を見つけ、その行動を広げることが大切です。新年度に入る前に、自信をつけてあげたいものです。

6年生へ！

学校のリーダー意識を持たせよう！

2月 6年生を送る会
・６年生を送る会準備
・６年生を送る会リハーサル
・６年生を送る会
・学年末テスト
・授業参観

1月 書き初め 送る会に向けて
・３学期始業式
・書き初め大会
・学習のルール確認
・生活のルール確認
・６年生を送る会準備

ここがポイント
学級解散にあたり、１人１人のがんばりや良さを評価し、子どもに伝えることが大切です。通知表や学級通信で、子どものがんばりを直接ほめてあげましょう。

また、次年度への引き継ぎを考えて、児童に関する資料を早めに準備しておきましょう。１ヶ月間、子どもたちの記録をとっておけば、次年度の先生が動きやすくなります。

ここがポイント
６年生になると、すぐに学校全体を動かす仕事を任されます。縦割り班のリーダーや１年生給食の準備など。

５年生のうちから、日常生活のレベルをある程度高く保っておく必要があります。周りを見て、他者の仕事をフォローする力も必要です。

三学期は、意識を高く持たせ、６年生０学期という意識を持たせたいものです。

ここがポイント
６年生を送る会を運営するのは５年生ですが、他の学年にも協力を呼びかける場があります。まずは、職員会議で各学年の仕事の割り振りを確認しておきましょう。子どもたちにも「見通し」は必要です。昨年度の行事の映像を見せ、全体像を把握させてから準備・練習に入った方が効率的です。イメージが在るので、子どもは動き方をおおよそ理解することができます。

本番に向けて、リハーサルを何度もして自信をつけさせましょう。

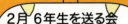

５学年の学期別年間計画

新指導要領の発想でつくる　スクールプラン入り

４月

高学年生としての意識の醸成
学級、学習のシステムの確立
対話的な学びの素地となる、心の開放された学級づくり

・入学式
新1年生を迎え、高学年生の自覚をもつ。
・学級会
学級目標や学級の組織・ルール作りをする。
・地区別集会
地域コミュニティーの一員として自助・共助の意識を持つ。
・1年生を迎える会
6年生と協力して学校の中心となる経験をする。
・県学力把握調査
自己の学力の様子を把握する。
・授業参観・学年部会・家庭訪問
・委員会活動の開始
自分の役割を自覚し、社会参画意識の醸成を図る。

５月

高学年としての行動の具体的な指導
社会道徳・集団の規律の指導

・児童総会
合意形成に至る話し合いのプロセスを学ぶ。
・クラブ活動の開始
共通の興味・関心を追求する異年齢集団の活動を計画的に運営する。
・スポーツ教室
豊かなスポーツライフの実現と、運動やスポーツの多様な　楽しみ方を知る。
・林間学校
教科横断的な学習を通じ、思考力・判断力・表現力を養う。
・社会
日本の領土・国土について学び世界の中の日本を捉える。

６月

体育的活動、芸術的活動の充実
情報発信力の育成
読書習慣の形成、図書館利用指導

・プール清掃
全校のための役割を担い、奉仕する。
・音楽発表会
楽しさを味わいながら、様々な音楽に親しむ。
・縦割りゲーム集会
楽しみを提供する側で工夫し、学級外の児童と交流を図る。
・愛校作業
勤労・奉仕の充実感を味わい、学校を愛する気持ちを持つ。
・読書週間
読書が、自分の考えを広げるのに役立つことに気づく。
・理科
植物の成長について条件を制御して調べる方法を学ぶ。

7・8月

自己をふり返り反省を生かす態度
規律ある生活、自律心の育成
進んで学ぶ、1つのことを続ける経験の充実

・地区別集会
危険から身を守る行動や判断ができたかをふり返る。
・1学期終業式
厳粛な気持ちを味わい、家庭での生活への心構えを持つ。
・夏季休業
興味・関心に基づく主体的で深い学びを行う。
・2学期始業式
厳粛で清新な気持ちを味わい、学校生活への意欲を喚起する。
・水泳記録会
技能が身に着いた喜びを味わい仲間の取り組みを認め合う。
・算数
合同な三角形をかく上で必要となる要素を考え伝え合う。

9月

対話的な学びの充実
リーダーとしての行動の実際を学ばせる
体力増進と運動技能の伸長

・避難訓練
災害等から身を守る安全な行動や規律ある集団行動を体得させる。
・愛校作業
場や用具の安全に留意する態度を養う。
・運動会
組み立て体操で、機敏な動き、仲間との協力を学ぶ。
・体育
リレーのバトンパスで課題解決に向けて考えを伝え合う。
・外国語
相手に発した問いの答えを受けながら、1対1で6往復程度の会話ができる。

10月

主体的・対話的で深い学びの実現
音楽文化との豊かな関わり

・読書週間
読書に親しみ、読書が、自分の考えを広げるのに役立つことに気づく。
・手作り弁当の日
家族に感謝するとともに、ふだんの食生活を見直す。
・音楽発表会
仲間と1つのものを作り上げる喜びを味わう。音楽に親しむ。
・国語
文章を分析的に読み、考えを伝え合い共有する。
・総合的な学習
プログラミングソフトを使ってプログラミングの基礎を学ぶ。

11月

学級会活動の充実
聞き取りなどの調査活動を含む具体的な体験活動の充実
学校のリーダーとなる心構えの形成

・社会科見学（自動車工場・食品工場）
工業生産、貿易や運輸に関わる人々の工夫や努力を理解する。
・児童会役員選挙
全校児童の中心となる見通しを持ち、主体的に組織を作り、役割を分担する意識をもつ。
・国語
物語の全体像や人物像を捉え、考えたことを伝え合う。
文章と図表などを結び付ける。
・理科
もののとけ方の規則性を予想し仮説を立て検証する。

12月

奉仕活動の喜びを味わわせる
伝統文化を体験させ指導する
１年の総括を行う

・たて割り清掃
異年齢の児童同士で協力し、範を示す。
・地区集会
自己や登校班を事故から守る安全な行動や判断ができたか、２学期をふり返る。
・2学期終業式
厳粛で清新な気持ちを味わい、新しい生活への展開への動機づけとなるようにする。
・冬季休業
年末年始の伝統文化や行事に親しむ。
・体育
タグラグビーで、ボールをつなぐプログラミング的な動きを学習し実践する。

1月

来年度を見通した、新年の目標の設定
学級のシステム・学習システムの再確認

・3学期始業式
厳粛で清新な気持ちを味わい、新しい生活への展開への動機づけとなるようにする。
・スキー教室
地域の気候風土に即したスポーツに親しみ、豊かなスポーツライフを実現するための資質・能力を育成する。
・書初め大会
毛筆の美しさを知り、日本の伝統的な行事を体験する。
・避難訓練
災害等から身を守る安全な行動や規律ある集団行動を体得する。

2月

校外学習に臨む態度の再確認
児童会活動の引き継ぎ
プログラミング的思考の体験

・防犯訓練
事件や事故から身を守る思考力や判断力を養い、安全で規律ある集団行動を学ぶ。
・社会科見学（テレビ局・新聞社）
情報の作られ方・発信のしかたを学ぶ。
・児童総会
計画を立て役割を分担し協力して運営することに主体的に取り組む。
これまでの活動について、学級や異年齢の児童同士で話し合ってふり返る。
・算数
多角形の作図で正確な繰り返し操作などプログラミング体験を行う。

3月

学習のまとめと既習事項の定着
１年間の成長を確かめ喜び合う
在校生の代表として、主体的に関わる諸活動の充実

・6年生を送る会
全校が参加する行事を自分たちの手で作り上げる。
・卒業式
厳粛な気持ちで、感謝を表し、卒業を祝福する式の意義を理解し、在校生の代表としてふさわしい態度を主体的に考えて参加する。
・地区集会
自己や登校班を事故から守る安全な行動や判断ができたか、１年間をふり返る。
・終了式
厳粛で清新な気持ちを味わい、新しい生活への展開への動機づけとなるようにする。

（生山裕子）

月別プラン・ドゥ・シー〈1〉

新学期前日までの担任実務チェックリスト

チェック　事務関係

□転入生の確認
□名簿作成（通常名簿、男子・女子別、罫線）
□名簿印刷（教室と職員室）
□氏名印を出席番号順に並び替え
□指導要録の確認
□引き渡しカードの確認
□児童資料の確認
□保健関係書類の確認
□校外学習の確認・計画
□宿泊行事の計画
□時間割の作成・印刷
□資料を閉じるファイルの準備
□出席簿の作成
□週案の作成
□教科書の冊数を確認
□氏名印を押して、名前シール作成
□学年の年間行事確認
□学年内分掌の決定
□学年だより作成

チェック　学級経営関係

□子どもの名前を覚える
□写真を見て子供の顔を覚える
□子どもの住所の確認
□家族や兄弟の確認
□学級通信作成
□学級消耗品の注文
□掃除の分担場所を確認
□給食当番の役割
□係の数と人数割り振り
□学校、学年のルール確認
□日直の仕事
□投稿後の朝の動き
□掃除のルール
□道具袋の中身
□子どもに持たせる物
□机の配置
□教室に置く物
□学級目標
□宿題について
□教科ごとのルール

チェック　教室環境・備品

□机、椅子の数を確認する
□照明を調べる
□ロッカー、靴箱を確認する
□掃除用具を確認する
□教室内に壊れた場所がないかを確認する
□備品が使えるかを確認する（テレビ、DVD、CDラジカセ、配膳台、ゴミ箱、電子ピアノ、黒板消しクリーナー、チョーク、黒板消し等）
□子どもへの貸し出し用具を準備する（鉛筆、赤鉛筆、定規、分度器、コンパス、三角定規、のり、はさみ、セロテープ、ネームペン、マジック、ノート、習字セット、絵の具セット、裁縫道具等）
□教室にあると便利な物（カッター、朱肉、ビニール袋、新聞紙、画用紙等）
□ネームプレート作成

チェック　授業関係

□教科ごとのノート作成
□教材採択
□年間計画確認
□教科書に目を通す
□授業開きの詳細案
□最初の単元の教材研究
□TOSSランドの先行実践をプリントアウトする
□出会いで話す内容を考える
□各教科の学習ルール
□4年の漢字テスト
□4年の計算テスト
□自己紹介カード準備
□1年間の目標カード準備
□図工の鑑賞カード準備
□図工の作品カード準備
□総合的な学習の時間のカリキュラム確認
□特別教室の割り当て確認

（東條正興）

月別プラン・ドゥ・シー〈2〉

新学期担任実務チェックリスト【一週間】

【1日目】ルールを教える

１　始業前

①教室の窓を開けたか
②教室の中にゴミは落ちていないか
③黒板に誰がどこの席に座るのかが明記されているか
④黒板に子ども達へのメッセージを書いてあるか
⑤机や椅子の数は十分か
⑥机や棚の上は拭いてあるか
⑦配付物は、教室に用意してあるか
⑧貸し出し文房具は準備してあるか
⑨初日に指導することは確認したか

２　着任式・始業式

①(着任者の場合) 短く挨拶をしたか
②担任発表で大きな声で返事をしたか
③良い姿勢の子を見つけたか
④校歌を大きな声で歌っている子を見つけたか
⑤引継ぎがあった子の様子を見たか

３　学級活動、その他

①全員の子どもの名前を呼んだか
②子どもの名前を呼び、褒めたか
③転入生のお世話をする子を決めたか
④机、椅子の高さが合っているかを確認したか
⑤始業式で見つけた良い点を褒めたか
⑥１年間の抱負を簡潔に伝えたか
⑦担任の自己紹介を指導したか
⑧５年生（高学年）としての心構えを簡潔に伝えたか
⑨教師が叱る場面について簡潔に伝えたか
⑩生活上のルールを伝えたか
⑪全員を教師の方を向かせて話したか
⑫聞いていない子を見逃していないか
⑬教科書を全員に配付したか
⑭手紙を全員に配付したか
⑮教科書に名前を丁寧に書かせたか
⑯筆箱の中身や道具袋の中身について伝えたか
⑰翌日の連絡をしたか
⑱翌日の持ち物を伝えたか
⑲提出物をどのように処理するかを伝えたか
⑳係を決めたか
㉑全員に何かを短く発表させたか
㉒日直の仕事を伝えたか
㉓明日の日直を伝えたか
㉔席替えについての時期と方針を伝えたか
㉕子どもの良い点を一筆箋に書いて渡したか

４　子どもが帰った後

①教室の様子を確認したか
②黒板はきれいに消してあるか
③教室内は、簡単に掃き掃除をしたか
④欠席した子へ連絡をしたか
⑤欠席をした子へ教科書を届けたか
⑥翌日配付すべき物を学年で確認したか
⑦翌日指導することを書き出したか
⑧子どもの良かったところを名前と共に振り返ったか
⑨学級通信に初日の出会いについて書いて起案したか

月別プラン・ドゥ・シー〈2〉

新学期担任実務
チェックリスト【一週間】

【2日目】学級システムを確立する

1　子どもが来る前
①子どもが来る前に窓を開けたか
②教室はきれいになっているか
③机は整頓されているか
④提出物を出させる準備をしたか
⑤配付物を揃えたか

2　子どもがいる間
①元気よく挨拶をして教室に入ったか
②始業前に子どもの顔を見て、様子を確認したか
③子ども達の顔を見ながら出欠確認をしたか
④元気よく返事をした子を褒めたか
⑤提出物を忘れた子を確認したか
⑥連絡すべきことを確実に伝えたか
⑦筆箱の中身を確認したか
⑧子どもの名前を呼んだか
⑨アドバルーンを見逃さず、全員の前で対応したか
⑩前日に確認したルールは守られているか確認したか
⑪日直や係の仕事の状況を確認したか
⑫日直や係の仕事など、自分からできていた子を取り上げて褒めたか
⑬学級委員を決めたか
⑭掃除当番を決めたか
⑮給食当番のシステムを伝えたか
⑯給食ルールを確認し、伝えたか
⑰筆箱の中身は確認したか
⑱4年の漢字・計算の確認テストを実施したか
⑲「5年生になって頑張りたいこと」を書かせるかスピーチさせたか
⑳翌日の連絡をしたか
㉑配付物は、全て配ったか
㉒机の周りのごみ拾いはさせたか

3　子どもが帰った後
①教室の様子を確認したか
②黒板はきれいに消してあるか
③欠席した子へ連絡をしたか
④回収物の入れ物を用意したか
⑤翌日の朝学習の用意はしたか
⑥翌日指導することを書き出したか
⑦子どもの様子を名前と共に振り返ったか
⑧学級通信にその日の様子について書いて起案したか

【3日目】学習規律を教える

1　子どもが来る前
①教室はきれいになっているか
②机は整頓されているか
③雑巾掛けは整頓されているか
④提出物を出させる準備をしたか
⑤教室の電気をつけたか
⑥子どもに連絡することを確認したか

2　子どもがいる間
①元気よく挨拶をして教室に入ったか
②始業前に子どもの顔を見て、様子を確認したか
③子ども達の顔を見ながら出欠確認をしたか
④元気よく返事をした子を褒めたか
⑤提出物を忘れた子を確認したか
⑥連絡すべきことを確実に伝えたか
⑦筆箱の中身に名前が書かれていることを確認したか
⑧机上の学習用具の配置を指導したか
⑨忘れ物をした時の対応を指導したか
⑩忘れ物を自分から報告できた子を褒

月別プラン・ドゥ・シー〈２〉

新学期担任実務チェックリスト【一週間】

めたか
⑪国語ノートの書き方を指導したか
⑫新出漢字の学習の仕方（指書き・なぞり書き・写し書き）を指導したか
⑬空書きで書き順を正しく覚えているか確認したか
⑭音読の仕方（追い読み・交代読み・たけのこ読みなど）を指導したか
⑮算数ノートの書き方を「算数ノートスキル」（東京教育技術研究所）を使って指導したか
⑯下敷きを使うことを指導したか
⑰直線は、定規を使って引くことを指導したか
⑱ノートの丁寧さを評定したか
⑲発言の仕方を指導したか
⑳プリントの貼り方を指導したか
㉑多くの子が発表する場を設けることができたか
㉒休み時間の子どもの人間関係と遊びの様子を確認することができたか
㉓日直や係の仕事の状況を確認したか
㉔日直や係の仕事など、自分からできていた子を褒めたか
㉕時間を守っていた子を褒めたか
㉖ルールを守って行動できたことを褒めたか
㉗提出物の未提出者を確認したか
㉘未提出者には、連絡帳に書かせるなど、個別に指導したか
㉙連絡帳を書かせて確認したか
㉚掃除の仕方を各場所で教えたか
㉛掃除をまじめにやっている子を褒めたか
㉜帰りの会を教えたか
㉝子ども達全員と会話をしたか

３　子どもが帰った後

①教室の様子を確認したか
②黒板はきれいに消してあるか
③欠席した子へ連絡をしたか
④回収物の入れ物を用意したか
⑤翌日の朝学習の用意はしたか
⑥翌日指導することを書き出したか
⑦子どもの良かったところを名前と共に振り返ったか
⑧学級通信にその日の様子について書いて起案したか

【４・５日目】軌道に乗せる

１　子どもが来る前

①教室はきれいになっているか
②机は整頓されているか
③雑巾掛けは整頓されているか
④提出物を出させる準備をしたか
⑤教室の電気をつけたか
⑥子どもに連絡することを確認したか

２　子どもがいる間

①元気よく挨拶をして教室に入ったか
②朝のうちに係の仕事をした子を褒めたか
③子ども達の顔を見ながら出欠確認をしたか
④元気よく返事をした子を褒めたか
⑤提出物を忘れた子を確認したか
⑥連絡すべきことを確実に伝えたか
⑦下敷きや文房具が揃っているかを確認したか
⑧持ち物に全て名前が書いてあるか確認したか
⑨下敷きを使っている子を褒めたか
⑩授業前に、学習準備をしていた子を

月別プラン・ドゥ・シー〈2〉

新学期担任実務チェックリスト【一週間】

褒めたか
⑪赤鉛筆、ミニ定規を使っている子を褒めたか
⑫名前を呼ばれて返事をした子を褒めたか
⑬国語で漢字テストの練習の仕方を指導したか
⑭算数で指導したノートの使い方ができているかを確認したか
⑮理科のノートの書き方を指導したか
⑯理科学習のきまり（学習の進め方や実験のルールなど）を指導したか
⑰社会科で「地名探し」（ＴＯＳＳランド参照）などで地図帳を使ったか
⑱社会科で「写真やグラフの読み取り方」（わかったこと・気づいたこと・思ったことを箇条書き）を指導したか
⑲体育の着替えを事前に済ませておくことを指導したか
⑳着替えた服をどのように保管しておくかを指導したか
㉑体育で見学の仕方（見学ノートを書くこと）を指導したか
㉒準備体操の仕方を指導したか
㉓準備運動では、男女問わず色々な子と運動をすることを指導したか
㉔準備運動の中で子どもの実態を確認したか（スキップ・ケンパーなど）
㉕汗をびっしょりかくほど運動させたか
㉖給食準備の動きが守れていることを褒めたか
㉗配膳の量を教えたか
㉘給食のおかわりを教師が仕切って、ルールを指導したか
㉙掃除分担場所を回って、指導したやり方ができているかを確認したか
㉚まじめに掃除をしている子を褒めたか。
㉛掃除用具の片付けができているかを確認したか
㉜連絡帳を全員書いたか確認したか
㉝日直や係の仕事など、自分からできていた子を褒めたか
㉞時間を守っていた子を褒めたか
㉟ルールを守って行動できたことを褒めたか
㊱良い行動をした子には、連絡帳や一筆箋に書いて保護者に伝えたか
㉜帰りの身支度が早くできた子を褒めたか
㉝子ども達全員と会話をしたか

3　子どもが帰った後

①教室の様子を確認したか
②黒板はきれいに消してあるか
③欠席した子へ連絡をしたか
④回収物の入れ物を用意したか
⑤翌日の朝学習の用意はしたか
⑥翌日指導することを書き出したか
⑦子どもの良かったところを名前と共に振り返ったか
⑧学級通信にその日の様子について書いて起案したか
⑨翌日の授業準備をしたか

（東條正興）

月別プラン・ドゥ・シー〈3〉

特別活動の仕組みづくり【係・当番】

5年生への進級にあたり、多くの学校ではクラス替えが行われる。

学年の学級の数だけ、それまでのルールがあり、システムがあるのだ。

それぞれの旧クラスから集まった集団が、安定して生活していくには、初めにはっきりとしたシステムと方針を示す必要がある。新しいクラスの仲間や新しい担任との出会いは、子ども達に今までと違う何かを期待させる。新しいシステムにも子ども達は新鮮さを感じるため、入りやすいのである。

学級の係などを決める際、次の2通りが考えられる。

①担任が全て決めて伝える。
②昨年度のやり方を集約し、担任が良いと思った方法を決める。

①の担任が全て決めて伝える場合、「その先生のやり方」として、子ども達は柔軟に理解することも多いが、担任がその学校に赴任したばかりの場合は、注意が必要だ。

その学校のルールややり方と大きく違うことで、子ども達が戸惑うこともあるので、学年職員に学校のルールなど話を聞いておいた方が良い。

②のように、4年時のクラスのルールを子ども達に聞いて集約し、そこから選んでいく方法もある。

「それぞれみんな違うやり方だったので、統一して〜とします」など、あくまで教師が主導権を握りながらも、子ども達が納得できるよう決めていく。

また、担任の期待した子どもの動きと違う場合も有り得るため、

「しばらくこれでやってみますが、もし不都合があれば、変えることもあります」と、一言予告しておくと良い。

クラス替えの無い単学級であれば、昨年度のシステムを基本的に踏襲し、不都合のあった部分について聞いて修正を図っていくのが良い。

子ども達は、それまでのシステムに慣れているため、逆に全く変えてしまうと、高学年の場合は反発されることもあるからだ。「前の先生の時は、これが良かった」「今の6年生が5年生の時は〜だった」など、学級解体を経験したことの無い単学級ならではのアドバルーンや不満には気をつけたい。

給食当番は、1週間ごとの交代で何の問題も無いが、掃除当番はできるだけ長い期間固定することをお勧めする。

最低でも1〜2ヶ月、長ければその学期間変えないぐらいでも良い。

掃除当番を固定することで次のようなメリットがある。

①掃除の技能が習熟する。
②掃除の手順や内容が明確に理解されるので、自分達で動けるようになる。
③掃除場所を交代しても、「〇〇掃除のプロ」として子ども同士が教え合うことで、確実に引き継ぐことができる。
④結果的に掃除や指導の時短になる。

ちなみに、掃除は「1人1役」である。私は、全ての分担場所を更に細かく仕事を振り分け、学級の人数分の役割を作り、一覧表にして配付している。

その中から自分のやりたい場所を選ばせ、じゃんけんで決定している。

（東條正興）

月別プラン・ドゥ・シー〈3〉

特別活動の仕組みづくり【日直・日誌】

日直は、座席のペアの2人で行うことが多いが、高学年であれば1人でも十分である。

日直の仕事として行われているものは、概ね次の8つが挙げられる。

①朝の会の司会
②「今日のめあて」の黒板記入
③専科授業などでの挨拶
④教室の施錠
⑤黒板消し
⑥電気の点灯・消灯
⑦日直日誌の記入
⑧帰りの会の司会
⑨教室の整頓

これらの中から、学校や学年の実態に応じて組み合わせる。

日直の仕事は、係では足りない仕事を補うものと考えると良い。

例えば、「窓の鍵を閉める」「黒板を消す」「教室の整頓」など、係が行う学級もある。その係が無い場合は、日直が行うことになる。

「休んだ係の仕事を日直が代行する」というシステムもある。

朝の会・帰りの会のメニューも様々見られる。教師が決めて示せば良い。

【朝の会】
①あいさつ
②名札チェック
③今月の歌
④係・委員会からの連絡
⑤今日のめあて
⑥スピーチ
⑦健康観察
⑧先生の話
【帰りの会】
①めあての反省
②今月の歌
③名札の回収チェック
④今日の良かったこと
⑤係・委員会からの連絡
⑥先生の話

心がけたいのは、「必要最低限」にすることである。朝の会が長引けば、「朝学習」の時間が削られたり、1校時の開始が遅れたりする。帰りの会が長引けば、子どもの下校時刻が遅くなる。これでは、本末転倒である。

日直日誌は、日直がその日の学習や生活を記録するものである。

次のような内容を記載する。

①日直名
②天気
③欠席・遅刻・早退
④1日の学習の記録（教科と内容）
⑤今日の感想
⑥担任印（コメント）

日直は、休み時間や帰りの会前後の時間を費やして書き上げなければならない。教師も毎日チェックしていくことになるため、お互いに負担になる部分がある。

しかし、1日の記録が残るので、教師の補助簿としての機能も果たす。また、日誌が学級全員の交換日記のような役割になり、感想欄等を通じて友達の考えや個性を知る機会にもなるのだ。

プラスチックのフラットファイルに綴じると壊れにくく、年間通じて読みやすいのでお薦めである。

（東條正興）

月別プラン・ドゥ・シー〈3〉

特別活動の仕組みづくり【クラブ】

クラブ活動は、子ども達の希望をとって所属先が決められる。

しかし、各クラブの定員が決まっているため、第1希望のクラブに入ることができない子どもも当然出てくる。

子ども達にアンケートをとった後、その結果を名簿に一覧にする。

①～⑤は、「第1～第5希望」を意味する。アンケートをとる際は、クラブの数に応じて第○希望まで書かせる。

まず「第1希望」のある枠を確定させていく。左の球技クラブのように、1つのクラブに希望が集中してしまうことは、珍しくはない。

児童	球技	卓球	理科	将棋	手芸
A	①	③	②		
B	③	①	②		
C	①			②	③
D	①	②		③	
E	①		③		②
F			②	③	①
定員	2	1	1	1	1

第1希望が重なったところは、ジャンケンで決めていくという方法がある。

しかし、第1希望で負けた児童は、希望順位の低いクラブに行かなければならなくなる確率が上がる。

なるべく希望順位を反映して教師が調整して決める方法を紹介する。

球技クラブは、希望者が定員を超えているため、ひとまず「保留」とする。

卓球のBと将棋のFが決定である。決定した児童については、他の希望欄を線で消していく。

同じように、決定したクラブの他の児童の希望も線で消していく。

児童	球技	卓球	理科	将棋	手芸
A	①	~~③~~	②	~~⑤~~	④
B	~~③~~	①	~~②~~	~~④~~	~~⑤~~
C	①	~~⑤~~	④	~~②~~	③
D	①	~~②~~	④	~~③~~	⑤
E	①	~~④~~	③	~~⑤~~	②
F	~~⑤~~	~~②~~	~~③~~	①	~~④~~
定員	2	1	1	1	1

次に理科クラブを見てみると、Aの児童が「第2希望」となっているため、優先される。同じく、手芸クラブはEの児童が「第2希望」となっている。

これらの児童の第2希望を優先すると、自然と重なっていた球技クラブの希望者が絞られてくる。

児童	球技	卓球	理科	将棋	手芸
A	①		②		~~④~~
B		①			
C	①		~~④~~		~~③~~
D	①		~~④~~		~~⑤~~
E	①		~~③~~		②
F				①	
定員	2	1	1	1	1

右を見ると、消去法でCとDの児童が球技クラブに決定する。

このように、希望順位の高いものから調整することで、より多くの子の満足度を高めることができるのである。

（東條正興）

月別プラン・ドゥ・シー〈4〉

4月の学級経営のポイント【1学期】

高学年としての心構えを教える

5年生になると、委員会活動が始まり、縦割り活動でも役割を与えられることがある。学校の中では高学年として見られ、1年後には最高学年となる子ども達の姿が他の教職員からも注目されるようになる。

その高学年としての自覚を高めるために、具体的なエピソードと趣意説明を用いて子ども達に語りたい。

> 高学年は、学校の「長男長女」です。今までと違って、学校全体のために動くことが求められます。その1つが、5年生から始まる委員会活動です。委員会活動は、学校全体を支える重要な仕事です。みんなが今まで楽しく過ごしてきたその裏側に、多くの先輩達の働きがあったのです。
>
> 体育委員のおかげで、休み時間にボールや一輪車をみんなが使えたのです。
>
> 図書委員のおかげで、休み時間にも本を借りることができたのです。先輩達は1人の例外もなく、学校全体のために動いてくれました。今度はみんなが活躍する番です。
>
> 次に、下の学年から見られる立場になります。良い行動も悪い行動も「真似」されます。「手本」となります。あいさつや廊下の歩き方1つとっても、「良き手本」となってほしいと思います。

初日の語りで自覚を促し、子どもの意識を変えていく。

高学年としての動き方を教える

意識を高めるだけでなく、具体的な場面で5年生としての動き方を教える必要がある。縦割り活動で、6年生を補助する立場にありながら、実際は6年生に頼りきりで5年生が動かないということが多々ある。そこで、具体的な動き方を事前に教えておくと良い。

例えば、「グループで整列させる時は、前で指示をする人と後ろの人に声をかける人を決めておく」「縦割り遊びの後に6年生が話をする時は、1箇所に集めて座らせる」などである。

方法を身につけておくことで、てきぱきと動くことができ、子どもに自信を持たせるだけでなく、周りから「さすが5年生」と言われるようになる。

3つの躾を教え、定着させる

教育者の森信三が提唱したしつけの三原則の「あいさつ」「返事」「後始末」は、高学年としてできるようにさせたい。「後始末」とは、「席を立ったら椅子をしまう」「履物を脱いだら揃える」ことである。特に履物を揃えることができるようになると、家庭や保護者会などで「子どもが変わった」と話題になる。初日に昇降口で靴の入れ方を指導する。教師が手本を示し、実際にかかとを揃えて入れさせる。その翌日からは、継続するように毎朝靴箱を見て確認し、クラス全体の前でできていた子を褒め、できていなかった子にやり直しをさせる。この繰り返しとしつこさが定着の鍵を握る。

（東條正興）

５年１組学級だより　No.〇〇　４月〇日

5《ゴー》！GO《ゴー》！1《ワン》ダフル！

【　３つのしつけ　】

□躾（しつけ）は、身を美しくすると書きます。
森信三（もりしんぞう）という教育者が、今から５０年以上も前に３つのしつけを提唱しました。

その考えは、今でも家庭教育・小学校教育だけでなく、中学校教育にまで影響を与えています。

その躾とは、次の３つです。

① あいさつ
② 返事
③ 後始末

あいさつができるというのは、ものごとのけじめがはっきりと付いているということ。

後始末は、「脱いだくつをそろえる」「席を立つときに椅子をしまう」ことです。

□この「椅子をしまう」ということで、印象深い出来事がありました。
昨年６年生の職場体験で、ある子が農協の方から褒められたことがあります。

席を立った時に、自然と椅子をきっちりとしまっていたということに大変感心されました。

やはり「見ている人は、見ている」のだということを、改めて気づかされました。

□１年間、生活指導の中で特にこの３つの躾を重点的に指導していきます。
学級開き当初からずっと話をし続けているので、子どもたちは、随分意識してできるようになってきました。

もちろん「意識していることを無意識にできる」ことが最終目標です。

当面、「まずは２１日間継続していくこと」を目指しています。

この２１日間というのは、習慣化させるための指標です。

かかとがしっかりそろっています。
そろえるのは、「わずか２秒」、「されど２秒」です。

□道徳の本に最初に出てきたのが、ちょうど「くつをそろえる話」でした。
家でも学校でも同じように言われるうちに、主人公がその大切さに気付いたという話です。

是非、ご家庭でも「くつをそろえる」ことについて、お話ください。

学校と家庭での両輪で指導に当たり、身につけさせたいと思います。

月別プラン・ドゥ・シー〈4〉

5月の学級経営のポイント【1学期】

会社活動で学級づくり

4月に規律を指導し、システムを整えておくと、安定期に入る頃である。別の言い方をすれば、新鮮さがなくなり、子ども達の緊張感がなくなる頃でもある。そんな時期だからこそ、新しく楽しい活動を仕掛け、学級の雰囲気をより向上させたい。

その手立てのひとつが、子ども達の自主性を伸ばす「係活動」の工夫である。

4月に組織化した「配り」や「黒板消し」などのように無ければ困るという係ではなく、「レクの企画」や「学級新聞づくり」などの学級風土の向上に役立つ活動の立ち上げである。日常の仕事を担う「係」との区別化を図るため、「会社活動」と呼ばれている。

学級活動の時間を1時間使って、その意図やルール、会社の例を示す。

（ルール）

・2人以上で設立する。
・学級活動や休み時間に活動する。
・学級全員が楽しめることをする。
・活動が停滞したら「倒産」する。

（会社の例）

「〇〇ニュースカンパニー」
学級の出来事を新聞に書いて伝える。
「〇〇お笑い会社」
休み時間を使ってコントを披露する。
「レクコーポレーション」
週1回のロング昼休みに行うクラス遊びを企画・運営する。
「〇〇動物園」
生き物を飼育し、観察報告を行う。

いくつも例を示すことで、子ども達から出てきたアイディアに幅が出る。

会社活動を始める上で重要なことは、「活動場所」「時間」「物」を教師が用意することである。レクで校庭が使いたいという要望があれば、実際に使えるように調整する。雨や他学年の都合で使えなくなることもあるので、予備の日時も決めておくことで子どもとの約束が守られる。高学年は休み時間に委員会の仕事があってなかなか忙しい。だからこそ、ちょっとした隙間時間も活動時間として確保してあげることが継続した活動につながるのである。

また、画用紙や色マジックペンなど、子どもが活動に必要な物を自由に使えるように教室内に用意しておくと良い。

お楽しみ会などを行う場合は、事前に「企画書」を作らせると進行がスムーズになり、運営が上達する。

時間を守らせる

緊張感のなくなった連休明けに、中だるみの象徴として表出しがちなのが、「時間意識の欠如」である。これは、教師の甘さに起因することが多い。

まず、教師自身が「授業終了」の時間を守っているかである。

その上で、次のような観点を示し、帰りの会で子ども達自身にも「時間を守っているか、自分に点数をつけなさい」と自己評価させると良い。翌日のめあてになる。

・朝の会は、時間通り始まっているか。
・授業開始に教室に戻っているか。
・給食の準備は遅くなっていないか。
・掃除は時間通り始められているか。

（東條正興）

５年１組学級だより　No.〇〇　５月〇日

5《ゴー》！GO《ゴー》！1《ワン》ダフル！

【　学級の企画集団　】

□週１回の学級活動。
　この時間を、子ども達の自主性を育てる有意義な時間にしたいと考えています。

　もちろん学級会を開いてクラスの問題について話し合うなど、様々な方法があると思います。

□自分達でイベントを考えたり、工夫してクラスを楽しくするような活動を企画したりするような有志のグループをつくりました。
　昨年、「会社」と呼んでいました。

　学級の係りとは分けて考えます。

　たとえば、電気係とは、「電気をつけたり消したりする」という役割です。

　仕事内容が明確で、工夫しようがありません。

　与えられた仕事をこなしていくことで、責任感を育てていきます。

　それに対して、この「会社」は、自分達で仕事をつくりだし、工夫を重ねていくものです。

□まず、例示を出しました。
　昨年の５年生では、「給食の時間になぞかけを出す」「こわい話をする」「お笑いライブをする」「学級レクを考えて実行する」などがありました。

　原則は、

１　学級全員が楽しめることを考えること
２　２人以上なら何人でもつくって良い

ということです。

　「自己満足で終わってはいけない」ことが大事なのです。

　子ども達が設立したグループ（会社）は、次のものでした。

　現在、国語の学習とリンクしてそのグループのポスターづくりをしています。

　完成したら、本通信でお披露目したいと思います。

①　物語の本をつくって、学級文庫にする
②　こわい話の本をつくって、学級文庫にする
③　レクを考える
④　室内ゲームを考える
⑤　オリジナル紙しばいをつくって読む

子ども達が考えた企画が、一つずつ実現していくことが楽しみです。

今後、その活動の様子についてもお伝えしていきます。

月別プラン・ドゥ・シー〈4〉

6月の学級経営のポイント【1学期】

初めての調理実習・裁縫を大切に

家庭科で調理実習や裁縫の学習が、6月頃から始まる。中学・高校へとつながる学習のスタートである。

ここでつまずかせてしまうと、ずっと「苦手意識」を抱かせてしまう。

「安全に」「楽しく」始めたい。

調理実習は、理科室での実験と同じようにシステムを決めておくと良い。

誰が何の器具を用意するのか、何をするのかを明確に決めて、ノートに手順や分担を全て記録させておく。

また、安全面の指導は、最も重要である。包丁の「持ち運び方」「握り方」「置き方」は、教えた通りにできているかを必ず確認する。これは、厳しすぎるくらいで丁度良い。

片付けの指導にも厳しさが必要だ。ガスコンロ周りや流し台の水気など、しっかり拭かせておかないと、他クラスに迷惑をかけることになってしまう。

教師が「合格」と言うまで、やり直しをさせることを徹底したい。

最初の基準が、2年間を左右する。

裁縫は、手先の不器用さがそのまま苦手さにつながりやすい。

主なつまずきが次の2つである。

・針に糸が通らない。
・玉止め、玉結びができない。

これは、絶対に全員を克服させたい。

そのためには、次のような手立てを組み合わせると効果的である。

①動画教材を使って拡大提示する

アニメーションや映像教材を使うことで、手元の動きが見やすくなるだけでなく、繰り返し見ることができる。

また、映像を止めたところで、「ここまで隣の人と同じようにできているか確認してごらん」と言って、教師が確認に回ることもできる。

②保護者の協力を得る

裁縫の学習が始まる前に、学年だよりや学級通信で保護者から「ボランティア」を募っておくと良い。裁縫指導の時間にT2として入ってもらうことで、たくさんの子供達が救われる。

また、土日に「玉止め・玉結び」の練習を宿題にして家庭の協力を得ると、確実に習得率が向上する。

自主学習の質を高める

4月から自主学習ノートを始める学校も多いだろう。やる気に満ち溢れていた4月から2ヶ月も過ぎると、取り組みの内容や質に差が生じてくる。

このようなマンネリ化を防ぐために、学級通信や教室掲示を使って「モデルとなるノートを紹介」すると良い。

「何を」「どうやって」「どのぐらい」やれば良いかわからない子は、友達の真似をさせれば良い。

「授業の復習」や「学習日記」を書かせることもオススメである。算数教科書の「できなかった問題」をもう一度やることで、定着にもなる。また、国語の授業で話し合ったことについて自分の意見をまとめてくる子もいる。算数の発展問題を考える子もいる。楽しんで取り組ませたい。

（東條正興）

５年１組学級だより　No.〇〇　６月〇日

5《ゴー》！GO《ゴー》！1《ワン》ダフル！

【　毎日の積み重ねだから上達も早い　】

□基本的に週１回程度の家庭科ですので、プールや行事などと重なってしまい、遅れが出てしまいました。

そんなわけで、遅れを取り戻すべく、ここのところ毎日家庭科の裁縫をやっています。

でも、それが幸いしてか、毎日やっているわけですので、子ども達の習得も早いものです。

通常であれば、週に１回であるがゆえに、先週やったことを忘れてもう１回・・・なんてこともありうるのですが、昨日の今日ですから、わりかしスイスイ進みます。

最初にほとんどの子が苦戦した「玉結び・玉止め」もご家庭の協力もあり、みんな短期間でマスターしました。

ここまで習得率がいいのもめずらしい（！？）ほどです。ご協力に感謝です。

家庭科の前の休み時間になると、外に遊びにいかずに「玉止め」や「なみぬい」の練習をしている男子がいたり、授業が終わってもそのまま続ける子がいたりする程、結構はまっている子もいます。

全員が「もう完璧！」とは言い切れませんが、「なみぬい」「本返しぬい」「半返しぬい」「一針返しぬい」「かがりぬい」など基本的なぬい方を一通り練習しました。

フェルトを使って、簡単な作品作りに入ります。

□さて、話は変わりますが、夏休みに５年生だけの宿題を出そうと思っています。

ぞうきんづくり

毎学期始めに持ってくる「ぞうきん２枚」を自分でぬって作らせていただきたいのです。

もちろんミシンはまだ学習していませんから、手ぬいです。

これをこの機会にマスターすれば、卒業まで（中学まで！？）親に甘えることなく、自分でつくる習慣にもなります。（いや、むしろそうさせていただきたいのです）

先日、タイムリーなエピソードを聞きました。

少人数指導の〇〇先生も息子さんにブーブー言われながら、小学生からつくらせていたそうです。すると、高校に入って、家庭科の時間に周りの友達がみんなぬいものを全然できないことに驚き、自分ができることで自信をつけたそうです。

ちなみに、ぞうきんのぬい目は、ご家庭で様々で結構です。

大きくバッテンにする過程もあれば、そうでない家庭もあるはずです。

初めの１枚だけは、一緒に見てあげてほしいのです。

その１枚がちゃんとできさえすれば、今後ずっと子どもは自分でできるようになります。

ぞうきん１枚で、自立の一歩を。

月別プラン・ドゥ・シー〈4〉

7月の学級経営のポイント【1学期】

暑中見舞いの書き方を指導する

夏休み前には是非取り組みたいのが郵便局の「手紙書き方体験授業」である。日本郵便から各学校に案内が届いているはずだが、ネットからもテキストとはがきを申し込むことができる（「手紙の書き方　テキスト」で検索）。

ハガキの宛名や暑中見舞いの書き方などを1～2時間程度で学習することができる。

事前に自分の住所や送りたい相手の住所を調べさせておくことで、子ども達は、実際に送る相手の反応を予想して楽しみながら手紙を書く。

また、送り先を教師宛にして一斉に指導することで、教師と子どもとの間で暑中見舞いのやりとりができるようになる。

授業での取り組み後、全員分を回収して教師がポストに投函すれば確実だが、子ども達に自分で投函させる場合は、出さずにいる子もいるので、朝の会などで「投函したか」を毎日確認すると良い。

個人面談の材料を集めておく

夏休み前に、保護者との個人面談が多くの学校で行われる。

4ケ月の子ども達の成長を個別に伝える機会となる。

新しい学級での様子、新しい担任から見える子どもの様子を聞けることを保護者は楽しみにしている。

できるだけ具体的なエピソードや材料となる物を用意しておきたい。

・各教科のノート
・国語の作文
・1学期の振り返り（自己評価）
・学級の写真
・テストの結果が書かれた名簿　など

これらの中から、特にその子の頑張りを伝えるために良い材料を選んで話をすると、より印象に残る話ができる。

個人面談では、まず「お子さんのことで何かありますか？」と、保護者側に話をふる。話したいことがあってきた保護者の場合、教師が先に話をしてしまうと、時間オーバーになってしまうからである。

保護者の話を聞いてから、「学校ではこうですよ」と話をすれば良い。

面談の最後には、「是非〇〇さんに、『先生が褒めていたよ』とお伝えください」と話をすることで、家庭での話題が明るくなる。

学習は余裕を持って終わらせる

9月に運動会の地域も多いだろう。7月までに位置付けられている学習は確実に終わらせておかなければ、9月の運動会シーズンで授業が苦しくなる。

算数は時間に少し余裕をもって終わらせ、復習に時間をかけられると良い。

7月上旬に学期末テストや計算テストを実施し、定着率の低い内容を把握することで、重点的に復習するべき項目が見つかり、計画も立てやすくなる。

9月の運動会練習に備えて、国語の言語単元など、時数の少ない学習を先取りしておくのも良いだろう。

終業式には2学期の係や学級委員も全て決めてしまうと、2学期のスタートに余裕が生まれる。

（東條正興）

５年１組学級だより　No.○○　７月○日

５《ゴー》！GO《ゴー》！１《ワン》ダフル！

【　あっという間に・・・　】

□林間学校が明けてからの１ヶ月、怒涛のごとく日々がすぎました。
　あれもやらなきゃいけない。これもやらなきゃいけない。

　そして、気づいたら終業式・・・。

　一学期間、どうもありがとうございました。

□本日、通知表をお渡しします。
　４年生に比べて上がった教科、下がってしまった教科と様々かと思います。

　「よくできるが○個あったら～を買ってもらう」という話を、まれに聞くことがあります。

　数だけで終わってしまうと、結果として何がどうがんばったのかが見えなくなります。

　各教科にそれぞれ観点がありますので、その観点に沿って見ていただければと思います。

　努力の成果や夏休みを含めた今後の課題として、話し合っていただければと思います。

□いよいよ明日から夏休みが始まります。
　（「家が騒がしくなる」とあまり歓迎しない声も聞こえそうですが・・・）

　私自身の５年生時の夏休みが、習い事ばかりで「楽しかった」という記憶があまりないため、子ども達には「小学校のうちにしかできないこと」「夏休みにしかできないこと」に色々取り組んでほしいと思っています。

　家でゴロゴロしていても９月は来ます。

　何もしなくても９月は来ます。

　せっかくの夏休みを充実したものとするため、「夏休みだからこそ」ということを計画して過ごせるよう、初めにご家庭で話し合っていただければと思います。

　その点についても、夏休み中の個人面談で話題にしたいと思っています。

□ある保護者の方から、先日連絡帳にてお手紙をいただきました。
　その内容は、ある日の帰り道に、一緒にいた子達が「靴をちゃんとそろえられるようになったよなあ」と話していたということです。

　自分自身で成長を自覚し、自信に結びついているという、嬉しいお話でした。

　非常にバタバタした７月でしたが、２学期も９月初日からエンジン全開でバリバリやっていくつもりです。

　夏休み明けの元気な姿が見られることを楽しみにしています。

□先日指導した、「暑中見舞いハガキ」は、夏休みの初め頃に届くように投函します。
　私からも各ご家庭にお送りしますので、よろしくお願いいたします。

月別プラン・ドゥ・シー〈4〉

8月の学級経営のポイント【夏休み】

夏休みの課題

夏休みの課題は、精選する。子ども達が宿題に追われるのではなく、夏休みにしかできないことをできるように宿題の量は配慮すべきである。

読書感想文を課題として出すならば、心がけたいことがある。

事前に書き方を指導しておくこと

読書感想文で最も苦しんでいる家庭は多い。

読書感想文の指導法は、無料ポータルサイトの「TOSSランド」(http://www.tos-land.net) から「読書感想」というキーワード検索でたくさん見つけることができる。

何も指導しなければ、子ども達の読書感想文の多くが、「あらすじ紹介文」になってしまう。

いかにして自分自身や自分の経験と重ね合わせて書くか、自分の意見や考えを書くかが大きなカギとなる。

誰でも知っている童話や教科書の物語など、共通の題材を使って簡単にミニ読書感想文を書かせておくだけでも、子ども達の負担感は変わるはずである。また、各教科の復習のための教材（プリントやドリル）を課題として出す場合、大事なことがある。

答えも配付しておくこと

漢字などを正確に採点するために個人面談で保護者に渡す場合もあるが、とにかく夏休み中に答え合わせができるようにしておくべきである。

夏休み明けに学校で答え合わせをしても、取り組んでから時間が経って忘れているために、子ども達は正誤に関心を持たない。

夏休み中もとにかく「終われば良い」という状態になるため、意味がない。

また、あらかじめ答えを渡しておくことで、わからない子や忘れてしまった子は、答えを見ながら思い出したり、ヒントにして解いたりすることができる。何もわからずに「白紙」でいるよりもずっと学習効果が高い。

夏休み明けのための入念な準備を

1学期の学級システムを見直し、修正が必要と判断されるものは、2学期の初日から修正・指導する必要がある。

- 係の仕事、日直の仕事などは、上手く機能していたか。
- 生活や学習のルールで、徹底できなかったことはないか。

学級のうまくいかなかったことについては、「なぜうまくいかなかったのか」という原因を分析することで、対応策が見えてくる。

また、1学期の間に教室内で消耗して減っているものがあるはずだ。

印刷や購入を必要とするものは、夏休みの間に準備をしておきたい。

- 欠席連絡カード
- 原稿用紙
- 画用紙、色画用紙
- 作品カード、鑑賞カード
- 赤鉛筆や付箋、のりなどの文房具
- ビニール袋　など

（東條正興）

５年１組学級だより　No.○○　７月○日

5《ゴー》！GO《ゴー》！1《ワン》ダブル！

【　読書感想文の書き方　】

□夏休みを前に、夏休みの宿題を確認しました。

その中に、今年も読書感想文があります。

以前、全校で行った「作文に関する意識調査」の中で、「嫌いなジャンル」の１位が、全学年共通して読書感想文だったのです。

しかも、その票数は、ずば抜けていました。

それ程に、子ども達の中で読書感想文に対する苦手意識があります。

□そもそも、読書感想文が「教科書に出てこない」ということが、最も大きな要因だと考えられます。

次に、「本を読まなければならない」上に、「内容をある程度理解しなければ書けない」という点があるでしょう。

読書感想文は、多くの場合、「読書引用文」「あらすじ紹介文」になりがちです。

「書き方のポイント」を知っていると、抵抗感は随分軽減されるだろうと思います。

そこで、早速国語の時間を１時間使って、「読書感想文の書き方」を指導しました。

□使う教材は、誰もが知っている「うさぎとかめ」です。

内容をイラストで簡単におさらいしました。

この誰でも知っている話を使って、「ミニ読書感想文」を書きました。

読書感想文は、大きく分けて次の４つの段落にします。（ ）の文量は、本番の目安です。

① 本を読んで一番心に残ったことや初めて知ったことを書く。（用紙一枚ぐらい）
　・一番心に残った言葉、一番伝えたいことなどから書き出す。
② ①で書いたことと重なる、自分の体験や考えを書く。（用紙半分ぐらい）
③ ①と②を比べて、自分が考えたことを書く。（用紙一枚ぐらい）
④ 本を読んで学んだことやこれからどうしていきたいのかを書く。（用紙半分くらい）
　・本を読む前と読んだ後で変わった思いや考えを書けると良い。

詳しくは、子ども達に配付させていただいた資料をご覧ください。

この書き方は、あくまでも一つの方法です。

市販の読書感想文に関する本では、また違った方法を紹介していると思います。

「青少年読書感想文全国コンクール」の過去入賞作品がインターネットで公開されていますので、そちらを参考にされるのも良いかもしれません。

月別プラン・ドゥ・シー〈4〉

9月の学級経営のポイント【2学期】

授業でリズムを取り戻す

子ども達の頭を夏休みモードから、1日も早く学校モードに切り替えるためには、授業をすぐに始めることだ。学習ルールの確認も3日以内に行う。

夏休み明けの初日には、学級システムの確認や提出物の確認、新しい教科書の配付などで時間がかかるが、それだけで終わってしまうのは勿体無い。

夏休みの宿題の中から簡単な漢字や計算の「確認テスト」を行いたい。

2日目には、楽しい授業を行い、学習への切り替えをスムーズにする。

向山洋一氏の夏休み明けの実践に、「400字詰め用紙」を配って、知っている漢字を書かせるテストがある。

4年生までで640字の漢字を習っていることを事前に伝え、到達点を示すことで子ども達が熱中する。

しかし、3行を超えるあたりから、子どもの鉛筆が止まるのだ。「習ったはずなのに書けない」という脳に汗をかくような状態になる（授業終了5分前から教科書・辞書の使用を認める）。

規律と時間意識を取り戻す

夏休み明けは、7月末の学級の状態から2〜3割程度落ちていると構えておくと、心に余裕が生まれる。

だからといって、そのままで良いわけはない。早い段階で子どものリズムと規律を整えていく必要がある。

白銀の3日間と呼ばれる、夏休み明けの3日間が勝負である。

まず、筆箱の中身や下敷きなどが揃っているか、不要な物がないかを確認し、学習環境を整える。中には、4月当初に指定した形式とは違うノートを持っている子もいることがある。

次に、給食の準備や掃除のとりかかり、帰りの支度などにかかる時間を意識させたい。

例えば給食の時間では、「配膳開始」や「食事開始」の目標時刻を黒板に示したり、実際の時刻を記録したりすることで、手際よく配膳準備を進めることができるようになる。

時間意識が向上すると、学級のスピード感が増して、リズムが元に戻る。

夏の作品処理は発表と同時に

子ども達が夏休みに取り組んだ理科の自由研究や工作、家庭科作品など、これらへのコメント記入を放課後にやろうとすると、時間がかかり大変である。作品を改めて見なければならない。

作品が置いてあるだけだと、子ども達も他の作品が気になっている状態である。

教師の悩みと子どもの思いを一気に解決するのが、「夏休みの作品発表会」である。子どもに発表させると同時に、朱書きのコメントを完了させてしまう向山洋一氏の実践である。

ピンクのはがき大の色画用紙、赤のサインペンで、教師は「批評」を書いていく。作品を手に持たせ、30秒〜1分ほど説明させる。

教師は、子どもの話すことをそのまま書いて、その場で完成させる。

すると、子どもの発表が終わった後には、その日の内に教師の批評のピンクのカードが貼られることになる。

（東條正興）

５年１組学級だより　No.〇〇　９月〇日

５《ゴー》！GO《ゴー》！１《ワン》ダフル！

【　夏休みの作品発表会　ショー＆テル　】

□夏休みの作品発表会を行いました。

あらかじめ、発表の型のワークシートを配布して原稿を書かせました。

①ぼく（私）の作品は～です。
②一番アピールしたいところは、～です。
③苦労したところは、～です。
④工夫したところは、～です。
⑤以上で、ぼく（私）の作品発表を終わります。

これで、「どう発表していいかわからない」ということがないので、みんな短い時間で練習までできました。

ショー＆テル（見せて話すこと）で発表させました。

どんな工夫があり、どんな苦労があったのか、視覚的にわかりやすくなりました。

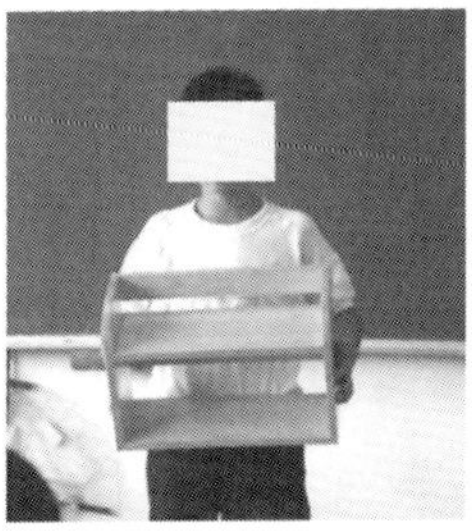

月別プラン・ドゥ・シー〈4〉

10月の学級経営のポイント【2学期】

行事の趣意説明を語る

運動会が落ち着くと、林間学校などの宿泊行事や音楽発表会、文化祭、学芸会などの行事の準備や練習が始まる。

怒涛のように続く行事1つ1つに、しっかり意味や目的意識を持って取り組ませたい。

学級や学年で、発表に向けて取り組む時、子ども達のモチベーションを上げるために大事にしたいことがある。

その行事の趣意説明を語ること

自分達にとっての目標と目的、そして意味を語るのである。

何のためにその行事を行うのかという「目的」、どういう成果や結果を残したいのかという「目標」、取り組みを通して、どのような成長を期待するのかという「意味」である。

これらを具体的に語ることで、ただ「例年通りの行事」「こなす行事」「やらされる行事」からの脱却を図りたい。

荒れを予防する

また、運動会に続き、行事関連で時間割表通りに授業が進まず、疲れが出やすく、落ち着かない状態になりがちである。

だからこそ、小さな荒れや学級全体の意欲減退にも敏感でありたい。

①いつも1人ぼっちの子はいないか。
②係の仕事をさぼる子はいないか。
③ルールを守らない子はいないか。
④持ってきてはいけない物を持っている子はいないか。
⑤一部の子だけが強く言われたり、いつも責められたりしていないか。
⑥席を離されている子はいないか。

このような状況が少しでも見られたら、要注意である。

様子を見るよりもその場で声をかけたり、指導したりして解決できる。

「これくらい仕方ないか」で見逃すと、後々大きな風穴になるので、小さな芽のうちに指導をしておく。

そして、学級の荒れを防ぐ最善策は、何よりも「楽しい授業」に尽きる。

教師主導でグループ決めをする

宿泊行事や校外学習のグループやバス座席決めは、学級の状態をよく判断して方針を決めた方が良い。

学級が安定していたとしても、教師が主導権を握っておかなければ、トラブルのもとになる可能性がある。

「くじによる組み合わせ」や「生活班」など様々な方法があるが、子ども達の意見を聞くならば、「学習であること」「男女が一緒に協力すること」などの趣意を語り、グループが「仲良しの集まり」「男子・女子だけ」という偏りが無いようにしたい。

そうなると、必ず「余り」の立場になる子が出るからである。

子ども達にグループ決めを任せるならば、「人を無理やり引き込まない」「仲間外れが出たら、白紙にする」など、ある一定の条件を出すと良い。そうすると自然に公平な決め方へと子ども達の考えが変わっていく。バス座席については、バス酔いのしやすい子を最初に決めてしまう。

（東條正興）

５年１組学級だより　No.○○　１０月○日

5《ゴー》！GO《ゴー》！1《ワン》ダフル！

【　行事の意味　】

□先月の運動会明けに書いた作文を読むと、「組体操で仲間と息を合わせることの大切さを学んだ」「諦めないようになった」など、運動会が成長の糧となったことが伝わりました。

運動会練習が始まる前に、子ども達に語ったことが、それぞれの体験の中で浸透し、理解されたことをうれしく思います。

行事の価値は、当日の発表だけに限りません。

練習を始める「前」と本番の「後」の日常生活の中で、子ども達の考えや行動に変容があるかどうかの方が、むしろ大事です。

そのような意味で、運動会の真価が問われるのは、これからです。

□さて、今月は校外学習が控えています。

校外学習についても、もちろん意味やねらいがあります。

社会科の情報学習の発展としての「TV 局見学」、科学への興味関心を高める「科学技術館の見学」など、学習上のねらいがあります。

それとは別に、グループ行動を通して公共のマナーを学んだり、働く人の気概に気づいたりしてほしいというねらいもあります。

「楽しかったね」だけでは終わらないよう、実りの多い校外学習にしたいと思います。

もちろん思い出づくりも大切な目的の一つです。

□校外学習に向けて、しおり作成や出発式などの進行を担う「実行委員」や「バスレク係」などを募集していきます。

「みんなのために協力して準備をする」「人前で話をする自信をつけられる」仕事です。

自分を伸ばすための貴重な経験になります。

学級委員や委員会活動と違って、短期間だけの任務です。

だからこそ、できるだけ多くの子にチャレンジしてもらえたらと思います。

「できるからやる」ではなく、「やるからできるようになる」。

いつも子ども達に言い続けていることです。

こういう機会を「自分を高めるチャンスだよ」と声をかけていきます。

今回に限らず、この後には、○○小祭りや６年生を送る会などがひかえています。

全てを子ども達のチャレンジの場として、大事にしていきたいと思います。

月別プラン・ドゥ・シー〈4〉

11月の学級経営のポイント【2学期】

持久走練習で仲間づくり

11月に入ると、持久走練習が多くの学校で行われる。

「持久走大会」と称する「長距離走」の大会が行われているところも多い。

「持久走」は、一定の距離ではなく、一定の時間を走ることである。

業間休みや朝の時間に行われる練習時間では、一定のペースで走ることを大事にしたい。

しかし、中には乱れたペースの子や楽なペースでゆっくり走る子もいる。

次のようにして、仲間と走らせると一定のペースを守って走りやすくなる。

> 5分間走の記録（走距離）をもとに、走力の近い子とペアやグループを組ませてから、その仲間と一緒に走らせる。

個の運動を集団化すると、ペースを意識化しやすくなるのである。

共に走りながら励まし合う関係ができると、体づくりだけでなく、仲間づくりにもなる。

文化祭の発表は、企画させる

文化祭（学習発表会）の発表は、学習とのリンクしたテーマに基づいて、どのように発表するかを工夫したい。

発表方法と一言で言っても、プレゼン、劇、体験型アトラクションなど様々である。

子ども達の創意工夫を生かすならば、時数との兼ね合いもあるが、その発表方法や内容から考えさせたい。

骨格となるテーマやリンクさせる学習などは、教師の方である程度示す。

その上で、どのような発表内容・方法を行うのか、個人またはグループで企画を考えさせ、全体の場でプレゼンさせて決定していく。

子ども達に企画を考えさせる際、次のようなことを伝えておく。

> ・学習したことが、参観者（保護者や他学年）に楽しく伝わること。
> ・言葉の説明だけの発表では、誰も足を止めないこと。

すると、ポスターセッションやプレゼンの発表にしても、クイズで参加者を巻き込んだり、実物を見せるデモンストレーションを入れたりした発表を考えたりする。採用された企画を全体の話し合いの中でアレンジしながら、事前と当日の役割分担を決めていく。

この際、大まかな役割分担を決めたら、グループごとに計画を立て、更に細分化した役割を考えさせる。

> 原則は、1人1役であること。

全員が主体的に参加するためには、1人1人の分担が明確であることが絶対条件である。

与えられる時間は、限られているからこそ、効率よく進める必要がある。

また、ポスターセッションやプレゼンの場合は、発表内容だけでなく、「声の大きさ」や原稿を見ないで言えるよう「目線」の指導も行いたい。

子どもの発表は、大きく変わるはずである。

（東條正興）

５年１組学級だより　No.〇〇　１１月〇日

5《ゴー》！GO《ゴー》！1《ワン》ダフル！

【　祭りの準備　着々と・・・・！？　】

□〇〇小祭りの５年生の出し物が、ついに決定しました！

□クラスが３～４の有志グループに分かれ、それぞれが細かい企画案を考えました。
　そして、各グループが自分達の企画をアピールし、質疑応答を受けながら、最終的に全員の投票で決まりました。

　圧倒的な票を集めた企画が、「勉強スゴロク」です。

　ずばり柱となるテーマは、「農家になろう！～スゴロクの旅～」です。

　人間がコマとなり、巨大サイコロをふりながら、進んでいきます。

　途中出されるクイズに答えたり、イベントカードやトラブルカードを引いたりしながら、ゴールを目指します。

　社会科の学習で学んだ「農業の工夫」や「働いている人の思い」「苦労」などを、クイズで出題したり、マスやカードで表現したりして、スゴロクの様々なしかけによって、伝えていく予定です。

□しかし、当日まであと３週間。
　しかも、一週間のうち、授業で準備に割ける時間（総合的な学習の時間）は、たったの２時間・・・。

　まさに時間との戦いで、子ども達は休み時間もせっせと自主的に仕事をしています。

□せっかくの発表ですから、たくさんの「リピーター」をつくること、だれにでも魅力的な発表とすることを目指しています。（まさに、ディズニーランド！？）
　子ども達は、お客さんがあふれる大盛況をイメージしているのです。

□準備の役割分担は、基本的には以下のように大まかに決まり、それぞれの担当者で細かい計画を立てて準備がスタートしています。

問題づくり、通路づくり、景品づくり、説明づくり、サイコロづくり、お金づくり

　企画を全員で検討したことにより、ゴールのイメージは共有されました。

　それぞれの役割が、「どうしたら低学年から保護者までが楽しめるか」「どうしたら伝わるか」を自分たちなりに創意工夫しながら、完成させていきます。

　どのグループも授業時間では足りない分は、休み時間も使って仕上げていく覚悟をもっているようです。是非当日をお楽しみに！

月別プラン・ドゥ・シー〈4〉

12月の学級経営のポイント【2学期】

自分達の成長を実感させる

2学期末にもなると、子ども達の成長が強く感じられる時期になる。しかし、子ども達自身は、そのことに気づいていないことも多い。

そこで、具体的にどう成長したのか、数値等で示してあげる必要がある。その際、学級通信に掲載して保護者にお知らせするのも効果的である。

例えば、漢字や計算スキルの練習時間が短くて済むようになったことや、給食の準備に10分以上かかっていたのが6分前後で終わるようになったことなどを伝えると良い。

このような成長を自覚させることで、さらなる意欲の向上にもつながる。

もちろん、これらの指導を行うためには、4月から計画的に記録をとっておく必要がある。

第2通知表で自己評価をさせる

向山洋一氏は、第2通知表「あゆみ」に次の項目を挙げている。

①授業中、手をあげましたか。（一日一回以上）
②わからないとき、自分で聞きにきましたか。
③勉強していることを、もっと調べたことがありますか。（五回以上）
④ノートなどは、きちんとていねいに書きましたか。
⑤あれこれ考えて、ばかげたくらいの考えでもしてみましたか。
以下、30番まで続く。
向山洋一全集40『子どもを変える通知表』

これらを、子ども達自身に評価させる。そして、3学期の最初にもう一度自分の評価を見せることで、「3学期はこの項目についてがんばろう」という気持ちにさせることができる。

楽しいイベントで盛り上がる

学期末、学級レクで盛り上がるクラスが多いことであろう。ただレクをして盛り上がるだけではなく、ここでも子ども達を成長させる機会としたい。

まず、グループごとに学級レクの企画を考えさせる。目的、場所、準備物、プログラムと時間配分などを明記した「企画書」を作成する。教師は、その企画書を全員分印刷する。

次に、それをもとにして、グループの代表者が決められた時間内にプレゼンを行う。子ども達は、全てのグループのプレゼンを聞き、どのグループに学級レクを任せたいか多数決で決める。

このような「コンペ方式」で内容を決めることで、より充実した活動にすることができる。また、1つのグループの企画だけで構成するのではなく、他のグループの企画とコラボレーションさせたり、落選してしまったグループに司会進行や飾りつけを依頼したりすることで、クラス全員を巻き込むこともできる。こうして全員が関わるようにすることで、学級レクで達成感を味わわせることができる。このような経験も、子ども達の成長には欠かせないのである。

（本宮淳平）

５年１組学級だより　No.○○　１２月○日

５《ゴー》！GO《ゴー》！１《ワン》ダブル！

【　学習習慣が身についてきています　】

□２学期は、子ども達に「勉強しなさい」と口うるさいくらいに言い続けました。
　では、なぜ勉強をしなければならないのでしょうか？

　「プロ野球選手」を例に私はこんな話をしました。


　全国にある高校のうち、野球部がある学校は約４０００校。

　その中で、高校３年生の野球部員は５万３０００人。

　今年ドラフト会議で選ばれて、プロになれる高校生は２３人。（育成枠除く）

　２３÷５万３０００×１００＝０．０４…で、高校球児がプロの選手になれる確率は、約０．０４％。１万人に４人です。

　これは、夢をあきらめなさいと言っているのではない。

　夢を追いかけることはすばらしいことだ。

　でも、夢破《やぶ》れたときに勉強ができないと、何も残らない。

　もしかしたら、進みたい道に進めないかもしれない。


　だから、しっかりと勉強するべきなのです、と。

　多くの子の「自習学習ノート」が軌道《きどう》に乗りました。

　家に帰ってからきちんと学習する習慣がついてきています。

　２学期中に、ノート７冊半はやろうと声をかけています。漢字練習帳も含みます。

　７冊半だけでもすごいと思いますが、すでに超えている子もいます。

　８冊終了…Aくん、Bくん、Cくん、Dくん、Eさん、Fさん、Gさん、Hさん、Iさん
　９冊終了…Jくん、Kくん、Lくん、Mさん、Nさん、Oさん、Pさん
１１冊終了…Qさん、Rさん
１２冊終了…Sくん、Tさん、Uさん、Vさん
１４冊終了…Wくん

　おそらく、子ども達の中で「勉強するのが当たり前」になりつつあるのだと思います。

　そうでないと、こんなに「努力」できないと思います。

　もちろん努力もしているのだと思いますが、子ども達は「努力している」というよりは、「やるのが当たり前」になってきているのでしょう。

　こうなったらもう鬼に金棒です。

　宿題は学力をつけるというよりは、学習習慣をつけるためにあります。

　学習習慣がついている子は、中学生になってから大きな力を発揮します。

　１日に５ページも６ページもやってくる子は、全部のページでびっしり書いているわけではありません（もちろん、全ページびっしりの子もいます）。

　特に算数の問題は、ゆったりとスペースを空けるよう指導しています。

　計算ミスを減らすためです。算数ノートはたくさん用意しておいて下さい。

月別プラン・ドゥ・シー〈4〉

1月の学級経営のポイント【3学期】

具体的な目標を持たせる

3学期の始業式、校長先生のお話では、たいてい「新年の目標」について話される。それを活用して、子ども達にも具体的な目標を立てさせる。

始業式前に、子ども達には次のような話をしておく。

> 今日の始業式、校長先生がどんなお話をされるか、よく聞いておきなさい。後で、校長先生のお話からどんなことを学んだのかを聞きます。

ちなみにこの指示は、いつの始業式、終業式でも活用できる。子ども達が、集中して校長先生の話を聞くようになる。

始業式から戻ってきた後、子ども達には新年の目標を立てさせる。その際、ポイントが1つある。

> 目標には「数値」を入れる。

こうすることで、実行できているかどうかの「評価」がしやすくなる。

例えば、「毎日自学をやる」ではなく、「毎日自学を2ページやる」や、「毎日自学を60分やる」といった目標であれば、できたかどうかが判断しやすい。

最高学年になるという意識づけ

始業式、子ども達に語りたいことの1つに、次のことがある。

> 5年生の3学期は、6年生の0学期と同じである。

6年生になると同時に、いきなり「最高学年」「学校の顔」という意識を持つことは難しい。よって、5年生の3学期から心の準備をさせておくことが望ましい。

幸い、3学期は「児童会の引き継ぎ式」「6年生を送る会」「卒業式」と、6年生からバトンを引き継ぐ機会が多い。

そのことを活用し、6年生に代わって新しいリーダーになるということを意識させるようにする。

様々な場面で、率先して行動している子ども達を記録しておき、学級通信で紹介する。

そうすることでリーダーとして好ましい行動とはどういったものなのか、周りに伝えることができる。

健康管理に気をつけさせる

この時期は、インフルエンザが猛威を振るう。手洗い・うがいはもちろんのこと、担任は教室の換気にも細心の注意を払うようにする。

子ども達は、体育館での遊びや授業後に手洗いやうがいをし忘れることが多い。「体育館は室内である」という意識が働くのであろう。

しかし、室内こそ感染が広がる恐れがあり、ボールなどの共通した遊具を使うことでも感染する可能性がある。

過剰になりすぎるのもよくないが、できる限りの対策を行うようにする。教室にマスクを常備し、咳が出る子にはすぐに着用させるのも手である。

（本宮淳平）

５年１組学級だより　No.○○　１月○日

5《ゴー》！GO《ゴー》！1《ワン》ダブル！

【　目標が達成できるイメージを持て！！　】

□始業式の後、子ども達に「聞き取りテスト」をしました。

校長先生のお話から学んだことを書かせました。

校長先生は、昔のある中国人が洗面器に次のような言葉を刻んで、「毎日」目にしていたというお話をしてくださいました。

> 今日の私は、昨日の私ではありません。明日の私は、今日の私ではありません。

新年の目標を立てるのに、ただ立てるのではなく、校長先生のお話から学んだことを生かしてもらいたかったのです。

さらに、冬休み中の読書で学んだ次の言葉を紹介しました。

秋元康・鈴木おさむ著『天職』という本です。

２人とも、第一線で活躍している放送作家です。以下、抜粋《ばっすい》します。

> 秋元　初めの段階では、みんな自分の可能性に気づかないんだよ。
> 　自分がスターになれるとか、仕事で成功を収めるとか、まさかこんなことになるなんて誰も思っていない。親もだいたいそうだよね。
> 　あなたが女優になんかなれるわけないとか、あなたにこんなことできるわけないとか。
> 　だからみんな、夢をかなえるのは無理だと思っているかもしれないけれど、本当にかなえたかったら、１０年後にはすごいことになっているイメージトレーニングをしなきゃいけないんだよね。　【略】　彼らも、自分たちのやっていることを信じていて、夢がかなうイメージをちゃんと持っているから、強いんだと思うんですよね。（P.195～198）

１０年後の夢の実現のイメージを持ち続けられるかが勝負なのです。

私にも夢があるので、心にズシンと響《ひび》きました。

子ども達の１０年後、もうすでに働いている子もいるでしょうし、ちょうど就職活動をしている子もいることでしょう。

さらに、私が勉強会に参加した時に聞いて感動した言葉を紹介しました。

> 流れ星に３回願いを言うだけで、かなうわけがない。
> でも、その一瞬《いっしゅん》の間に３回言えた願いは必ずかなう。
> それだけ強く思っているということだから。

流れ星を見た時に、「どんな願いをしよう」とまず考えてしまうか、「○○をしたい」と即答できるか、そこに「生き方」が出るのだと言います。

子ども達にも、せっかく考えた目標を「絵に描《か》いた餅《もち》」で終わらせるのではなく、達成してほしいと思い、まずはこのような話をしました。

強く願った願い事は、必ずかなう。

いつも、何を考えて生きているか、何を意識して生きているのか。

それが、行動になって現れるのです。

月別プラン・ドゥ・シー〈4〉

2月の学級経営のポイント【3学期】

3学期最大のイベントと言えば、「6年生を送る会」が挙げられる。入念な準備が、大成功につながる。児童会を中心に、5年生が初めて全校の中心として、企画運営を行っていく。

どの学年も、気合いを入れて準備してくる中、はやり5年生は在校生の最上学年として「さすが5年生！」と思ってもらえるような発表にしたい。そのためのポイントは次の3つである。

①準備は1か月以上前から行う
②音楽専科との打ち合わせを入念に行う
③送る会当日の「6年生の感想」を入手しておき、紹介する

まず、準備については冬休みが明けたらすぐに行うようにする。何をいつまでに行うのか、次に例を述べる。

【1か月前までに準備】
・プログラムの決定
・合唱や合奏など、発表練習開始
・6年生へのメッセージ作成開始
・6年生の顔写真や6年間のエピソード集め

【1週間前までに準備】
・発表練習リハーサル（8割完成）
・スライド完成

余談だが、プログラムによっては職員の出し物をする学校もあるだろう。6年生の先生方が、子ども達のために一生懸命練習する風景をこっそり映像に撮り、送る会本番にメイキングビデオ風に紹介するのも楽しい。

次に、音楽専科との打ち合わせは、送る会の発表が合唱や合奏などの場合は入念に行っておく必要がある。特に、合奏を行う場合は多くの楽器を使うことになるため、パート分けや練習日程などを明確にする必要がある。

最後に、「6年生の感想」であるが、自身が6年生を担任したことがある場合、送る会当日の感想を記録として残しておく。それを5年生に紹介すると、「6年生は、こんな気持ちになってくれるのだ」と、具体的にイメージすることができる。それで、さらにモチベーションを上げることができるのだ。

私が6年生を担任した時の感想を紹介する。

・6年生になって送る会を開いてもらうと、みんなすごく練習してやってくれていて、今までのどの行事よりも感動したし、すごく上手で嬉しかった。
・みんな、私たちのためにいっぱい練習してきてくれたことがすごくよく伝わって嬉しかった。私たちのために時間を使ってくださって、本当に嬉しい。気持ちよく卒業できる。
・5年生の発表を見ていると、とても嬉しくて、それでいて少し悲しいような気分になった（悪い意味じゃなく）。
・こんなにも嬉しくて、泣いたことは、とっても久しぶりだった。昨年の6年生がたくさん泣いていた気持ちが、良く分かる。
・これまで自分は見送る側だったけれど、見送られる側になると、こんなに嬉しいということがわかった。

（本宮淳平）

５年１組学級だより　No.〇〇　２月〇日

５《ゴー》！GO《ゴー》！１《ワン》ダブル！

【　６年生に「最高でした！」と言わせた５年生　】

□先週金曜日に行われた「６年生を送る会」。
　どの学年も、「６年生のために！！」という気持ちが感じられ、とても温かい気持ちになりました。

　この気持ちは、きっと６年生に届いたと思います。

　５年生は、ボディーパーカッションといきものがかりの「YELL」を披露しました。

　ボディーパーカッションは、テンポが速くなってしまったものの、それでもそろっていたところがすごかったです。

　他の先生方からも、「あれだけ速いのにそろっていてビックリ」と言っていただけました。

　Ａ先生にメールで聞いたのですが、Ｂ先生が**「迫力があって良かった」**と報告してくださったそうです。

　歌は、６年生の思い出の写真をスライドで流しながら歌いました。

　いきなり自分の映像が出て、６年生は戸惑いや恥ずかしさもあったようですが、５年生の発表が終わった後のとびきりの笑顔が印象的でした。

　５年生が退場しているときに、６年生に感想を聞きました。

「すごく良かったです！！」

「最高の演出です！！」

　とっても嬉しい言葉がたくさん返ってきました。

涙を流していた子、泣き笑いしていた子もいたそうです。

　それもこれも、５年生の超素晴らしい歌声があったからこそ。

　声が小さかったり、歌がなければ、こういった感想はなかったでしょう。

　後方でビデオ撮影してくださっていた、算数少人数のＣ先生は、歌声に大変感動されたそうです。

　Ｄ先生が**「１年生でも感動して泣いていた子がいました」**と教えてくださいました。

　６年生の先生方も**「いろんな出来事を思い出しました」**と言ってくださいました。

　私もスライドを操作しながら、「あぁ、良い歌声だなぁ」と感じました。

　それと同時に、この子たちもあと１年で卒業かぁ…と、ちょっとだけ寂しく感じました。

　１年って、あっという間ですから。

　そして、１組の子たちにとって、６年生の発表が刺激的だったようです。

　本当に素晴らしい演奏・歌声でした。

　４時間目に書かせた感想では、「格が違った」「１年後、あんな発表ができるのかな？」「感動した」という感想ばかりでした。

　６年生が、５年生に最高のプレゼントを贈ってくれたようです。

　ぜひともこのお返しに、６年生のために卒業式を成功させたいです。

月別プラン・ドゥ・シー〈4〉

3月の学級経営のポイント【3学期】

卒業式は、黒子に徹する

卒業式の主役は、紛れもなく6年生である。5年生にとっての卒業式は、6年生の卒業を祝う場としてはもちろん、翌日から最高学年になるという自覚を持たせる場として、成長させる機会としたい。

卒業式練習に臨む前に、次のような話をしたい。

> 卒業式は、6年生にとって最後の、そして最大のイベントとなります。その卒業式に、5年生は在校生代表として参加します。
> 主役は、当然6年生です。ですから5年生は、目立ってはいけないのです。「目立つ」というのは、厳かな式の中でもじもじ動いてしまったり、姿勢よく座っていられなかったりすることを指します。
> もちろん、歌や呼びかけでは6年生への感謝の気持ちを表現してほしいのですが、それ以外は言わば「黒子」のように主役を陰で支える存在でなければなりません。自分たちは表には出ず、地味な仕事に徹さなければなりません。

卒業式の前日準備は、「自分たちが最高学年」であることを意識させる。先生方は全員、5年生の一挙手一投足に注目していることを告げると、モチベーションアップにつながる。

進級を祝うイベントを！

6年生を卒業させた後は、自分たちの進級に向けたイベントに力を入れたい。もちろん、準備は事前に始めておく必要がある。次のようなイベントが考えられる。

> ①進級日めくりカレンダー
> ②お別れ特別時間割
> ③漢字・計算の総復習

まず、日めくりカレンダーには、進級に向けて希望を持てるようなメッセージを入れさせるとよい。

次に、お別れ特別時間割は、子ども達にどんなことをしたいのかアンケートを取るとおもしろい。私が行った時間割を紹介する。

> 1時間目　国語（百人一首大会）
> 2時間目　体育（大縄・ドッジボール・バスケットボール大会）
> 3・4時間目　家庭科（おやつ作り）
> 5・6時間目　学活（子ども達が企画したレク大会）

さらに、教師が子ども達に伝えたいことを、授業を通して伝えるようにする。最後の授業に最適なものが、TOSSランド（http://www.tos-land.net/）にはたくさん掲載されている。忙しくなる前に、じっくりと検索することをお勧めする。

そして、「基礎的な学力を身につけさせて進級させる」ということも重要である。特に、漢字と計算は、5年生で学習した内容はもちろんのこと、1〜4年生までの内容も総復習しておく。

そのためにも、授業は余裕を持って終わらせるようにする。（本宮淳平）

５年１組学級だより　No.〇〇　３月〇日

５《ゴー》！GO《ゴー》！１《ワン》ダブル！

【　顔つきが違って見えました　】

□昨日は、１時から３時までが卒業式前日準備の「予定」でした。
　しかし、２時半過ぎには、体育館を後にすることができました。

　４時間目から少しずつ、準備を始めていたことも、要因の一つだとは思います。

　しかし、子ども達の顔つきが違っていました。

　私も、学年全体の場で、こう言いました。

あさってから、あなた達が最高学年です。

　「立場が人を変える」とは、よく言ったものです。

　正直、自分が考えていた以上でした。

　子ども達から、やる気がみなぎっていました。

　私は、全体の調整を行っていたため、全員の仕事ぶりを見ることはできませんでした。

　しかし、嬉《うれ》しい報告をたくさん聞くことができました。

　体育館玄関、通路をＡくん、Ｂくん、Ｃくん、Ｄくんが担当。

　風が強くて何度掃《は》いてもゴミが出る…。

　〇〇先生のアドバイスで、通路の外側のゴミ集めをしたそうです。

　袋がいくつもいっぱいになり、見違えるほどきれいになったとのこと。

　トイレ掃除はＥくん、Ｆくん、Ｇさん、Ｈさんが担当。

　Ｈさんはある先生に「やっぱり〇〇学級は違うね」と言われたそうです。

　６年生１組、２組教室担当のＩくん、Ｊさん、Ｋさん、Ｌさん、Ｍさん、Ｎさん、Ｏくん、そして来賓控室《らいひんひかえしつ》になる家庭科室担当のＰくん、Ｑさん、Ｒさんは、一番時間がかかりました。それくらいたくさんの仕事をしてくれました。

　少人数でもよくがんばってくれました。

　椅子並べ担当のＳくん、Ｔくん、Ｕくん、Ｖくんは、大量の椅子を運んだり、縦《たて》と横がビシッとそろうように並べたり、常に動いていました。

　花台作り担当のＷくん、Ｘさん、Ｙさん、Ｚさん、ａさんは、花台を作る仕事がほとんどなかったため、プランター運びや周りの仕事を手伝っていて、いろいろなところで姿を見ました。

　そのプランター運びの担当だったｂさん、ｃくん、ｄくん、ｅさんは、プランターを運んだりきれいにしたりする仕事を。

　伝令・調整役としてｆさん、ｇさん、ｈくん、ｉさんには、いろいろな仕事を頼《たの》みました。

　ｆさん、ｇさん、ｈくんは、それぞれの仕事の進度確認。

　その後、他の場所の手伝い。

　みんな本当によく動いていました。

　私が把握している以上のがんばりがあったのだと思っています。

〈1〉学校のホームページづくり
早期に起案し、教育計画に組み込む

4月にシステムを創る

「ホームページを作成してください」

そのように言われても、いったい何を作成すればいいのか分からない。これでは時間を無駄にロスするだけである。

そこで、次ページのような年間の仕事を一覧にしたものを4月の最初の学年会で提案する。学年主任であれば、これを基に会を進める。主任でないのであれば、「年間の仕事を見通したかったので、このようなものを作成してみました」と事前に主任に見てもらう。

最初に作成するのは大変だが、次年度からは微修正で済む。年間の仕事を見通せるので、学年会の数を格段に減らすことができる。これは私の所属する教育サークル代表の千葉雄二氏に教えていただいた。

ここにホームページを作成するリストを組み込む。

「主な行事」に★がついているものが、ホームページ作成予定のリストだ。

【　】には、担当者を入れる。

このように仕事分担まで決めておくことは非常に重要だ。責任の所在を決めておかないと、同じ先生が作成したり、最悪の場合、作成しないままになったりすることがある。

いちいち「今回は誰が作成しますか？」といった打ち合わせをする必要もない。

そして、5年生であれば、ホームページの文章は、高学年・6年生に向けてということを意識した文章を作成することを確認したい。

マニュアルを作成する

ホームページに載せるには、どの子どもか特定されないようにするなど、配慮しなければならないことがある。

それでいて、読み手を意識したものを作成する。よって、4月に以下のことを学年で確認する。

学校のホームページ担当であれば、管理職に起案し、職員会議で提案する。

①4月、ホームページに児童を載せてよいかどうか全保護者に確認する。
②写真は基本的にどのような活動をしているのか分かるもの、かつ全体を撮影する。子どもの顔はなるべく写さないようにする。
③「ホームページアップの手順」に沿って、ホームページの記事を起案する。

①「ホームページに子どもの写真を載せます。個人名は特定されないように配慮いたします。写真掲載を希望されない方は、ご連絡ください」という言葉を文書に入れ配布する。学校によって事情は異なるので、学校の方針を確認する必要があるだろう。

②ホームページを見る方は、保護者、地域の方々など、多岐にわたる。誰が見ているか分からない。

よって、基本的には、子どもの顔は写さない、ルーズの写真になるだろう。

だが、それだとどのような活動だか分からない場合もある。その場合は、複数枚違う角度からの写真、時間を空けて撮影した写真を活用する。

③自治体によって、ホームページアップの手順が異なるかと思う。手順を映し出したパソコンの場面をキャプチャーし、視覚的にアップ手順が分かるものを作成する。

これらを年度末に起案し、教育計画に組み込む。

（阿妻洋二郎）

２０１７年度　第５学年計画表　　2017.4.1　　阿毒洋二郎

	4月	5月	6月	7月	8月	9月	10月	11月	12月	1月	2月	3月
主な行事	始業式 入学式 保護者会 ★委員会スタート 【　】 １年生を迎える会 ★遠足【　】 ★クラブスタート 【　】 ★離任式【　】	自然教室（引率） 【　】 家庭訪問 ★セーフティ教室 【　】	★体力・運動能力調査【　】 ★地区児童会 【　】 ★選択交流学習 【　】 ★引き渡し訓練 【　】 水泳指導	保護者会 終業式 水泳指導 個人面談	水泳指導 算数教室	始業式 水泳指導	★運動会【　】 ★合唱祭【　】 ★社会科見学 【　】	就学時検診 ★展覧会【　】	保護者会 終業式	始業式 ★書き初め【 】		保護者会 ★６送会【　】 ★小中一貫音楽会 【　】 修了式 卒業式
授業関係	校内研 市教研 学力調査4/22 米作り準備 【　】 総合【　】	研究全体会 市教研 授業公開	校内研 研究全体会 市教研 授業公開	校内研 研究全体会 学力調査	校内研	市教研 校内研 研究全体会	市教研 校内研 授業公開 道徳地区公開講座 総合【　】	市教研 研究会 校内研		市教研 授業公開	研究発表 【　】 市教研	
学年便り	〆切 4/2 【　】	〆切 4/28 【　】	〆切 5/28 【　】	〆切 6/29 【　】		〆切 8/27 【　】	〆切 9/29 【　】 10/1（運動会） 【　】	〆切 10/29 【　】	〆切 11/27 【　】	〆切 1/6 【　】	〆切 1/28 【　】	〆切 2/25 【　】
教材	発注・会計 【　】			会計 【　】	発注 【　】				発注・会計 【　】			会計 【　】
保護者関係	保護者会【　】	授業公開	学園授業公開	保護者会【　】 個人面談			授業公開		保護者会【　】	授業公開		保護者会【　】
運動会							運動会 【　】					
合唱祭・音楽会							合唱祭 【　】					小中一貫音楽会 【　】
成績関係				あゆみ					あゆみ 要録			あゆみ 要録
その他	遠足【　】 研推部会	研推部会	研推部会	終業式 研推部会	生活指導全体会 研推部会		社会科見学 【　】 地域祭り 【　】	展覧会【　】 研推部会 卒対	卒対 研推部会	研推部会	研推部会	６送会【　】 卒対 代表の言葉 新学期指導 【　】
各教科等教科担任	国語【　】	社会【　】	算数【　】	理科【　】	体育【　】	家庭【　】	道徳【　】	総合【　】	英語【　】	図工【　】	音楽【　】	

★ホームページ作成予定

〈2〉学校でＩＯＴを構想する　社会科「観光」でＩＯＴの授業を

技術革新と生産性

生産性向上を目指し、技術開発に投資していくと、文明は大きく変わる。文明は生産向上の段階によって姿を変える。

イギリスがインド産綿製品に対抗するために、国内で大規模に行った技術投資と設備投資、すなわち「産業革命」は、蒸気機関という技術を生み出した。結果的に文明の段階が変わった。

現在の文明は、電力文明である。原油という鉱物資源が開発され、ガソリンエンジンや発電といった技術が進歩し、文明は石炭の段階から、原油の段階へと移行した。第2次産業革命である。

その後、20世紀末から21世紀初頭にかけ、今度はパーソナルコンピュータやインターネットの技術が大発展。人々は情報へのアクセスが極端なまでに容易になった。人間の情報アクセスの速度を高め、生産性を向上させる。第3次産業革命が、今、この瞬間も続いている。

次なる産業革命「第4次産業革命」は、人間の「動作」を支援することで、生産性向上を達成する。これまでは人が動かざるを得なかった分野において、「動作の支援」をすることで、省略化が図られる、あるいは人が不要になる。具体的には、いくつかのコアとなる技術革新を指す。

その1つ目がＩｏＴ及びビッグデータである。工場の機械の稼働状況から、交通、気象、個人の健康状況まで様々な情報がデータ化され、それらをネットワークでつなげてまとめ、これを解析・利用することで、新たな付加価値が生まれている。

ＩｏＴの視線を組み込み、「観光」を授業化する必要性

新学習指導要領に「観光」の文字が記載された。現行では学習指導要領解説には記載されていたが、学習指導要領にはその文字はなかった。ちなみに日本の中心産業の一つである「自動車」の文字は新学習指導要領にはない。いかに「観光」が重視されているかが分かる。

世界でも「観光産業」は大きく伸びている成長産業だ。世界旅行ツーリズム協議会（ＷＴＴＣ）の試算では、観光産業は全世界のＧＤＰの10％となっており、全世界の雇用の11分の1を生み出している。約１７０兆円の産業で、先進各国にとっても極めて重要な産業として位置づけられている。世界経済において「観光産業」はエネルギー、化学製品に次ぐ「第3の基幹産業」という位置付けになっているのだ。

日本は現時点で7％と言われている。だが、日本は世界に比べて観光客が少ない現実を受け止め、課題に取り組むことができれば、大きな伸びしろがある。

観光で大切なのは、多様性だ。様々な目的の観光客向けに戦略を打つ必要がある。幸い日本には、自然、気候、歴史・文化、食という観光4条件が揃っている。

これらを活用していけば、ＧＤＰを大きく成長させることができる。

だが、このまま手を打たなければ、日本はこれから人口激減の時代に入り、生産性は落ちる一方だろう。それにどう対応していくか。

方法は3つある。

（1）リピーターを増やす。
（2）単価を上げる。
（3）外国人を呼び込む。

この3つを組み合わせる。

そして、政府が掲げる第4次産業革命に伴う変革の方向性は以下の通りである。

（１）観光客の行動データを収集・活用し、個々人の趣味・嗜好に合致するカスタマイズされた観光体験を提供。
（２）シェアリングやマッチングサービスの広がりにより、宿泊先や移動における観光客の選択肢が拡大するとともに、個人もサービス提供者として観光産業に参画。

具体的には、２０２０年に向けて、日本における訪日外国人の行動を支援するための仕組み「ＩｏＴおもてなしクラウド事業」を確立する。

概要としては、訪日外国人等のスムーズな移動、観光、買い物等の実現に向け、スマートフォン、交通系ＩＣカードやデジタルサイネージ等と、共通クラウド基盤を活用した多様なサービス連携（個人の属性・言語等に応じた情報提供や支払手続の簡略化等）を可能にするため、複数地域で実証を実施するとある。

こうした日本と世界の現状を踏まえ、ＩｏＴの視点を組み込み、「観光」を授業化する。その際は、自分たちで問題点を見いだし、自分たちで課題を立て、価値を創造していける、そんな子どもたちを育てていくということを視野に入れ授業を組み立てる。

これが新学習指導要領で求められているのだ。

５年「観光」の授業

上記を踏まえた授業案を以下に記す。もちろん技術の進歩によって、変化させていく必要があるだろう。

①外国人観光客が困っています。何に困っているのでしょうか。
（1位　インターネット通信が無料でできる環境でないこと）
②空港からどんなことができると外国人観光客は困らなくなりますか。
③現在、日本でできるのはどれでしょうか。
（様々な意見を出させる）
（１）日本でのインターネット通信が無料
（２）観光地での遊びやツアーの予約・購入
（３）空港からホテルへの送迎
（４）東京都内どこからでもタクシー配車
（どこでもというわけではないが、すべてできる）
④渋滞しています。時間をかけずに目的地に行くための方法を考えます。
（自転車やバイクとインターネットをつなげ、渋滞を迂回できるルートを導き出し、目的地まで自動運転など）
⑤「A行きたい世界都市ランキング」と「B国際観光収入ランキング」を比較します。
（日本の都市はAが高く、Bは低い）
⑥今後、世界ＧＤＰの主要国別シェアにおいて日本はどのように推移していくでしょうか。
（このままだとどんどん落ちていく）
⑦外国人観光客が観光でしたいことは何でしょうか。
1日本食を食べる
2自然・景勝地（良い景色）観光
3ショッピング
4温泉入浴
5繁華街歩き
6四季の体感
7旅館に宿泊
8歴史・伝統文化体験
9日本酒を飲む
10日常生活体験

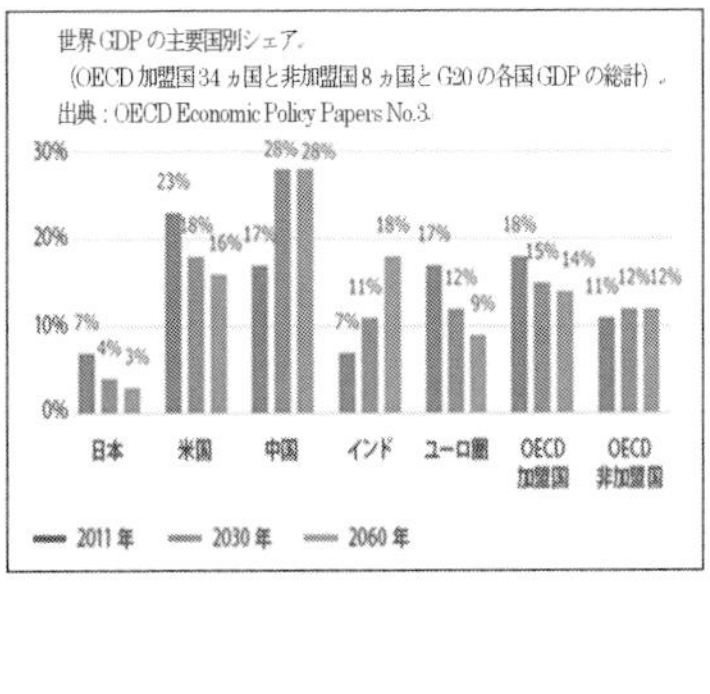

⑧どんなことができると観光客が増えると思いますか。インターネットと何かをつなげ、新しいものを創り出していきましょう。
（様々な意見を出させる）
⑨自分たちで価値を生み出し、よりよい未来を創っていけるようこれからも勉強していきましょう。

（阿妻洋二郎）

〈3〉学校のＩＣＴ
日常からＩＣＴを活用できるようにする

ＩＣＴの必要性

ＩＣＴとは、「Information and Communication Technology」の略称だ。「情報伝達技術」と訳される。ＩＴとほぼ同義である。だが、ＩＣＴでは情報・知識の共有に焦点を当てており、「人と人」「人とモノ」の情報伝達といった「コミュニケーション」がより強調されている。

総務省の「平成28年版　情報通信白書」の第1章では、以下のことが記されている。

> 第1章　ＩＣＴによるイノベーションと経済成長
>
> 我が国においては、急速に進行する少子高齢化とそれに伴う人口減少が、労働投入の減少や国内需要の縮小を招き、中長期的な経済成長を阻害すると懸念されている。
>
> そこで本章では、ＩｏＴ(Internet of Things)・ビッグデータ・ＡＩ等の新しいＩＣＴが、我が国の経済成長に貢献し得る経路を供給面と需要面の両面から体系的に整理した上で、それぞれの経路について、事例や企業の取組状況等を交えながら経済成長に与える潜在的効果を定量的に検証する。

これからの日本を担っていく、今を生きる子どもたちがＩＣＴを活用できるよう育てていくことは急務なのである。

情報を探し、活用でき、伝えたいことを伝える

子どもたち自身で、情報を探せるようにすることとは非常に重要だ。だが、その力が培われていないうちに、たとえばパソコンで調べさせても、やたら時間がかかり、やっと検索した情報をノートに丸写しするということになりかねない。

まずは、紙媒体から必要な情報を探し出せるよう指導する必要がある。

たとえば、5年社会で、「低い土地と高い土地、どちらの方が工夫しているか」というようなテーマで討論をするとする。討論を成立させるには、子どもたちが必要な資料を探し、資料を根拠に発言でき、資料を活用できる能力がないとできない。

子どもたちが自分の意見の根拠を多くもてるようにする日常的な指導をしていく必要がある。

まずは、教科書や資料集から引用の仕方を指導するのである。

> ①自分の意見に関する根拠となる文を見つけ、線を引く。
> ②選んだ1文を書き抜く。
> ③その中から重要語句を探し、○をつける。

これらの根拠となる文は、多ければ多いほど説得力を増すことも教える。ただ「自分の意見の根拠を書きなさい。」というだけでは、できない子もいるのである。このような根拠を増やすための日常的な指導が必要となる。

また、この引用の仕方に子どもたちが慣れてきたら、この指導の発展形として、以下のような指導もある。

> ①自分の意見に関する根拠となる文を見つけ、線を引く。
> ②その中から重要語句を探し、○をつける。
> ③○をつけた重要語句で、自分の意見を作る。

教科書、資料集、図書資料の引用ができるようになったら、次に子ども自身で全員がパソコンを使って資料を探せるように指導する。

まずは、コンピュータ室で教師が指定したホームページを探させる。

> 学校のホームページを探します。どのようなキーワードで検索すればいいですか。

全体の場で、キーワードを確認してから探させる。子どもたちから出たキーワードは『○○小』。当然、目的のホームページはすぐにヒットしない。他の市の小学校がトップに出てくることもある。

「『○○小』では出てきませんね。どのようなキーワードで検索すればいいですか」

子どもたちは正式名で検索することが大事だと気が付く。

次に複数キーワードを入れる場合の検索方法を教える。

> ○○市にある小学校の学級数はいくつでしょう。どのようなキーワードで検索すればいいですか。

子どもたちからスペースを開けて「○○市」「小学校」「学級数」を入力すると出てくる。もし出なければ、教えてしまう。正式名で検索することと、キーワードが複数ある場合は、スペースを開けて検索すること、以上２つは、全体で必ず教える。そして、目的のホームページまでたどり着けているかどうか近くの子同士で確認をさせる。

このような指導を繰り返し行っていくことによって、どの子もパソコンを使って、必要な資料を探せるようになる。

先の討論テーマ「低い土地と高い土地、どちらの方が工夫しているか。」においても、子どもたち自身で必要な情報を探し出せ、活用でき、伝えたいことを伝えられるようになっていくのである。

ただ単に、「調べなさい」では、ＩＣＴは活用できないのである。

自分たちで問題点を見いだし、課題を立て、解決する

パソコンに比べ、タブレットは持ち運びもしやすいので、子どもたちにも授業で活用させやすい。

たとえば、体育の器械運動、跳び箱の指導。子どもたち同士で自分達の跳び方を撮らせる。

イメージしていた自分の跳び方と、映像に映し出された跳び方が違うことに気付かせ、問題点を自分達で見いださせることができる。

では、どうすればよりきれいに跳ぶことができるのかと、自分達で課題を立て、その解決へと活動していくことができる。

たとえば、総合的な学習の時間で、学校紹介のテレビ番組を制作するとする。学校生活をタブレットで撮らせ、データを共有化する。

シャッターチャンスは突然来る。

何か撮らなければいけないときにタブレットを使わせるのではなく、いつでも子どもたち自身で撮れるようにしておく。総合的な学習の時間だけでなく、休み時間、給食の時間、掃除の時間など、日常の映像も撮ってよいことにする。もちろんこれが可能かどうかは学校・学級の事情による。

子どもたち自身に撮らせるのには意味がある。教師が撮ろうとすると、かしこまった表情になる子もいる。より自然な表情を撮りたい。だから、子どもに映像を撮らせる。

使い方と、トラブルにならないようにルールを繰り返し教える。とてもいい映像を撮ってくる。

休み時間に子どもに撮らせると、おもしろい映像をいくつも撮ってくる。

日直に撮らせたり、係活動で撮らせたりしてもよい。

また、お楽しみ会などの準備中に撮らせると、子どもは喜んでたくさんのすてきな映像を撮る。

このように日常的に活用できるようにする。そうすると、いざ授業で使用したとき、子どもたちはスムーズに活用でき、使い方でストレスを感じることなく、自分たちで問題点を見いだし、自分たちで課題を立て、解決していけるのである。

（阿妻洋二郎）

〈4〉スマホゲーム紹介、ネットモラル

スマホとの上手な付き合い方を指導する

スマホ使用が子どもに与える影響

可能であれば、子どもたちにスマホやタブレットを持たせたくない。多くの害があるからだ。

だが、近年、スマホやタブレットの普及により、私たちや子どもたちを取り巻くメディア環境は大きく変化している。特に、スマホの普及率は、パソコンを遥かにしのぐ勢いである。

「歩きスマホ」という言葉もあり、それを自重するよう促すCMがあるくらい街中でスマホを操作している人を見る。電車の中でも、誰もがスマホを取り出し、画面を見ている。

小学5年生でもかなりの子が持っている。

では、子どもたちは、スマホやタブレットで何をしているのか。最も使用されているのが、無料トークアプリである。中高生だけでなく、小学生の間でも友達同士の便利なコミュニケーションツールとして使われている。

スマホやタブレットの普及で良い面もある。

だが、人間同士の関わり合いやコミュニケーションの不足を生じさせているのも事実である。

こうしたコミュニケーションの不足は、子どもたちのネットワーク上のコミュニケーションの拡大が1つの原因である。

そして、確実に子どもたちのコミュニケーション力に影響を与えている。最近では、ネットワーク上のいじめや仲間外れなども報告されるようになり、大きな社会問題になっている。

ネットワーク上と社会生活上のコミュニケーションは、異なる特性がある事を理解させると共に、相手の立場に立ち、思いやりのある行動は、ネットワーク上でも必要であるということを明確にし、日常的な行動として指導を行い、身に付けさせることが必要である。

だが、スマホやこうしたアプリが子どもたちに与える影響は、生活面だけではない。脳にも重大な変化を及ぼす可能性があるのである。

東北大学と仙台市教育委員会が協力して出した調査結果がある。

スマホの使用時間が増えると成績が下がるというものだ。特に、算数・数学では顕著に成績が急カーブで低下した。

「スマホに夢中になって、勉強が疎かになったら成績が下がるのは当たり前ではないか」と思われるかもしれない。

はたして、この結果は、スマホの使い過ぎで勉強時間が減ったからなのか。興味深い事実がある。

算数・数学の家庭での勉強時間が「2時間以上」でスマホ使用が「4時間以上」の場合の試験の正答率は55％となった。一方、勉強時間が「30分未満」でスマホ使用を「まったくしない」場合の正答率は60％だったのである。

家庭で平日に2時間以上も勉強している子が、ほとんど勉強していない子より成績が悪いという衝撃的な結果になったのである。

たとえ2時間以上勉強しても、4時間以上スマホを使っていると、勉強はほとんどしないがスマホを使わない子どもの成績と同じか、それ以下の成績になってしまうのだ。

勉強時間にかかわらず、スマホを長時間使用すると、せっかく学習した内容は消え、使用時間に比例して成績は低下する。

そして、スマホのアプリの中でも、特に無料トークアプリの使用が学力低下に、より強い影響をもつ。

これは仙台市の公立小学校、中学校に通う全児童、生徒を対象に調査を行ったもので、約7万人に対して7年間実施したものだ。

エビデンスがあると言える。

では、なぜいくら勉強しても、スマホを長く使用するほど、成績が下がってしまうのか。

まだ可能性の段階だが、「前頭葉の活動低下」が引き起こされている可能性があると言われている。

テレビを観たりゲームをしたりしているときは、物事を考えたり、自分の行動をコントロールする力にとって非常に重要な前頭前野の血流量が下がり、働きが低下する。

そのため、テレビやゲームで長時間遊んだ後は、30分から1時間ほどは、前頭前野が十分に働かない状態になっている。この状態で本を読んでも理解力が低下してしまう。

テレビを長時間視聴した子どもは、思考や言語をつかさどる部分の発達が悪くなるのである。

同様に、スマホを長時間使用すれば、ゲームやテレビを長時間視聴した後の脳と同じような状態になってしまい、学習の効果が失われてしまうのではないかと考えられている。

スマホと上手に付き合っていく

よって、冒頭に記した通り、スマホやタブレットは持たせない方がいい。

だが、現実には、すでに子どもにスマホやタブレットを持たせたり、使わせたりしている家庭は多いだろう。

私の学級でも、多くの子が持っている。もしくは親の機器を使用している。今後はさらにその数は増えていくことだろう。

よって、持たせない、使用させないという指導は非常に難しくなっている。

結論としては、まだスマホやタブレットを子どもに与えていない場合、子どもがどんなに欲しがっても、まずは与えない、もしくは与える時期を考えることが重要となる。

これを前提に、すでにスマホやタブレットを持っている、使用している子どもの場合は、使用時間を決め、それ以上使用させない工夫・ルール作りをする必要がある。

そして、無料トークアプリはできる限り使わせないようにする。

そのためにも、学校・家庭が協力し、スマホやタブレットといったメディア機器との付き合い方の共通理解を図る必要がある。たとえば、5年生であれば、以下をルールとして決める。

1　1日の使用時間
2　使用時間帯
3　使用場所
4　個人情報の扱い
5　アプリのダウンロード（基本不可）
6　親が要求したときはいつでも使用状況を見せる
7　無料トークアプリの扱い（基本不可）
8　上記を守れなかったときの対応
9　不都合が生じたときのルール変更追加の可能性

また、インターネット閲覧の制限を掛けたり、定期的に履歴を確認したりすることが必要である。

脳を使うアプリを入れる

教育委員会でも取り上げられている漢字学習アプリがある。書き順が分かり、なぞり書きができるアプリもある。

家庭科が始まる5年生。「料理」「アプリ」で検索すれば、多くの料理アプリが出てくる。料理は手順を考えながら手を動かす。脳を活性化させる。親子で行えば、親子のコミュニケーションも生まれる。

生活面、脳・学力への影響を子どもと話した上で、あえて使用するならば、脳を能動的に使うアプリがよい。

【参考文献】

横田晋務（２０１６）『2時間の学習効果が消える！やってはいけない脳の習慣』青春出版社

（阿妻洋二郎）

〈1〉新学習指導要領の方向性—ALを見える化する〜「物語の書き出し」指導で〜

情報活用能力を高める授業の必要性

「アクティブ・ラーニング」は、「新学習指導要領では、「主体的・対話的で深い学び」という表現に変わった。

これを実現する重要なキーワードがこれだ。

> 情報活用能力

「学習の基盤となる資質・能力」の1つとしてあげられており、すべての教科等で育成していくことが新学習指導要領では求められている。

具体的には、情報の収集だけでなく、その情報を整理・比較したり、得られた情報をわかりやすく発信・伝達していくこと、保存・共有していくこと等も求められている。さらに、そうした方法を「考えるための技法」として身に付けていくということも大切な視点の1つである。

物語の書き出しを書かせる実践とTOSSメモ

向山洋一氏が行っていた「物語の書き出し」を書き抜かせていく実践がある。

> 短冊の画用紙を1人20枚ぐらいもたせて図書室に行きました。物語の書き出しを書かせ、作者・書名を書かせました。

私は短冊の代わりに「TOSSメモ」に書かせていった（東京教育技術研究所のHPから購入可）。

TOSSメモは、手のひらサイズの付箋型メモである。TOSSノートと同じ罫線が入っており、字を整えて書きやすい。

さらに、付箋紙のように何度でも貼ったりはがしたりできるという良さもある。これを活用して、書き出しの「分類」までさせたいと考えたのである。

物語の書き出しを書くことに全員が熱中！

国語の時間に実践すると、どの子も面白いほど熱中した。子供たちは次々とTOSSメモに「物語の書き出し」を書き貯めていった。チャイムが鳴ってもいつまでもやめようとしないほどだった。放っておけば休み時間もやり続けていただろう。

この授業がよほど面白かったのだろう。1人の男の子は日記に次のように書いて来た。

> ぼくが写した本は、斉藤洋さんが書いておられる「白こま記」シリーズです。その一文から思ったことがあります。それは、一番最初に春と書かれたところや、秋の風景のように書かれたところがあったので、「たぶん、白こま記シリーズは、春夏秋冬が描かれた小説だ」と思ったのです。
> これからは、小説を読むときには、最初の一文に興味を持ちながら読みたいなと思います。

この子は1つのシリーズに注目して共通点を考え、その書き出しの特徴をつかもうとしたのである。

別の女の子は、自学ノートに「6つの物語の書き出し」を書いてきた。そして、その隣のページに「前のページで分かること」も書いてきた。

> 最初の文はどういうことを書いている？
> 一、ぎもんなどから始める。
> 二、誰がどうしたから始める。

自分で問いを立て、６つの物語の書き出しの共通点を見つけようとしているのである。

最後の感想には次のように書かれている。

> これからは、自分の気持ちや、季節などから日記を始めたいなと思います。

この子なりに簡単な分析をし、それを日記に活用しようという意志がうかがえる。

この自学と日記はもちろんクラスで紹介した。

書き出しの分類に挑戦する

次の時間に「書き出しの分類」にも挑戦した。

> みんなが集めた書き出しを分類してもらいます。紙を渡すので、そこにメモを貼っていきなさい。似ているなと思ったら近くに、違うなと思ったら少し離して貼っていきなさい。

多い子で36枚、少ない子でも8枚は書いていた。

「先生、できました！」

10枚前後の子たちはあっという間に分類して持ってきた。

子どもたちは持ってきたＴＯＳＳメモを見せながら口々に指さしながら説明してくれた。全く一緒なんて子はいなかった。どの子もそれぞれの観点で分けていた。

> 「物語の書き出し」という情報を収集し、分類する作業を通して「書き出しの方法」という新しい観点を手に入れた。

ここまでやったところでチャイムが鳴ったが、休憩時間になっても図書館に残って続きを考えている子たちもいた。

分類して分かったことを使って物語を作る

子どもたちに次の課題を出し、作文を書かせた。

> 物語の書き出しを分類して、分かったことや考えたこと、感想などを書きなさい。

ある子は「目・耳・心・口」の４つを書き、ある子は「行動・時・場所」の３つを書いた。女子３人組は「季節・会話・景色・場所・日時」と分けた。

ここは各自の考えで分けていけば良い。大切なのは次のことである。

> 獲得した「書き出しの方法」を使って、自分で物語を書いてみる。

国語の教科書には、自分で物語を作る単元がある。最初にやるのは主人公や登場人物、大まかなストーリーなどを決めることだ。

そして、実際に物語を書く段階になったら次のように指示をする。

> 物語の書き出しが書けたら持ってきなさい。

「１文書けたら」「３文書けたら」「３行書けたら」など学級の実態に応じて限定しても良い。

書き出しだけに限定するからどの子もできる。分類したときに得た観点をもとに様々な工夫を考える。

それでも書けない子もいるかもしれない。そんな時にはこう言えばいい。

> 好きな物語の書き出しを真似してごらん。

これらの書き出しを黒板にずらっと書かせ、工夫を「見える化」して共有しても面白い。

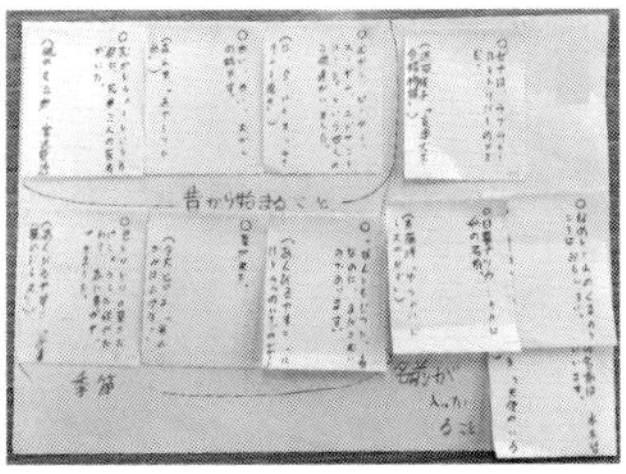

情報を収集し、分類し、そこで得た新たな情報を活用して、自分の物語を作成する。

すぐにできる楽しい実践である。（太田政男）

〈2〉新指導要領の方向性——対話指導の方法

新学習指導要領解説・総則編の中に、「対話的な学び」について次のようにある。

> 子供同士の協働、教職員や地域の人との対話、先哲の考え方を手掛かりに考えることを通じ、自己の考えを広げ深める「対話的な学び」が実現できているかという視点。

私は、その内容から、「対話的学び」はまさに「討論の授業そのもの」であると考える。

対話的深い学びとはまさに討論の授業である

そもそも「対話」とは、どのような意味なのだろうか。小学館のデジタル大辞泉には、次のように書いてある。

> 【対話】向かい合って話し合うこと。

つまり、対話とは、1つのテーマや問題に対して、互いに意見を述べ合うことである。

その対話を通して深い学びを実現することとは、まさに「討論」の授業であると私は考えている。

討論の授業を経験した人はよく分かるはずである。

子どもたちは、「AかBか」といった討論の課題に対して様々な資料をもとに、自分なりの解を追求していく。そして、友達の意見を聞き、賛成意見や反対意見を述べながら、さらに、深い解へと突き進んでいく。

討論の授業とは

では、討論の授業とは何なのか。

向山洋一氏は、討論の授業について、「向山洋一教育要諦集5　あこがれの討論の授業」の中で、次のように述べている。

> 第5章　授業討論の形をあこがれる
> 「授業は討論の形をあこがれる」のである。
> それは、それぞれの人間が自分の立脚点から、相手とのツーウェイを通して一つの結論に到達するからである。討論は異なる意見がなければ成立しないのである。

これを読んでも、討論の授業が、対話的で深い学びであることが分かる。

しかし、討論の授業はなかなか簡単にできるものではない。

討論までのステップ

①指名なし朗読

向山洋一氏は、討論の指導のステップを次のように述べている。

> 最初に「指名なし朗読」、そして「指名なし発表」、最後に「指名なし討論」という三段階が必要でしょう。
> （『教育トークライン』１９９６号２月号　No.91
> 東京教育技術研究所）

指名なし朗読とは、教師が指名しないで子どもが自分から立って朗読をすることである。子どもが他の子を指名したり、席の順番に朗読するというものではない。

指名なし朗読をするときに、重要なことは、「机を向かい合わせにさせる」ことである。

子どもたちどうし、お互いの顔が見えるようにするのである。顔が見えると立つタイミングが分かり、スムーズに朗読が進む。

指名や列指名での朗読では、小さな声しか出せない子どもも、少しずつ大きな声で読めるようになる。

指名なし朗読をする際、次のように言う。

> 先生はあてませんから、自分で立って1人ずつ朗読をします。1人が朗読を終えたら、次の誰かが立って朗読をします。たくさん立った時は、遠慮して座ります。1人1回朗読をします。では、誰からでもどうぞ。

初めはなかなか立たない。

しばらくして、ある子が立った。すかさず「えらい！　勇気があるぞ」とほめる。

また、遠慮して座った子どもには「○○さんは、先生の話をよく聞いていたね。すばらしい」と評価する。

②指名なし発表

「指名なし朗読」がスムーズにできるようになったら、「指名なし発表」を取り入れる。

教科書や資料集にある「1枚の写真」を提示して、次のように言う。

> 写真を見て、分かったこと、気づいたこと、思ったことを、ノートに3つ書けたらもってきなさい。

3つ書けたら、教師のところにもってこさせ、赤鉛筆で赤丸をしてほめる。

そして、「5個に挑戦してごらん」という。

さらに、「10個書けたら、中学生レベルです」という基準を示す。

また、机間巡視をしながら、「○○さんはすごいポイントに気がついているね」「○○さんは、もう15個もかけている」と具体的にほめる。

その後、次のように言う。

> 先生はあてませんから、自分で立って発表します。もし、たくさん立った時は、遠慮して座ります。必ず発表できます。全員、15個発表してもらいます。

このようにして「指名なし発表」を行う。

ただし、あまりにも多くの子どもが立って、譲り合いに時間がかかるようであれば、「箇条書きの数が少ないと思う人から発表しなさい」と言えばスムーズにできる。

③指名なし討論

5年生の国語で、山村暮鳥の「りんご」で討論をさせた。次のテーマであった。

> 話者は幸せですか、それとも不幸ですか。

「幸せ」「不幸」のどちらかを選ばせ、手を挙げさせる。

その後、どうしてそう考えるのかをノートに書かせる。そして、次のように言う。

> 今から、人数の少ない方の意見から発表してもらいます。その後、討論をしますので、自分の意見と違う人の言葉をメモし、「おかしい」と思ったところの反対意見を言いなさい。

〔幸せ派の主な意見〕

○「日あたりにころがっている」から温かく幸せな感じがするから。

○「かかえきれない」から、たくさんのよい思いをもっているから。

〔不幸派の主な意見〕

○「林檎が1つ」から、ひとりぼっちのような感じがするから。

○「どんなに」から、どんなにがんばってもうまくいかない感じがするから。

この後、「討論をします。『○○さんの○○という意見はおかしい』と思ったことを立って発表しなさい」と告げる。

子どもたちからは、次々と立って反対意見を発表した。また、反対意見に対する意見も出るなど活発に討論することができた。

（團野晶夫）

〈3〉モジュールの入れ方・カリキュラム管理

新学習指導要領解説・総則編に、10分から15分程度の短時間学習の位置づけを新たに規定している。その中に、次のような規定があり、その条件をクリアしなければ、時数にカウントすることはできない。

①教師が単元や題材などの内容や時間のまとまりを見通している。

②指導内容の決定や指導の成果と活用等を責任をもって行う体勢が整備されている。

要するに、教師の思いつきではなく、教科のねらいや内容に則し、指導の成果がきちんと見える学習をしなければならないということである。

これらの条件をふまえ、これまで私が行ってきたことを紹介する。

外国語活動の指導

新学習指導要領では、外国語活動で大文字であるか小文字かを識別することと、活字体の大文字、小文字を書く活動を行うことが示されている。

私は、5年生の子どもたちにアルファベットの指導をしたが、これらの内容が一番定着したのが、「アルファベットスキル」（東京教育技術研究所）を使った時で、最も効果があった。

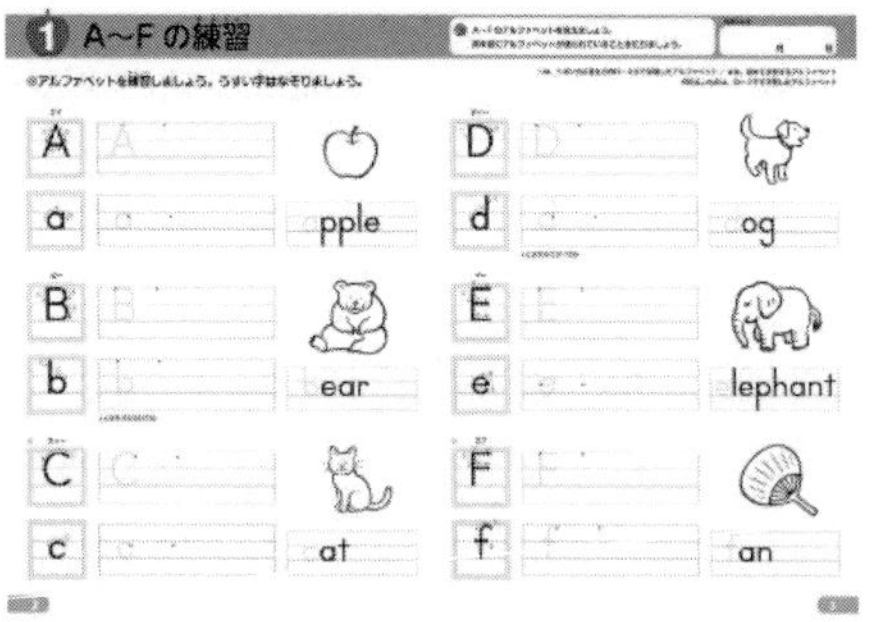

この教材の主な特長は次の3点である。

①短い時間で繰り返し学習することにより、子どもたちに過度の負担を与えることなく、アルファベットを書き、覚えることができる。
②簡単な英語の単語の練習ができる。
③英語で簡単な自己紹介ができる。

10分から15分程度で、1回の学習ができるようになっているので、モジュール学習にはとても有効な教材である。

暗唱の指導

私は「詩・文」を多く暗唱させている。名文といわれる詩や文を暗唱することは、文章を書く上でとても重要な学習方法の1つである。

また、子どもたちは覚えることに魅力を感じることが多く、友達と楽しみながら暗唱する。

私は、向山氏の『子どもが論理的に考える楽しい国語授業の法則』（学芸みらい社）に紹介されている、次の詩・文を主に暗唱させてきた。

①雨ニモ負ケズ
②平家物語冒頭の文
③雪
④からまつ
⑤初恋

どの詩・文も子どもたちは夢中になって暗唱した。では、どのように暗唱をするのか。

まず、教師の前で言わせる。

自信満々の子どもも、教師の前では緊張して、詰まってしまう。

その時は、一言、次のように言う。

「おしい。不合格」

これだけでよい。多くをしゃべる必要はない。モジュールの時間なので、より集中して子どもたちは暗唱に挑戦する。短時間なので、一度に合格することはほとんどない。

　子どもたちは、何度も何度も挑戦し、家でも練習してくる。

　ほとんどの子どもがスラスラ言えない中、何回目かで、ある子どもが成功する。

　合格した子どもは「やったあ」と大喜びである。

　そして、次のように言う。

「○○さんが、見事合格しました。すばらしい努力でした。○○さんに聞いてもらっても合格とします」

　このようにして、次々と先生役を増やして行き、子どもたち同士でテストをさせる。

　かくして、多くの子どもが暗唱テストをクリアしていくのである。

話す・聞くスキルを使っての指導

　5年生を担任した時、いつも気になるのは、次の点である。

発表の声が小さい

　そこで私は、モジュール時間に「話す・聞くスキル（正進社）」を使って、楽しく声を出させるようにしている。

　多くの場合、次のように指導する。

①追い読み（先生の後について読む）
②交代読み（先生と番号ごとに交代して読む。男女で交代して読む。等）
③みんな読み（全員で声をそろえて読む）
④1人読み（スラスラとつかえずに読めるようにする）
⑤たけのこ読み（自分が読みたい番号に○をして、○をつけた番号が来たら、その場で立って読む。だんだん○の数を増やしていく）
⑥チャレンジ（グループで工夫して発表する）

　このように展開していくと、子どもたちは知らず知らずのうちに、大きな声で読むようになっていく。

視写の指導

　視写はさまざまな学習効果がある。

　例えば、「言葉のまとまりで覚えて写す」ことによって、文章の意味がすばやく読み取れるようになる。

　また、文章の組み立てや表現技法、言葉のルールが自然と身についていく。

　私が使っているのは、視写教材「うつしまるくん」（光村教育図書）である。

　この「うつしまるくん」の使い方は、左のページの手本をよく見て、右のページのマス目に写すだけである。

　また、書き終えた後に、丁寧に写せたか自己チェックする欄があるので、点検する習慣を身につけさせることもできる。

百人一首の指導

　百人一首の指導で私は、五色百人一首（東京教育技術研究所のＨＰから購入可能）を使っている。

　五色百人一首とは、百人一首を20枚ずつ五色に色分けした教材である。

　慣れてくると1試合が5～10分程度でできる。モジュールでも十分試合が可能である。

　私がこれまで出会った子どもたちは、五色百人一首に熱中し、楽しみながら百人一首を覚えることができた。

　また試合を繰り返すうちにルールが身につくので、自然とクラスがまとまる。

　さらに、五色百人一首を行うクラスは男女が仲良くなり、どの子も自信を持って学校生活を送るようになる。

（園野晶夫）

〈4〉学習活動のバリエーション

国語　要約指導と物語の設定を考えさせる指導

①要約の仕方を指導する

まず、子どもたちがよく知っている「桃太郎」を使って、要約の仕方を教える。

「桃太郎とは、どんなお話でしたか?」と聞くと、子どもたちは、「昔、昔……」「桃太郎が鬼をやっつけた……」等と口々に言う。

> 桃太郎を短くまとめると、どんなお話なのか20字以内にまとめなさい。

早く書き終わった子どもから黒板に書かせる。そして、点数をつける（10点満点で合格は8点以上）。

当然、合格する子どもは1人もいない。

次のように言う。

> 要約では、大切なキーワードを入れなければいけません。桃太郎で大切なキーワードを3つをノートに書きなさい。

いくつか出たが、「桃太郎」「犬、さる、きじ」「鬼退治」の3つが大切な言葉であり、さらに、その中でも「桃太郎」が一番大切なキーワードであることを確認する。

> 3つのキーワードを入れて、最後が桃太郎になるように30文字以内にまとめなさい。

すると、ほぼ全員が「犬、さる、きじを連れて鬼退治に行った桃太郎」となった。

②「世界でいちばんやかましい音」（東京書籍）での要約指導

「世界でいちばんやかましい音」の「起」の部分を以下のような手順で要約する。

> ア　大切な言葉（キーワード）を3つ選ぶ。
> イ　一番大切な言葉を文の最後にもってくる（体言止め）。
> ウ　字数を制限する（30文字以内等）。
> エ　早く書けた子どもから板書させ、点数をつける。

3つのキーワードは「そのころ」「世界でいちばんやかましい所」「ガヤガヤの都」となり、要約文は以下のようになった。

「そのころ、世界でいちばんやかましい所だったガヤガヤの都」（28文字）

③物語の設定を考えさせる指導「わらぐつの中の神様」（光村図書）

設定とは物語の時、場所、登場人物のことである。設定について、主に次のことを考えさせた。

> ア　1部、2部、3部はいつのお話ですか（現在、過去、現在）。
> イ　1部、2部、3部の登場人物は誰ですか（1部がマサエ、お母さん、おばあちゃん、おじいちゃん。2部がおみつさん、げた屋のおかみさん、お父さん、お母さん、弟、妹、わかい大工さん、野菜を買ってくれる人。3部がマサエ、おばあちゃん、お母さん、おじいちゃん）。
> ウ　主人公は誰ですか（おみつさん）。

算数「練習問題のバリエーション」

①基本的な練習問題の取り組ませ方

教科書に載っている練習問題を解かせる場合、次のような手順で行っている（練習問題が8問の場合）。

> ア　例題と同じように解かせる。
> イ　3問目ができたら持ってこさせる。
> ウ　3問目だけ「○か×」をする。
> エ　黒板を8つ程度に区切っておく。
> オ　全問できた子どもには、黒板に書かせる。
> カ　板書した子どもに発表させる。

大切なことは、3問目だけをチェックするというウの部分である。

3問「全部」を見ていると時間がかかり，待っている子の列ができてしまう。しかし，3問「目」だけを見るのなら一瞬で終わる。列もできない。

どの子どもにも「空白の時間」を作らず、心地よい緊張感の中で練習問題に取り組ませることができるのである。

このようなシステムは、できるだけ早い時期に作った方がよい。

②問題が早く終わった子どもに対しての指導

問題を解かせる時、必ず生じる現象がある。

それは、次の点である。

> 問題を解くスピードに差ができる。

だから、早く終わった子どもに対しては、次のように言う。

> 間違っていないか、確認して待っていなさい。

確認をさせることで、何もしない状態を作らないようにする。

また、場合によっては、教科書の後ろにある復習問題（教科書に答えも載っている）を進めさせると子どもたちも静かに集中して待つことができる。

③問題が解けない子どもに対しての指導

最近、算数の授業は、TTで行うことが多い。

そこで、できない子どもに対しては、T2の教師が指導する。

できない問題を1つ1つ一緒に解いていく場合もあるが、次の方法が有効である。

> 赤鉛筆で解き方や式、答え等をうすくノートに書いてあげる

これによって、できたという「成功体験」を積ませていく。

それが、やがて自信につながっていく。

また、解けなかったり間違えたりした問題があった場合は、次のように言う。

> 間違った問題は直しなさい。できなかった問題は写しなさい。写すのも大事なお勉強です。

このように言って、問題をきちんと最後まで解かせる。

④あかねこ計算スキルを使っての指導

授業の終わりには、必ず「あかねこ計算スキル」（光村教育図書）を使っている。

どの子どもにも百点のチャンスがあり、達成感や満足感が得られる。

> ア　2問コース、5問コース、10問コースを選択させる。
> イ　どのコースを選んでも100点がとれる。
> ウ　子どもたちに、自分で丸つけをさせる。
> エ　「100点だった人？」と聞く。
> オ　残った問題を解き、自分で丸付けをする。

計算スキルを購入するとついてくる「ユースウェア（使い方）」の通りにやれば、どの子どもも意欲的に取り組む。

（團野晶夫）

〈5〉席替えのバリエーション

座席配置を子どもたちに考えさせることで、より楽しい学級にすることができる。以下、私が5年生で行っている席替えの方法を紹介する。

席替えをするかしないかは先生が決める

私は、毎月、席替えをしている。子どもたちは、月の終わりになると必ず次のように言ってくる。

> 先生、来月も席替えをさせてください。

「させてください」と言ってくる。

多くの教室では、「席替えをしましょう」とか「席替えをするんですよね」と聞いてくる。

しかし、私は、黄金の3日間に、席替えについて次のように言っている。

> 皆さんの席をどうするかは先生が決めます。
> 席替えをするかどうかも先生が決めます。

子どもたちは言う。

「今までは、毎月席替えをしていました」

この時、「じゃあ、5年生でもそうしようか」と言ってはいけない。次のように毅然と伝える。

> この学級の担任は私です。みなさんが仲良く集中して勉強できるために、いろいろなことを考え、そして、決めるのが担任の仕事です。だから、席も先生が決めます。

はじめにこのように、はっきりと伝えることがとても重要だ。そして、次のように付け加える。

> でも、席替えをして、いろいろな友達と協力することも大切です。だから、皆さんが、先生のいうことをきちんと聞いて、先生が席替えが必要だなあと思ったら、席替えをさせてあげます。

このように、席替えのよい点や条件を示しておくことが大切だ。

席替えについての約束をする

しばらく学級の様子を見ていて、「そろそろ席替えをしてもいいかなあ」という時期が来た時、次のように言う。

> 皆さんはきちんと先生のいうことを聞き、落ち着いて生活や学習ができるようになってきました。だから、約束通り、席替えをさせてあげます。

子どもたちは「やったあ」と大喜びである。

しかし、次のよう付け加える。

> ただし、席替えをしたことによって、友達に対して意地悪をしたり、きちんと学習できなかったりした場合は、席替えは二度としません。そして、先生の席替えのやり方に対して「いやだ」等と言った場合も、二度としません。

「約束できますか？」と聞き、約束させる。子どもたちがしてしまいそうなことを予測し、先手を打っておく。

この約束が後々、役に立つ。

くじ引きで決める

> これから皆さんにくじを引いてもらいますが、

> 次のことが守れたら、このまま続けます。まず、誰が隣になっても、相手が嫌な思いをするようなことを言ってはいけません。もし、1人でも言ったら、席替えをやめます。先生が言っていることが分からない人はいますか？
> もう1つあります。それは、くじを引いて席が決まったら、先生が全体を見て、先生の判断で一部変えます。どうして変えるのか、いちいち理由は言いませんし、皆さんも質問しません。

このような「第2の約束」もする。この約束もまた、子どもたちの反応を予測し、先手を打っている。もちろん、学級の実態によっては、ここまで厳密に言う必要はない。

いよいよ、くじ引きを行う。子どもたちは興奮状態だ。視力の低い子どもは、前方のくじを引かせる。

くじ引きが終わった後は、教室が大騒ぎの状態になる（それが自然な姿である）。

一度、着席をさせ、静寂を作る。そして、再度、しつこいようだが、約束を確認する。そして、机の移動を始める。担任は、子どもたちの様子、表情の変化を注意深く観察する。

もし、約束を破った子どもがいれば席替えをやめる必要があるからだ。

きちんと座らせ、次のように言う。

> 先生が言った約束を覚えていますか。今から一部、席を移動してもらいます。

人間関係等を考慮し、淡々と指示をして席を変わらせる。そして、「とりあえず、これでしばらくやってみます。もし、変える必要があれば変えます」と念を押す。

班長を決めた後、「班長を中心に、協力して勉強していきましょう」と言って終える。

対面方式で決める

対面方式は、向山洋一氏が『教室ツーウェイ』2007年9月号で紹介した方法である。この方法は大いに盛り上がる。以下のような手順で行う。

> ①席替えについての約束を確認する。
> ②席は男女隣どうしにする。
> ③女子を教室の後ろに行かせ、絶対に前を見ないように言う。
> ④男子に、「行きたい席」のところに行かせる。

この時、次の点に気をつける。

> ア　視力の悪い子どもは、優先的に前の席を選ばせる。
> イ　力の強い子どもが、言葉や動作で他の子どもに圧力を加えないかを教師はよく見ておく。

アの配慮は当然のことであるが、後から調整しようと思ってもなかなかできない。

イについては、「俺はこの席がいいからお前は違う席にしろ」といった無言のプレッシャーをかける場合がある。だから、教師はよく見ておく必要がある。

> ⑤希望した席が重なった場合は、声を出さずに、じゃんけんをさせる。
> ⑥男子が決定したら、男子を教室の後方に移動させ、女子に自分の席を選ばせる。希望した席が重なった場合は、男子同様、声を出さずに、じゃんけんをさせる。
> ⑦一旦、女子も後方に行かせ、もう一度、席替えの約束を確認し、机を移動させる。
> ⑧全体を見て、必要があれば、一部席を移動させる。
> ⑨きちんと隣の友達と机をくっつけるように指示し、席替えを終える。

（團野晶夫）

〈1〉非認知能力育成トレーニング ワーキングメモリトレーニング

ワーキングメモリを鍛えるべき理由

「我慢できない」「待てない」「切り替えが下手」。

この言葉を目にして、教室の子どもの顔が浮かんだら、ワーキングメモリトレーニングが有効だ。

ワーキングメモリとは、見聞きしたことを短時間記憶し、実行に移すための機能。日本語では「短期記憶」と訳される。

電話をかける際、一瞬番号を記憶するが、かけ終わったあとには忘れている。ワーキングメモリ上の記憶は、20秒で90％以上を忘れるようになっているためだ。短時間で「記憶」と「消去」を繰り返すことで、人間は連続的な行動・作業が可能となる。

ワーキングメモリが情報のまとまりを記憶できるのはおよそ4つまでと言われる。「携帯電話の番号」を記憶している人は多い。しかし「クレジットカードの番号」を記憶している人は多くない。これは電話の番号が「０９０」「１２３４」「５６７８」と3つのまとまりなのに対し、カード番号は4つのまとまりで、ワーキングメモリ能力の境界線にあるからである。小学校1～2年生で、1～2つの容量からスタート。小学校5～6年生で、大人並みの4つのまとまりを覚えられる能力に至る。

しかし、発達障害の子どもたちは高学年であっても1～2つの容量で生活する子もいる。

教師であれば、「教科書を開いて、32ページの③番の問題をノートに解きなさい」と指示した際に「何ページ？」「何やるの？」と聞き返す子に出会ったことのない人はいないだろう。

「教科書」「32ページ」「③番」「ノート」という4つの情報は、1つしかないワーキングメモリでは受け取りきれない。本人の努力不足、性格の問題ではない。上書きされ、最後の「ノート」しかこの子には残らない。それでもやる気があるから「何やるの？」と質問する。「ちゃんと聞いてなさい！」という叱責は、そのやる気を奪い、やがては「自分はダメだ」という自己肯定感の低下を引き起こす。淡々ともう一度伝えることと同時に、ワーキングメモリ自体の能力を上げていくことが必要だ。

記憶だけがワーキングメモリの機能ではない。計画、継続、我慢、予想などの「実行機能」も司る。

学校生活で見かける「切り替えの難しさ」を抱える子は、実行機能のうち、「シフティング」に困難を抱えている。

シフティングとは、「現在進行中の課題から、別の課題に切り替える力」を差す。この機能が弱いと、前の時間の図工がやめられない、教室移動ができないなど集団生活上支障をきたす。

ＷＩＳＣⅣ等発達検査でワーキングメモリの弱さを見ると「覚えるのが苦手」と判断しがちだが、影響は学力だけにとどまらない。

普通学級でどうトレーニングするか

脳には可塑性、つまりいつからでも成長、変化できる性質がある。使えば鍛えられるという意味では、筋肉と同じだ。若いうち、早いうちの方が可塑性も高い。

ぜひ、5年生のうちに、ワーキングメモリの力を高めておきたい。6年生になれば、多くの子どもが思春期に突入し、「覚えられない」「切り替えができない」など発達上の特徴が深い子どもを対象に、排斥が始まる可能性が高くなる。

また「6年生なんだから臨機応変に動きなさい」と、年相応のワーキングメモリを一様に期待する言葉をかけられることも多くなる。

一斉授業の中でできるワーキングメモリトレーニ

ングを用いて、楽しく脳を鍛える。

ワーキングメモリには3つの種類がある。

①聞こえた音声を保持して実行する「音韻ループ」。音声指示は教室で最も多く使われる指示なので、重要な力である。

②見たものを保持して実行する「視空間スケッチパッド」。黒板に書かれたものを一瞬記憶して、ノートに写すことができるのはこの機能の働きだ。

③記憶から情報を引き出して留めておく「エピソードバッファ」。日記や作文を書くときは、過去の記憶を取り出して文章化している。

それぞれに対応したトレーニングを行う。

◆音韻ループ

①数唱

教師が言った数字を覚えるトレーニング。覚えた数字は、ノートに書かせる。2桁の数字から始め、5年生ならば5～6桁まで行う。全員起立して行い、聞き取りきれなくなったら座らせる。メモを取ったり、復唱したりしないように告げ、言い終わったら数字をノートに書かせるようにする。最後に答えを伝えるが、間違っていても良いこと、1つでも記憶できる量が増えることが価値であることを伝える。

②聞き書き

教師が言った文章を覚えるトレーニング。方法は数唱に同じ。「今日は晴れです」「今日は晴れですが、昨日は雨でした」など、だんだんと文章を長くしていく。翌日の予定を連絡帳に書く際、「1時間目、国語」と聞き書きをすると、毎日トレーニングになる。

③シリアス7

100－7、93－7……と、頭の中で100からひたすら7を引き算する。頭の中で計算するときも、人間は声にならない声（内言語）で計算を進めている。これが音韻ループに負荷をかけ、トレーニングになる。

◆視空間スケッチパッド

①パズル

元の絵柄や形を確認しながらピースを合わせていくパズルは、視空間スケッチパッドを駆使する学習だ。集団で行う場合は、1人に1枚、新聞紙を配って千切らせて、「元の形に戻しなさい」とやると良い。

②視知覚認知フラッシュカード「きえたのはなあに」（東京教育技術研究所）

2枚1組の図形のカードを見せて、消えた図形を答えさせる。まず写真左のカードを1秒程度提示する。続けて2枚目のカード（写真右）を見せて「何がきえましたか？」と聞く。フラッシュカード形式なので、短時間で一斉指導が可能。

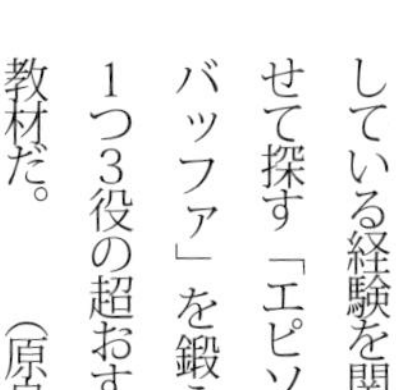

◆エピソードバッファ

①思い出し書き

1分間で『あ』のつく言葉をできるだけたくさん書きなさい」という簡単なものから始めて、「昨日あった楽しいことをたくさん」のような負荷の高いものへ向上させていく。

②脳トレカード名作5選

「赤ずきん」「ブレーメンの音楽隊」など、昔話一話が4枚のカードで構成されている。4枚をシャッフルして、物語の順番通りに並び替える。話の筋を思い出しながら並び替えるのでエピソードバッファを鍛える。

以上の3種全てを同時に鍛えることができるのが、「アタマげんきどこどこ」（騒人社）である。「みつけてどこ？」は視空間スケッチパッド。「かぞえてどこどこ？」は音韻ループを。そして「さがしてどこどこどこ」はセリフと自分の記憶している経験を関連させて探す「エピソードバッファ」を鍛える。1つ3役の超おすすめ教材だ。（原良平）

〈2〉インクルーシブの教室対応　思春期の入り口を適切なアセスメントで

いよいよ5年生ともなると、「思春期」と呼ばれる時期への入り口となる。

発達の早い子供は5年生の段階で思春期になってしまう子供もいるので注意が必要である。

性への芽生えが始まり、男女のグループ分けがしっかりとしてくる時期もこのころである。

さらにグループも、「排他的な集団形成」がされるため、「異質のものを排除しようとする意識」がとても強くなってくる。

さらに「羞恥心」が芽生えてくるので、「わからない」「理解が難しい」ということを低学年のように言葉で表現しなくなる。

その代わりに、「めんどくさい」「やる気が出ない」「寝るという行動」が出てきてしまう。

そして、それまでの価値観が「大人が絶対的価値観」だったものが「友だちの言うこと評価することが絶対的な価値観」へと移行していく。

これらのことは、もちろん発達障がいを持つ子供も例外ではない。

インクルーシブを実現するために5年生で気をつけるべき点

発達障がいを持つ子供が、思春期の入り口を迎えるにあたり気をつけるべき点は以下である。

「いじめの対象となっていないか」

「学習の困難性や対人関係から学校への抵抗感を抱いていないか」

「不適応行動、問題行動への適切な対応と修正の方向性を持つ」

「性に関する関心への対応」

である。

(1)　いじめの対象となっていないか

発達障がいを持つ子供はいじめの対象となりやすいというエビデンスはすでに出ている。

特に、いじめの対象となった場合、その後の不登校やひきこもりなどの2次障がいを併発するリスクが高くなってしまう。

5年生ともなると排他的な集団形成がされやすくなってしまうので、定期的ないじめチェックなどで実態を早めに掴み対応をしていきたい。早期の発見・対応が学級での発達障がいを持つ子供の安心感を保証していく。

(2)　学習の困難性や対人関係から学校への抵抗感を抱いていないか

学校への抵抗感はそのまま不登校などの原因となり、様々な社会的適応の障壁となっていく。

保護者と連携をしっかりととりながらアセスメントを行い、個別の課題や困難性に丁寧にケアを行っていきたい。

(3)　不適応行動、問題行動への適切な対応と修正の方向性を持つ

これまでの生活経験から、傷つき体験がある場合、2次障がいとして不適応行動や問題行動が表出している場合が考えられる。

11歳ともなると、2次障がいが複雑化してしまい問題行動が拡大してしまっている子供もいる。この問題行動自体がインクルーシブを阻んでしまうこともある。

このような子供の場合は、医師と適切に連携を取り、服薬など医療の力を借りながら、教育体制を組んで行かなくてはならない。

しかし、薬だけではすべての行動は改善させることは難しい。

やはり学校での教育活動が重要である。

「個別のソーシャルスキルトレーニング」「自分の認知状態を認知させていくトレーニング」「その子の良い行動を増加させるシステム」などを個別の合

理的配慮として提供をしていきたい。

（４）性に関する関心への対応

性的なことへの関心が定型発達の子供たちでも高まる時期である。発達障がいを持つ子供も同様である。

特に「やってはいけないこと」を明確に教え、それは「守るべきルールやマナーではなく『やってしまえば法律で裁かれる』」ということをしっかりと教える必要がある。また「異性への適切な接し方」などもスキルとして教えておきたい。

法律や条例による対応が始まる年齢であることにまずは触れたい。

５年生における発達障がい児のインクルーシブ教育のあり方

この時期からのインクルーシブ教育を進めていく上で重要なキーワードは、以下である。

「適切な個のアセスメント」

「適切な個別支援の展開」

「インクルーシブを進める際の個別の合理的配慮と保護者との合意形成」

（１）適切なアセスメント

発達障がいがあっても、無理やり普通学級で学習を受けることをインクルーシブとは呼ばない。

インクルーシブを進める際に最も重要なのは、この状況を的確に把握し、それを元に分析し、方向性を出す「アセスメント」である。

本当にその子は、集団で学ぶことが学力面と情緒の安定面で適切なのかどうか。

もし個別の支援を受けるのであるならば、どこまでの個別支援を必要とするのかを、状況観察や、心理アセスメントバッテリーでの検査、巡回相談員など第三者である専門家のアドバイスなどからアセスメントする必要がある。

（２）適切な個別支援の展開

アセスメントを行っていくが、インクルーシブ教育の視点でその子の持つ特性や苦手な状況などはすべてカバーできるわけではない。

やはり、「適切な個別支援の展開」を念頭に置かなくてはならない。

「個の特性に合わせた学習環境の提供」「個の特性に合わせた学習内容や学習量の提供」など個の特性に合わせた個別支援を展開することが最終的にインクルーシブにつながってくる子供もいる。

さらに「個別のソーシャルスキルトレーニングの展開」「眼球運動・視知覚トレーニング」などの苦手な分野をトレーニング的に支援する個別支援が必要な子供もいる。

これらの中には、完全に個別支援で伸びていく子供もいるだろうし、一部の個別支援とインクルーシブを併せることで伸びてくる子供もいる。この兼ね合いもやはり「アセスメント」を中心に判断していきたい。

（３）インクルーシブを進める際の個別の合理的配慮と保護者との合意形成

適切な個別支援が展開され、普通学級においてインクルーシブで学習などを進める際に、担任に全てを任せることは避けたい。

やはり、個別の課題と困難性を抱えるので、「集団における個別の合理的配慮」を行っていきたい。

座る位置の配慮。使うノートや教科書の拡大率の配慮。テストなどの拡大版の使用。座るものをバランスボールなどに換える配慮。視覚支援教材を多めに用いる配慮。個別に声をかける回数を増やす配慮。

このような集団で学習するための個別の合理的配慮を適切に行っていきたい。

この際に大切なのが、しっかりと「保護者との合意形成」がなされていることである。せっかくの個別支援も保護者との合意形成がなされていないと「特別扱い」と受け取られてしまい支援を行えなくなってしまうなどの問題も生じやすい。

合理的配慮を提供の際は、支援会議を保護者と持ち、合意形成を行った上で支援を展開していくことが望ましい。

そのこの学びの場と形態が本当に適切なのかを大人が責任を持って判断したい。

（小嶋悠紀）

〈3〉学習困難視点による教科書教科別指導

数学年分の学習困難に対応

既に学習が大きく遅れていている

5年生では、その学年の学習より1年、2年分の学習が遅れている場合が多い。

そのような数学年分の学習の遅れを取り戻すには、「遅れている学年の学習に戻って勉強すること」が求められる。適切なアセスメントをし、その子にあわせた学習を取り入れていきたい。

5年生の学習困難を改善するポイント

【国語のつまずきポイント】

テストの問題が解けない。

【主な原因】

今までより高度な学習が求められて対応できない。

例：書くことの指導項目

①事実と意見を区別して、目的や意図に合わせて書く。

②引用したり、図表やグラフを用いたりして自分の考えを書く。

【対策】

TOSS国語スキル（PISA型読解力育成スキルシリーズ）を解いていく。

「事実・考えスキル」テキストは簡単な内容から入っているので、つまずきや抵抗がある子でも学習に入りやすくなっている。ページ内容は、

・事実と考えの見分け方
・事実と考えの書きかえ
・アンケートを表やグラフに表す
・表やグラフの不完全な部分をおぎなう　など

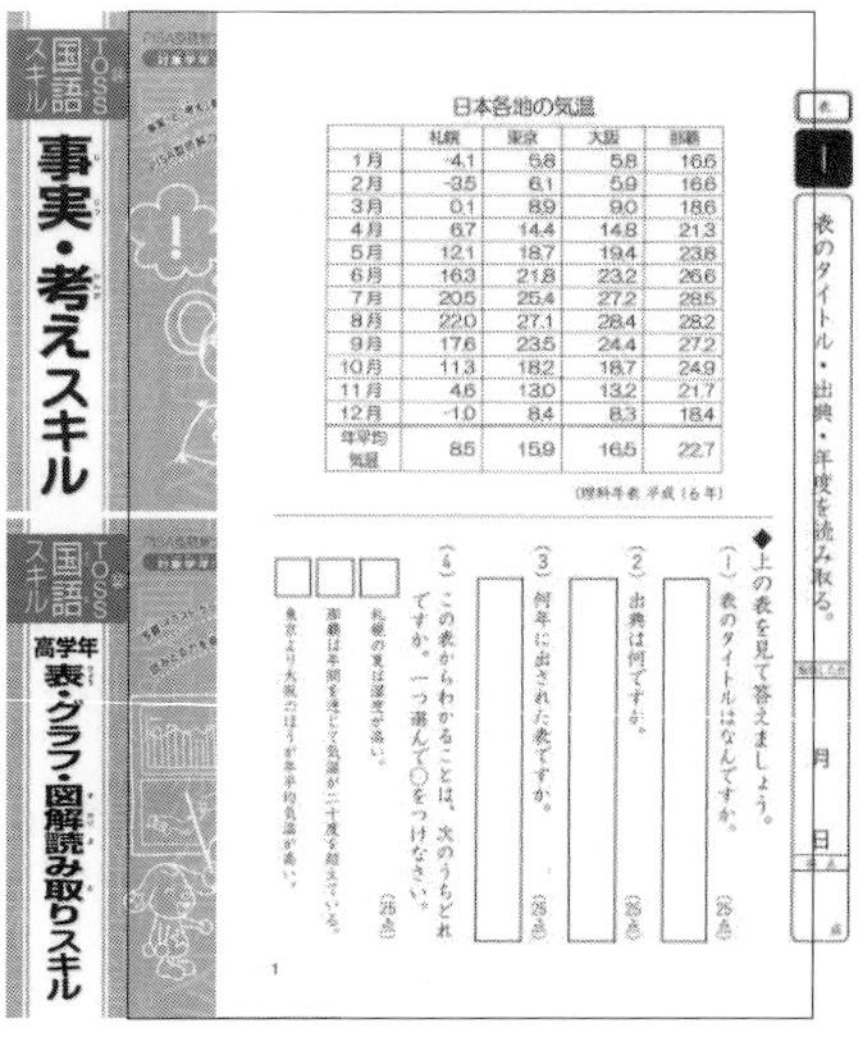

日本各地の気温

	札幌	東京	大阪	那覇
1月	-4.1	5.8	5.8	16.6
2月	-3.5	6.1	5.9	16.6
3月	0.1	8.9	9.0	18.6
4月	6.7	14.4	14.8	21.3
5月	12.1	18.7	19.4	23.8
6月	16.3	21.8	23.2	26.6
7月	20.5	25.4	27.2	28.5
8月	22.0	27.1	28.4	28.2
9月	17.6	23.5	24.4	27.2
10月	11.3	18.2	18.7	24.9
11月	4.6	13.0	13.2	21.7
12月	-1.0	8.4	8.3	18.4
年平均気温	8.5	15.9	16.5	22.7

（理科年表 平成16年）

◆上の表を見て答えましょう。

（1）表のタイトルはなんですか。（25点）

（2）出典は何ですか。（25点）

（3）何年に出された表ですか。（25点）

（4）この表からわかることは、次のうちどれですか。一つ選んで○をつけなさい。（25点）

札幌の夏は湿度が高い。

那覇は年間を通じて気温が二十度を超えている。

東京より大阪のほうが年平均気温が高い。

1

「表・グラフ・図解読み取りスキル」テキストのページ内容は、

・表から情報を読み取って意見を書く
・グラフの変化の傾向を読み取る
・2つのグラフの変化の原因を資料から読み取る
・系統図とグラフから情報を読み取る
・図面と文章から情報を読み取る　など

子どもの実態に合わせて、必要なスキルを購入し、使い分けられるとよい。

【算数のつまずきポイント】

（1）小数×小数の計算ができない。

例：3・25×2・5

【主な原因】

「2桁のかけ算」や「小数×整数」の時点でつまずいている。小数点の位置を合わせられない。

【対策】

TOSS算数スキルの「小数スキル」「かけ算のひっさんスキル」を使う。

積み上げの必要な算数のアセスメント教材で、どこでつまずいているのかを知るのに適した教材だ。

この教材の特徴は以下の2つ。

①単元ごとに系統だてた学習ができる。

②苦手な分野の苦手になった学年から始められる。

「小数スキル」では、小数の基礎知識から、教科書のステップに沿って、問題が作られている。しか

も問題数が少なく、最低限必要な問題を網羅してある。だから苦手な部分がどこかをつかむため、また苦手な部分の補修のどちらにも使える。

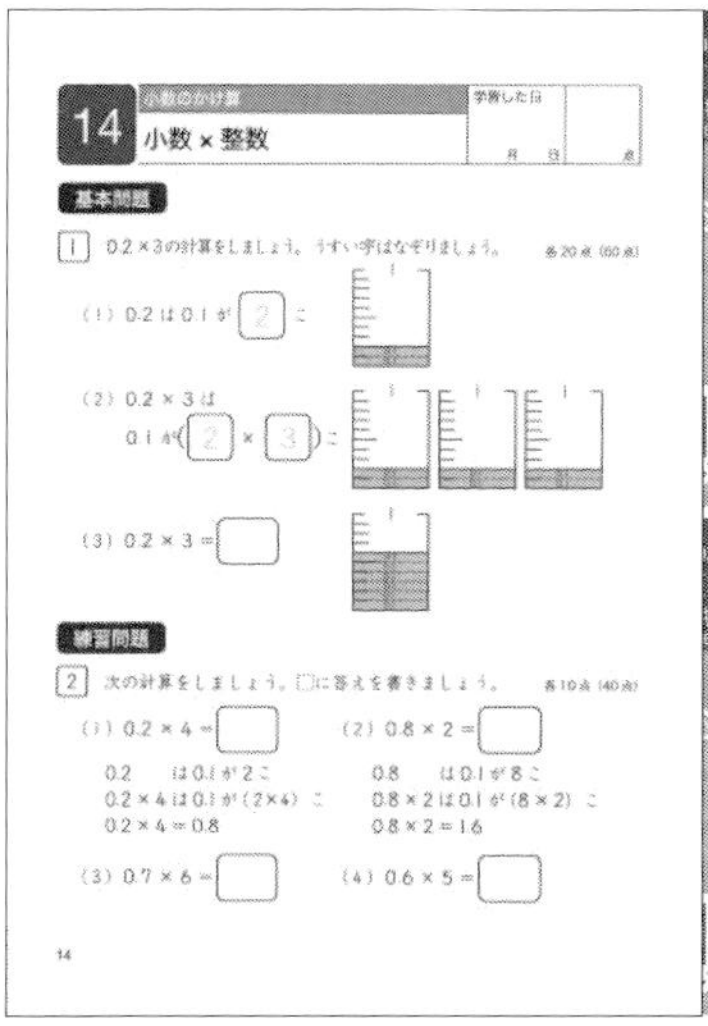

「小数スキル」テキストのページ内容は、

・小数のたし算とひき算
・単位の書きかえ
・10倍、100倍した数
・10分の1、100分の1にした数
・小数×整数の筆算
・小数×小数の筆算
・小数÷整数の筆算
・小数÷小数の筆算　など

学年の学習かもわかるようになっているので、学習の遅れのある子たちにも優しい。

また他の子どもたちにも復習として行う価値があり、教室での一斉授業でも効果を発揮できる。

1学期の早い段階で、つまずいている子どもたちには、その対応が早期にできる。

（2）公倍数が理解できない。

【主な原因】

抽象的な概念でイメージできない。

【対策】

指導を具体→半抽象→抽象の流れで考える。

算数は難単元を学習する時、体感的に解ける工夫することも大切だ。

①具体：体感

公倍数は男子は2の段で立つ。女子は3の段で立つ。教師は数字を1、2、3と順番に言っていく。6でそろう。12でそろう。18でそろう。その時が2と3の公倍数であると教える。

②半抽象　数直線の視覚

次に数直線を書かせて確認する。

視覚で公倍数を理解する。

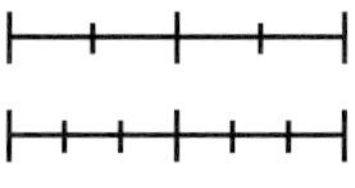

③抽象：数字のみの操作で理解する

2、4、[6]、8、10、[12]、14、16

3　[6]　9　[12]　15

の3段階で理解させる。

（3）何割引きなどの量感が理解できない。

【主な原因】

抽象的な概念でイメージできない。

【対策】

正進社のフラッシュカードを使う。

図で抽象概念を具体イメージにしていてわかりやすい。繰り返すことでイメージが定着する。

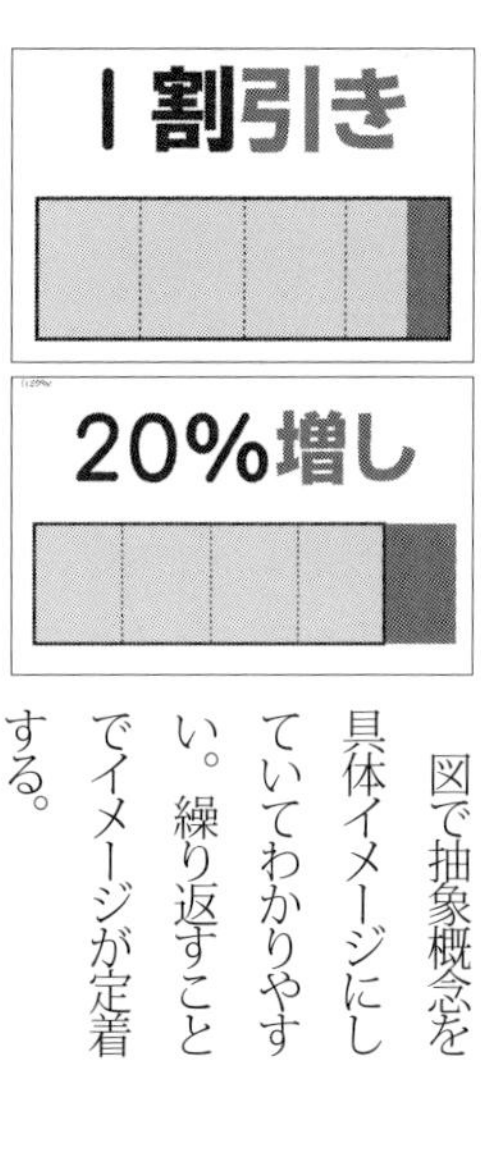

何か得意を作る

難さを容易に解決はできないだろう。

学習に遅れがある児童には、その子が好きなもので何か得意を作る。例えば虫が好きな子だったら理科で虫博士にする、社会の知識に興味をもったらそこを伸ばして歴史博士にするなど、学習全般で苦手を持っている子たちにはどこかの分野で好きな場所や学習があることが救いになっていくこともある。

LD傾向の子たちの特徴として、「やる気を失っている状態」が怖い。

これが不登校や反抗などに代わっていくのも5年生だ。そういう子たちが学習でこれだけは楽しいと思えるような部分をもたせたい。（小嶋悠紀）

〈4〉個別支援計画づくりのヒント

保護者との合意形成とこだわりのアセスメント

提案した合理的配慮に関して合意形成を図る

障がいを持つ児童に対する合理的配慮は法律によって義務化されている。もし、合理的配慮の提供を拒めば、法律違反となる。

合理的配慮の提供はもちろんやっていかなければならない。それと同時に重要なことがある。

それは、

「合意形成」

である。

例えば、効果的な支援であっても学校側として提供が難しいこともある。

例えば、

「授業の進め方をこの子を中心にして進めて欲しい。そのような合理的配慮をお願いしたい」

という申し出があったとする。

これは合理的配慮として提供可能なのだろうか。

この場合、

「その子に進め方を合わせると、他の29名の学習進度が保証できない」

事態が予想される。

合理的配慮が先行して実施されているアメリカでは、合理的配慮を提供する場合にいくつかの条件をつけていることが多い。

例えば、

「合理的配慮を提供する場合、プログラムの性質を根本的に変更するものについては、拒否をしてもよい」

というものがある。この事例の場合、その子に合わせることで、全体の授業の進度という根本的な変更を迫られてしまう。

それなので、基本的にこの合理的配慮に関しては、受け入れることが難しいとすることができる。

しかし、完全に拒否するのでなく、「その他の方法としてどのようなことができそうなのか」を支援会議では話をして双方が納得し、提供出来る形で支援方法を決定していきたい。もちろんこちらが提案する合理的配慮についても同じである。

このように合理的配慮の提案、または、合理的配慮の申し出に対しては、それに対する「保護者の合意形成」を図るべきなのである。

このことでお互いに支援する方法や方針を共有しながらトラブルが起きることなく実施が可能なのである。

今後、最も避けるべきことは、

「押しつけの支援」

である。

「この子は自閉傾向があるから、パーテションで仕切ろう」

と保護者との合意形成に至らずに一方的に支援をしたとする。

「保護者としてそのようなことは頼んでいない。人権侵害だ」

とトラブルになった事例もある。

「合意形成」したのちの合理的配慮の提供をすることでこのような事態を避けることができる。

私は、提案した個別支援計画の中に「合意形成」の項目を作っている。支援会議では個別支援計画に沿って必ず、合理的配慮の提供の確認を行う。

保護者から提案のあった合理的配慮に関しても必ず、個別支援計画の中に明記する。

そして、合意に至った合理的配慮に関してしっかりと○をつけておく。このことで双方合意のもとで行われている合理的配慮であることが確認できる。

支援会議を行うたびに、このような合意形成に関して保護者と確認を取るようにしている。

こだわりに対するアセスメントと対応

ＡＳＤ（自閉症スペクトラム）の子ども達は「こだわりが強い」ことがほとんどである。

この「こだわり」という行動が、子供の「社会参加」「集団参加」を阻んでしまうことも多い。

そのこだわりが「失敗したくない」という感情と結び付いてしまうことがある。

「叱られること」「指導されること」を極端に嫌い、指導に対して「２次障がい」でもないのに、反発・反抗されることがある。

何かを指導しようとすると、

「うるさい」

「知ってるから！」

「分かったから、もういい！」

となってしまう。

これはカウンターとは、違う概念である。

「失敗したくない」

「悪いのは自分だと認めたくない」

という１つの「こだわり特性」がそこには存在している。

このような時、「それでも大切なことだから！」と無理に指導をした経験があるのではないだろうか。子どもは反発を強めるか、泣いてしまうかのどちらかだろう。半分パニックになってしまった子どももいるかと思う。

こだわりの場合は、「理由を聞くと話してくれる」ことが多い。または理由に関する何かしらの話をしてくれるだろう。２次障がいによるカウンターなのかこだわりによる特性なのかはこのようにアセスメントをしてもらいたい。

しかし、こだわりによる反抗であっても。反発・反抗している時はコップをひっくり返している状態だ。そこに水を注ごうとも、中には入らない。

無理に言って聞かせようとするとダメージの方が大きくなってしまう。

このようにこだわりの強いＡＳＤの子どもに、指導を入れる効果的な１つの方法がある。

それは、

「まるで人ごとのように別のエピソードとしてお話をしてあげる」

である。これを「他人ごとエピソード」と呼ぶ。

例えば、次の場面である。

> 場面１
> 友だちの消しゴムを取ってしまったＡＳＤのひろきくん。明らかにひろきくんが取ってしまったのに、「俺はやっていない！」と認めません。

この場合、できるだけ状況証拠を集めて、本人に認めさせるという指導が考えられます。しかし、それをやっても認めないという経験をさせてしまうことが一番の失敗です。「そのようにすれば逃げることが出来る」と学習してしまうからです。

私の場合、落ち着いてから次の様に話します。

> 場面１への話
> 先生が、前の学校で経験したことなんだけどね。取ってしまった子がなかなか認めなくて、お父さんや校長先生まで出て来て大騒ぎになったことがあったんだ。その子のおとうさんもお母さんもその子もとても辛い思いをしたんだよ。その子は、口で言えないから、後日、手紙を書いて謝ったんだ。そしたら、みんな許してくれたんだよ。先生も思わず許しちゃった。そういう解決の仕方もあるんだね。

ひろきくんのやっていることに関して触れていないので、驚くほど素直に話しを聞いていた。そして、ひろきくんは後日、このエピソードのように手紙を書いて謝った。しっかりとほめて終えることができた。１つのスキルを身につけた瞬間でもある。

第３者的に語ることで受け入れることができる子どももいる。また、「先生が子どもの時なんどけど」という話し方も効果的である。

（小嶋悠紀）

【1学期】特別活動・学級レクリエーション

夏と言えば「サマーパーティー」

「サマーパーティ（夏祭り）」の開催背景

子どもにパーティーを企画させる際に必ず伝えていることがある。それは、

「なぜそのパーティーをやるのか？　その理由を説明できるようにしなさい」

無論、こじつけで構わない。1学期の最後、夏休みの直前、子ども達は、次のような提案をした。

「先生！　夏なので、夏祭りをしたいです！」

こうして夏祭り、サマーパーティーの開催が決定した。

「屋台」！～「場所」と「時間」と「物」を与える～

夏祭りの楽しみの1つといえば、屋台である。

私の学級には、パーティー会社というものがあった。その会社が、夏祭りを企画した。彼女達は、この夏祭りイベントで、会社（係）ごとに「屋台」を出し、お互いのお店で遊ぶという計画を考え出した。前半と後半に分けて、お店の運営と遊びの時間を各社内で分担した。

出店した屋台としては、

①射的
②金魚すくい
③もぐらたたき　など

定番屋台、ユニークな屋台が様々登場した。

もちろん、実際の射的銃や生きている金魚を持ち込むことはできない。各会社（係）のメンバーは創意工夫をして、射的や金魚すくいなどを再現していった。

こうしたものを作らせる時の基本原則がある。それは、向山洋一氏が提唱した「所時物の原則」である。「所時物の原則」とは、「子供を活動させるためには、場所と時間と物を与えよ」（向山洋一『授業の腕をあげる法則』より）という考え方のことである。

この企画で意識したのは、次の2つである。

（1）作業する場所と時間を確保する。
（2）様々な物の持ち込みを許可する。

休み時間や授業の空き時間、学活の時間などで、屋台や景品作る時間・場所を多めに確保した。また、屋台に使うダンボールを大量に提供し、景品を作る際に家や事務室から様々なものを持ち込むことを許可した。

ただ、普段学校で使わないものは「当日のみ」とし、クラスのルールを保った。

子ども達はパーティーで何を学ぶか？

イベントは人を成長させる。日常的な授業や遊びでは発生しない学びが、特別活動や学級レクリエーションにはある。

サマーパーティーを開催した次の日、多くの子どもが日記にその学びを書いてきた。一部を紹介する。

①1人残らずの協力（以下、子どもの日記）

「これから、サマーパーティーを始めます！」私とSさんは、司会だったので、その言葉を言ったしゅん間……「イエーイ！」と、大きな声でクラスにひびきわたった。前半では当番だったので、受付をしていた。意外にお客さんは、来て大変だった。そして、35分後……後半になった。いろいろな会社へ行った。とても楽しく、景品をもらえて、満足だった。そして、片づけ時間も終わり、サマーパー

ティーは、まくを閉じた。そして、給食の時間になる時、ろう下でダンボールを分別したり、テープをはがしたりして、手伝おうかなと思い、一緒にダンボールを分別したりした。そして、教室では、もう食べていたのでいそいでもどり食べた。教室はまだ、小さいダンボールが落ちていた。歯みがきの時間になり、先生は、「先生はなにもしないので、自分達でそうじをして下さい」（省略）と言った。私は、「これはがんばらなくては！」と思った。そして、そうじ場はＰＣスペースだったから早く終わった。そして、教室にもどり、ろう下の手伝いをした。一生懸命動いた。歯みがきの時より、ちがうクラスと思うくらいになった。私は、給食の時に一部の人が一生懸命やっても、少ししか変わらないが、クラスみんなで、そうじもパーティーも一生懸命やれば、早く終わる。そして、変わることが分かった。だから、そうじとかで、一部の人がやるのではなく、全体でやることが大切なのだ（以上、子どもの日記）。

②相手意識（以下、子どもの日記）

「相手意識」サマーパーティーの最初の片づけではこれが足りなかったと思う。……給食の時間になった。しかし、チケットやダンボールのくずなどが床に落ちていた。給食が終わり、歯みがきをしている最中に先生がこう言った。「これから2時間、3時間のパーティーはやりません。」教室が少しザワついた。私も「みんなちゃんとやっていたのに」と思った。さらに先生が「外でダンボールの処理をしている人がいるのに、座っている。走り回っている人が3人くらいいたね」と言った。給食当番だったから、その時の様子は見ていない。でも私に関係のないことではない。私のクラスのことだし、当番じゃなかったらやっていたかもしれないから。最後に、「外でやっている人がいるのに食べていた人もいたよ」と言った。私も食べてしまっていた。外でやっているのは知らなかったけれど、～さんや～さんがいないことには気づいていた。いない人のことをなぜ気にしてあげられなかったのだろうか。なぜ手伝ってあげることができなかったのだろうか。めんどくさかったのかもしれないし、トイレでも行ってるのだろうと思っていたのかもしれない。そんなことを考えるときりがないほど、たくさん出てくる。ふり返るだけで何か生まれたり、何かにつながるのか。それは不可能に近いと思う。感情などは生まれるかもしれない。でも、自分が成長する何かが生まれたりつながったりすることはないと思う。そこで自分の成長へつなぐためには、そのことをふまえ、行動すると良いと思う。先生も、「ごめんなさいとかの言葉はいりません。行動でしっかり示して下さい」と言っていた。その後もう1回みんなでそうじをした。すると、サマーパーティーをする前よりもきれいになった。たぶん先生の言葉が私にも伝わったように、みんなにも伝わったのだと思う。私はよく自分の日記を読み返す。だから忘れかけていた時に思い出させてもらって、より良いクラスを作っていきたい（以上、子どもの日記）。

「協力する」「相手意識をもつ」子ども達は実感を伴って、楽しさと共に学びとることができた。特別活動や学級レクという日常にはない空間だからこその学びである。

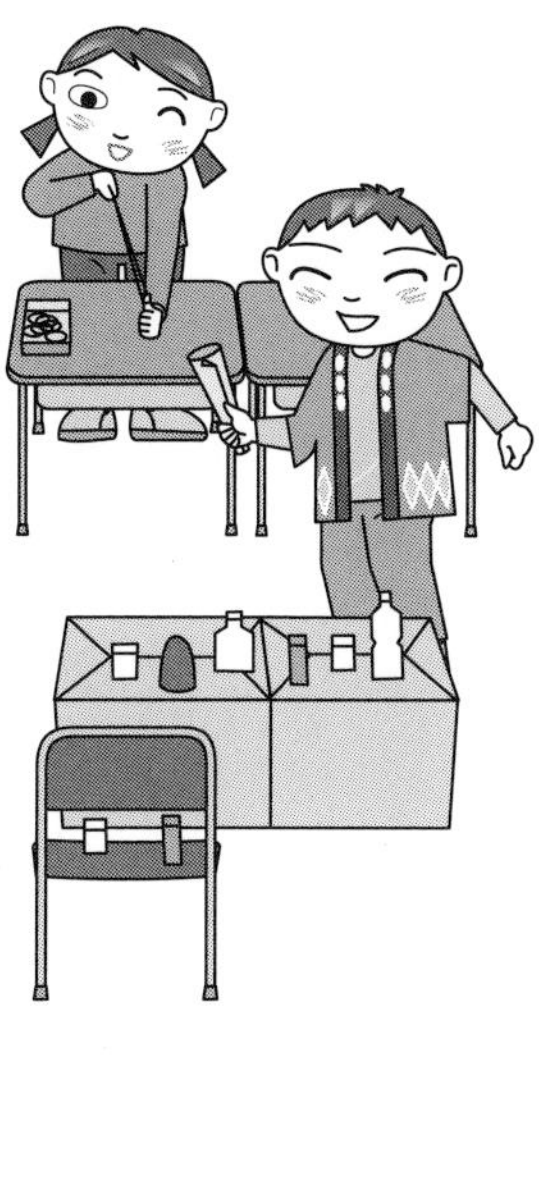

（水本和希）

【2学期】特別活動・学級レクリエーション

学級レクで日本と西欧の文化を学ぶ

「10月のイベントといえば、何ですか?」
と子どもに問うと、
「ハロウィン! お菓子下さい!」
と返ってくることがよくある。

お菓子を学校に持ち込むことは難しい。だが、学級レクとして、ハロウィンパーティーを企画し、仮装パーティーを実行することで、その雰囲気を味わうことができる。

しかし、西欧文化を紹介するだけでは物足りない。そこで、ハロウィンパーティーとセットで、日本文化の1つ「新嘗祭(にいなめさい)」を企画し、実行することにした。

「ハロウィンパーティー」という名で「西欧の文化」を体験!

子どもたちの方から「ハロウィンパーティーをしたい!」という声が上がった。

ハロウィンパーティーに限らず、クラスでパーティーを実行させる際、次のような手順を踏ませている。

①事前の企画書の提出
←
②事前の持ち物アナウンス
←
③プログラム用紙の準備
←
④ルール説明の言葉の書き出し
←
⑤当日の声かけの仕方の確認

企画書を書き、事前に物を準備し、言葉を書き出す。このような手順は、1学期のうちから、教えておく。すると、2学期・3学期は、子ども達自らその流れで準備を始めるようになる。そしてどんなパーティーにも応用することができるようになる。

ハロウィンパーティーということで、「仮装をできる人は仮装をする」という約束が事前に告知されていた。魔女から包帯男、映画の有名なキャラクター、さらにはエスキモーなどユニークなキャラが集結した。

この時、教師も仮装することがきわめて重要である。私は前日に何種類かの衣装を買い、組み合わせて仮装をした。

細かいことだが、仮装をする時も、一演出。子どもの前で仮装するのではなく、一度教室から出て、仮装をする。そして、何食わぬ顔で教室に入ってくる。子どもは大熱狂だった。

さらに付け加えると、どんな仮装をするか、だ。ハロウィンで定番のおばけやガイコツの仮装はもちろん、あえてハロウィンに関係のない仮装をするのも手だ。ツッコミどころを作ることによって、子どもは熱狂する。

もちろん、ただ熱狂させっぱなしではいけない。学級の実態によっては、混乱状態になり、会が進まなくなってしまう。私は、パーティーを始める前、次のような話をした。

「楽しむ」と「ふざける」というのは分けましょう。「楽しむ」というのは、ルールを守って、話を聞いて、その上で盛り上がることです。意識をして、楽しみましょう!」

こうした一言で、ある一定以上の秩序を作る。1学期・2学期のうちは必要である。

あとは企画担当のイベント係にお任せして、教師自ら参加者の一員となり、盛り上げる。

プログラムは、
①始まりのあいさつ
②ゲームを2つ

③参加賞プレゼント（ハロウィンにちなんだ）
④終わりのあいさつ

流れは通常のパーティーとほぼ同じ。だが、仮装をしていることによって、子どものテンションはぐっと高まっている。お菓子のやり取りの代わりに、ハロウィンにちなんだ参加賞を渡すことで、雰囲気もよく演出されていた。

こうして企画の仕方を教え、子どもに任せて（児童主体で）運営させ、西欧の文化にふれさせることができた。

「新嘗祭という名で「日本の文化」を体験！

さて、ハロウィンパーティーだけでも十分盛り上がる。だが、西欧だけでなく、日本の文化も知らせたい。そこで、次のような話をした。

「ハロウィンは何のためにあるか知っていますか？」

意外と知らない子ども達が多い。

「秋の収穫を祝うためにやっています。ケルト人という昔のヨーロッパの人が始めました」

このように簡単に説明した上で、さらに

「実は、秋の収穫を祝う祭りには日本にもあります」

この流れで、新嘗祭を紹介した。

新嘗祭とは、今でいう勤労感謝の日である。そのルーツは、豊作を感謝する行事であった。その年に収穫された新しい穀物を神に奉り、その恵みに感謝する。日本全国の神社で行われており、伊勢神宮では天皇陛下が自らお育てになった新穀を奉るとともに、自らもその新穀をお召し上がりになる。こうした日本文化のルーツを語ってあげることで、知的になる。

「せっかくだから、西欧の文化だけでなく、日本の文化も知りましょう」

という趣意説明をした。

ほとんど子どもの頭には「?」が浮かぶが、気にかけない。教師主導で進めていく。

内容は、パーティーという名のもとに、国語の授業である。

ハロウィンパーティーと同日開催なので、仮装を持ってきている子は、仮装のまま授業した。

まず漢字の学習。

次に日本の文化にふれるということで、五色百人一首を体験させることにした。

この時はじめて五色百人一首を体験する子が多かったが、2試合、3試合と重ねていくうちに、どんどん札を取るのが速くなっていく。

こうして日本の文化にふれさせる1つのきっかけとして、新嘗祭を活用した。

児童主体で進めたハロウィンと教師主導　それぞれの目的

児童主体で進めたハロウィンパーティーに対して、新嘗祭はほぼ完全に教師主導である。学級レクは、子どもに計画・実行させ、企画力・実行力をつけていくことが基本である。しかし、教師が企画し、子どもの発想にはないイベントを実行することで、文化を伝える場にすることも可能である。学級レクを通じて、日本の文化・西欧の文化について伝える。学級レクをそうした視点から組み立てると、さらに様々な実践を生み出していくことができるはずだ。

（水本和希）

【3学期】特別活動・学級レクリエーション

「雛祭りイベント」で男子と女子が仲良くなる

これぞ、みんなで雛祭り

「男女が仲の良いクラス」とは言うが、とかく高学年担任は、その仲を取り持つ難しさを感じている方も多いのではないだろうか。

高学年特有の男女意識を利用しつつ、男女の仲を深める

これに打ってつけの学級レクリエーションがある。

2月の最終週、違和感なく、男子全員を集められる機会を狙う。例えば、男子は朝会の態度が悪かったので、残って叱られるという設定を使い、女子を先に教室に戻す。得意満面で帰る女子たち。「さすが、先生は私たちのことをきちんと理解しているわ」と担任への信頼も増すことだろう。ちょうど高学年の女子といえば、何かと男子より勝っていると思いたいお年頃。利用しない手はない。

さて、女子がいなくなったあと、両手を広げ、男子を集める。いよいよ、男子だけを残した訳を切り出す。

「もうすぐ3月3日。何の日かな。そう、雛祭り。女の子のお祝いの日だね」

ここで勘のいい子はすぐに、ニヤリと笑う。ピンときたという表情を見せる一方で、まだ、きょとんとしている子もいる。

女子に感謝の気持ちを持たせる

幼い男子は鈍感だ。はっきりと伝えて良いだろう。

「○○くん、いつも●●ちゃんにノートを見せてもらってるね」

「△△くん、▲▲ちゃんのお陰で、掃除をさぼれなくなっちゃったね」

「確かにね……」

とニタニタする男子たち。

「日頃、女の子にはお世話になっているでしょう。お礼をした方がいいよ。女はサプライズに弱いからねぇ」

と、少しは芽生えつつある男心も刺激する。

雰囲気の悪くないクラスなら、「なんだかんだ、世話焼きの女の子のお陰でクラスが成り立っているところもあるな」くらいの感情はもつであろう。

女子に内緒で雛祭りイベントをしよう！

さて、女子を喜ばせるにはどうするか。雛祭りといえば、お雛様である。

「先生、お雛様どうするの？」

「お雛様をどうするかって？　決まってる、みんなで「お雛様をやる」んだよ。」

「えっ!?「やる」の？って、『なる』の？」

「そう。「なる」の」

みんなで、雛飾りになる

「うっそだろ、おい」

どんな風景がそれぞれに浮かんでいるのか、それはそれは、大騒ぎである。

ここから先は勢いが大切だ。

間髪入れずに畳み掛け、役割を決める

「お姫様やりたい人?」

「はいっ!」

と、ノリの良いやんちゃ君が、クラスには必ずいるものだ。

「いいねぇ! 最高!」

と力強く褒めよう。

「次、お内裏さま」

これは、希望が殺到する。何しろ男役で主役級だ。壮絶なじゃんけん合戦が始まる。

「次、五人囃子」

すぐに決まる。男役かつ仲間もいるという、安定この上ない無難なところだ。

「次は、三人官女」

お姫様で惜しくも漏れた、女装に憧れる男子が集う。

「あとは、随身と仕丁。これは、いわゆるお供とか雑用係のことです」

「俺、それがいい!」

と勢い良く手を挙げる。どうしても男役にこだわっているのだろう。そこで、

「あ、ちなみに、お年を召している設定なので、禿ヅラね」

と付け加える。

「禿ヅラ」に反応し、一瞬、手を引っ込めそうにもなるが、一方で、「禿ヅラ」に憧れる男子とのじゃんけん合戦が待っている。

「あとは、菱餅にあられかな」

最後まで、じゃんけんに負け続けた男子が集まる。このあたりになると、もはや何でも良いのである。

役を決めた後は、約束事の確認を

約束事

①これは、マル秘計画。先生に質問があるときは、周りに女子がいない時に来ること。

②3月3日、3時間目。男子だけを、何らかの理由をつけて体育館に行かせる。その際、ステージのひな壇を使って準備を行うこと。

③衣装(浴衣がおススメ)や・化粧、お囃子の小道具(リコーダーや太鼓)等の準備は各自で行うこと。

④親に相談して、協力してもらうこと。くれぐれもマル秘計画だということを申し添えること。

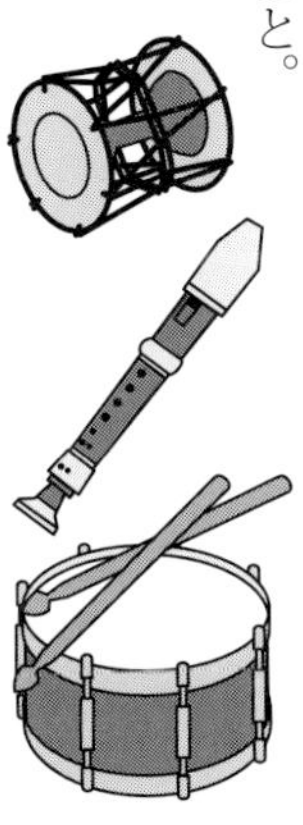

出来る範囲で構わない。雰囲気を出せれば良いと伝えておく。

お雛計画は、もう始まっている

「ここからが肝心です。今、あなたたちは、叱られたことになっています。バラバラにしょんぼりと帰りなさい」

サプライズというものは、仕掛ける方もワクワクするものだ。男の子たちも、笑みを隠し切れない。

「いやぁ、まいったなぁ。先生に怒られちゃったよ」

などと芝居を打って見せるがかなり怪しげで、これまた可愛いものである。

ここまでくれば、前日に、念のために声をかける程度で十分だ。忘れている子はまずいない。

当日。女の子たちからは、

「かわいい! 嬉しい!」

と、笑いと感動の笑みがこぼれる。必死で健気な男子の様子に、母性本能をくすぐられるようだ。

男女の仲がまた一段と良くなるこの学級レクリエーション、お勧めである。

(佐藤文香)

【1学期】保護者会・配布資料

心も体も大きく成長、5年生の学習と役割

5年生の役割

1年を通して、委員会などの学校全体のための仕事があります。これらの役割を通して、5年生の子供達に身に付けてもらいたいのは、次の2点です。

①学校全体の中での役割が大きくなること
②学校のリーダーとなるための自覚を養うこと

委員会活動は6年生になるとより責任が増すことになります。委員長や副委員長は6年生が務めることになりますし、下級生に仕事を教えるのも主に6年生の仕事になってきます。来年は、今の5年生がこの役割を果たさなければいけません。そう考えると、今の仕事ぶりが確実に次の年につながっていきます。5年生のうちに先輩の仕事ぶりを見ておいて、しっかりと引き継がなければなりません。

先輩の仕事を引き継ごうと頑張っている5年生がいる学校は雰囲気がとても良いです。だからこそ、次年度の役割も見据えて行動できると、委員会はとても有意義な活動になります。

5年生の特徴

5年生の子供たちは、心も体も大きく成長する時期です。その成長スピードにうまく対応できずにトラブルになることもありますが、乗り越えていこうとする姿勢をもつことが大切です。

特に女の子は、グループを作る傾向が強くなります。正常な発達の段階です。みんなで遊ぶという段階から、自分に合った友達を見つけていくようになるのです。

体はしっかりしてきて、走ったり、跳んだり、投げたりする力は、親御さんよりも勝っている部分も出てくるでしょう。

落ち着きも出てきて、時にはこちらがびっくりするような正しい意見を出してくることもあります。今までは、親の言うことを聞くことが正しいと考えていた素直な子も、少しずつ自分で考えて、時には反抗することも出てきます。そんな時は、逃げずに親としての考えを述べてあげてください。5年生の子供は驚くほど大人のことをよく見ています。

学習面について

国語の学習では、配当漢字が185文字です。画数や読みの難しい漢字が増えます。漢字の学習は、ただ数をこなせばいいというわけではありません。丸つけなども自分でできるようにして、自分が覚えていない漢字を自覚できるようにしたいと思います。高学年のこの時期は、漢字をはじめとして学習のやり方をしっかりと学べるようにしたいと思っています。

算数では、「小数のかけ算・わり算」「割合」などを学習します。特に「割合」に関する学習は、子ども達がとても苦手にしている分野です。6年生の学習では、これらができている前提で学習が進みますので、立式やその過程の計算などをしっかりと丁寧に取り組めるようにノートの書き方を指導していきます。

社会では、今までの地域から、日本の気候や産業など幅広く学んでいきます。日本の領土や緯度・経度についても学びます。

基礎・基本をしっかりと身に付けて、学び方を身に付けられるようにしていきます。

（吉谷亮）

今年の５年部の人材は保護者の気になるポイントである。

学年だより

〇〇小学校
５年　第１号
平成〇〇年〇月〇日（月）

風に舞う桜の花びらに、春の訪れを感じる４月。新しい学年の始まりです。
進級　おめでとうございます。
きょうから５年生になった 58 名の子どもたち。子どもたちひとりひとりが笑顔で頑張れるような学年を目指し、学級という枠を越え、担任みんなで力を合わせ学年で一丸となり、“かかわり合って”いきたいと思います。１年間、ご支援、ご協力のほどよろしくお願いします。

～　担任紹介　～

１組　〇〇　〇〇
心に残る一年間になるよう、明るく元気にがんばります！！

２組　〇〇　〇
子どもたちのやる気に負けない楽しい学級を目指します。

理科　〇〇〇　〇
楽しく学べる授業を心がけてがんばります！

～　４月の行事　～

８日（月）提出物がたくさんあります。ご確認をお願いします。（袋に入れて提出）

> **家庭環境調査票**…住所、連絡先、家庭訪問に必要な地図を明記。
> **健康診断予備調査票**…５年の欄の該当するところをチェックして押印。
> ※10 日（水）までにお願いします。

９日（火）給食開始…**マスク**を忘れないように。
10 日（水）身体計測（体操服で）
ヘアスタイルにご配慮ください。
（頭頂部で結んだり、ピンなどをとめたりしない。…特に女の子）

11 日（木）掃除開始…雑巾と雑巾をかける洗濯ばさみを忘れないように。
15 日（月）委員会活動（５年生にとっては初めてです。）
19 日（金）参観日…授業参観（５校時）・学級懇談会・役員選出
集金日・検尿提出日
22 日（月）～23 日（火）
25 日（木）～26 日（金）　家庭訪問（午前中短縮授業）…訪問予定は後日配布します。
23 日（火）聴力検査

行事関係は必ず伝えておかなければならない。

～　お知らせとお願い

生活習慣など、課題となる事案に対しては、何度もお願いをする。

「早寝、早起き、朝ごはん」　生活のリズムを作りましょう。

1. 学年はじめは、提出物が多くあります。提出期限までに早めに出していただけると助かります。あわせて、忘れ物をしないようにご家庭でも一声かけてあげてください。
名札、安全帽子を毎日必ず身につけて、この一年間を過ごしたいものです。

2. 水曜日から、朝の学習が始まります。**8：15** までに登校しましょう。
学力の基礎基本となる、新出漢字の学習や計算の習熟、音読、読書に力を入れて取り組みます。

3. 年間の行事については、後日配布します。参観日もお知らせしますので参考にされてください。（ご来校をお待ちしています。）
※5 年生は、宿泊学習が 10 月 23 日（水）、24 日（木）、25 日（金）にあります。

4. １学期の集金は次のとおりです。ご協力お願いします。
教材費・学級費…**2,000 円**（4，5，6 月）
※今年から学級費と教材費を合わせて集金いたします。
※過不足分は７月に調整させていただきます。
宿泊学習費（昨年度 8,500 円）は、９月に入ってから集金します。
保護者の皆様にはご負担をおかけしますが、よろしくお願いします。

5. 学習用具の確認をお願いします。
引き出し、絵の具セット、道具袋（はさみ、のり、セロテープ、色鉛筆など）
※９日（火）に学校に持ってこられるようにしておいてください。
５年から新しく始まる**家庭科**もすぐに学習にはいります。
裁ほうセットにも名前をきちんと書いて準備しておいてください。

6. 学校⇔家庭への連絡袋を作りました。今年１年間使う封筒です。
大切な書類や、個人のプライバシーにかかわると思われる書類を入れて持ち帰らせます。
学期末にはあゆみなども入れるのにも使います。
受け取られた翌日または新学期に、学校のほうに持たせてください。（学校で保管します。）

配付物や提出物など、今後１年間を通したシステムについて説明しておく。

【2学期】保護者会・配布資料
夏休み明け、生活習慣のリズムをとりもどす

家庭学習

　夏休みを終えて、お子さんたちはどのような毎日を過ごしていましたか？

　夏休み明けはどうしても生活習慣が乱れがちです。この機会に、もう一度お子さんの様子を確認してみてください。特に夏休み明けは家庭学習への取り組みが雑になったり、忘れたりすることが多い傾向があります。

　家庭学習の目的は、主に次の3点です。

・学校で学習したことを復習する
・予め家で調べたことを学校での学習に役立てる
・家庭で学習する習慣をつける

　家庭学習の時間の目安は、学年×10分です。5年生ですから、5×10分で、50分です。

　この間、テレビを見ながら、時々ゲームをやりながらなどの「ながら」勉強ではなく、ずっと集中して机について学習することが大切です。

　机は、勉強部屋にある学習机でなくても、食事用のテーブルでもかまいません。机について、読書をすることでもいいのです。小学生のうちにこの習慣をつけることが後々貴重な財産になっていきますので、今の時期に家庭学習習慣をしっかりと身につけられるようご協力をお願いいたします。

　あわせて、学習道具の準備はいかがでしょうか。学習用具がそろって、はじめて学習のスタートができます。学習用具などの準備についての声かけをよろしくお願いします。

○教科書、ノート（ページはしっかり残っていますか）
○筆箱の中身（鉛筆5本程度、赤鉛筆、青鉛筆、ネームペン、定規、消しゴム）
○お道具袋の中身の補充（はさみ、のり、セロハンテープ、色鉛筆、三角定規、コンパス、分度器）
○体操服、赤白帽子（名札や赤白帽子のゴムが取れかけていませんか）
○上靴（サイズが合っていますか）
○習字セットや絵の具セット、裁縫セットの中身の補充や整頓
※中身の補充・整頓をして、来週中に学校に持ってきてください。
○リコーダー

2学期の行事

　2学期は、5年生の児童にとっては一番大きな行事である運動会と宿泊学習があります。1つ1つの行事を通して子ども達は成長していきます。まず最初に運動会の練習が始まります。残暑の中での練習になるかと思います。学校の方でも水分補給など気をつけていきたいと思います。大きめの水筒、汗ふきタオルのご準備をお願いします。

　「早寝・早起き・朝ごはん」を意識し、生活のリズムが早く戻るようご協力お願いします。睡眠不足は、熱中症になりやすく危険です。

　9月に入ると、日没が早くなってきます。不審者の心配もあります。
・下校時に寄り道をしない
・ご家庭で決めた帰宅時刻を守らせるなど、お子さんの行動をきちんと把握し、早めに帰宅するよう声をかけてください。

（吉谷亮）

> **２学期は、行事が大変多い。学習予定を含めて初めに見通しを持てるようにしっかりと伝えておく。**

○○小 ５年 学年だより	学年便り	○○年度　No6 ○○年９月１日

夏休みも終わり、２学期が始まりました。

２学期は、運動会、宿泊学習をはじめたくさんの行事が予定されています。一つ一つの取組を通して、子供たちが大きく成長していけるよう、担任一同、力を合わせて支援していきたいと思います。

今学期も保護者の皆様のあたたかいご支援、ご協力をよろしくお願いします。

夏休み中の園芸・飼育当番のご協力ありがとうございました。子供たちのおかげで、草花も動物たちも、夏を乗り切ることができました。

～　９月の行事予定　～

1日（金）始業式
4日（月）給食開始　委員会活動
　夏休み作品展（８日まで）
6日（水）身体測定
8日（金）参観日　学年懇談会
9日（土）下関市サイエンスフェスティバル（10日まで於シーモール）
11日（月）個別学習
13日（水）集金
22日（金）運動会前々日準備
24日（日）秋季大運動会
25日（月）振替休日

～　９月の学習予定　～

国語：言葉をよりすぐって俳句を作ろう
　和語・漢語・外来語
社会：米作りの盛んな地域
算数：合同な図形　整数
理科：台風の接近　実や種子のできかた
音楽：和音の美しさを味わおう
図工：お話の絵
家庭：ミシンにトライ！
　手作りで楽しい生活
体育：運動会の練習
外国語：いろいろな衣装を知ろう

☆お知らせとお願い☆

◎体調の管理をお願いします。
運動会の練習が始まります。残暑の中での練習になるかと思います。学校の方でも水分補給など気をつけていきたいと思います。大きめの水筒、汗ふきタオルのご準備をお願いします。

『早寝・早起き・朝ごはん』を意識し、生活のリズムが早く戻るようご協力お願いします。睡眠不足は、熱中症になりやすく危険です。

運動会に関する日程について

9月22日（金）前々日準備　14：30頃下校
9月24日（日）運動会当日　7：45までに登校
　片付け終了後下校
【雨天の場合】
6：00にメールでお知らせします。
この日、学校は休みになります。
⇒翌日に運動会を実施

◎応援用のペットボトルの準備をお願いします。
応援で使う『ペットボトル５００ｍｌ』の準備を８日（金）までにお願いします。

◎黒のＴシャツの準備をお願いします。
運動会の団体演技では黒のＴシャツを着て演技します。１５日(金)までにＴシャツの用意をお願いします。記名も忘れずにお願いします。

> **運動会や宿泊学習など、早めに準備物などは伝えておく。**

◎体操服について
汗をかくシーズンです。洗濯の都合で体操服がもってこられないときは、白のＴシャツなどで代用してください。

◎宿泊学習の事前説明会について
参観日の９月８日(金)、学年懇談会（１５：０５～）で宿泊学習の説明会を行います。場所は５の２教室です。活動内容や、持ち物などについての話をしますので、都合のつく方はご参加ください。

◎学習用具の確認をお願いします。
学習用具がそろって、はじめて学習のスタートができます。学習用具などの準備についての声かけをよろしくお願いします。
○　教科書、ノート（ページはしっかり残っていますか。）
○　筆箱の中身（鉛筆５本程度、赤鉛筆、青鉛筆、ネームペン、定規、消しゴム）
○　お道具袋の中身の補充
　（はさみ、のり、セロハンテープ、色鉛筆、三角定規、コンパス、分度器）
○　体操服、赤白帽子（名札や赤白帽子のゴムが取れかけていませんか。）
○　上靴（サイズが合っていますか。）
○　習字セットや絵の具セット、裁縫セットの中身の補充や整頓
※中身の補充・整頓をして、来週中に学校に持ってきてください。
○　リコーダー

> **２学期のスタートに向けて、持ち物について再確認する。**

◎ご確認ください。
９月に入ると、日没が早くなってきます。不審者の心配もあります。「下校時に寄り道をしない。」「ご家庭で決めた帰宅時刻を守らせる。」など、お子さんの行動をきちんと把握し、早めに帰宅するよう声をかけてください。

◎家庭学習について
夏休み明けはどうしても生活習慣が乱れがちです。この機会に、もう一度お子さんの様子を確認されてみてください。

家庭学習の目的は、主に次の三点です。
・学校で学習したことを復習する
・予め家で調べたことを学校での学習に役立てる
・家庭で学習する習慣をつける
家庭学習の時間の目安は、学年×十分です。五年生ですから、五×十分で、五十分です。

この間、テレビを見ながら、時々ゲームをやりながらなどの「ながら」勉強ではなくて、ずっと集中して机について学習することが大切です。

小学生のうちにこの習慣をつけることが後々貴重な財産になっていきますので、今の時期に家庭学習習慣をしっかりと身につけられるようご協力をお願いいたします。

> **夏休みの生活習慣を見直し、家庭学習への取り組みをうながす。**

【3学期】保護者会・配布資料　スマホを使うルールと春休みの過ごし方

6年生に向けて

6年生で問題になることが多いのがスマートフォンです。高学年でのスマホトラブルはとても多いです。

スマホとの付き合い方が分かっていないとトラブルに巻き込まれてしまいます。

それぞれのご家庭の事情で、スマホを使うこともあるかと思います。スマホを使うことで、次のようなことが起こりえます。

- 友だちのふりをして、悪い大人が近づいてくる。
- ちょっとした言葉やマナーで相手を傷つける。
- やめるタイミングがつかめなくて、ダラダラと続けてしまう。

そうならないために、必ずルールを設けてください。例えば、家族の時間のときは、一切見ないことです。例えば、夕食のときにスマホを触りながら食事をするなんて絶対にさせないことです。もう1つは時間を区切るということです。例えば、夜の9時以降は触らせないことです。

仮に、こうしたルールを破った場合は、スマホを没収するということを守らせてください。

いずれにしても、家族でよくよく話されてください。スマホはまだ早いと思われるご家庭では、まだ買う必要はないと思います。「みんな持っている」と子どもは言いますが、そんなことは絶対にありませんから大丈夫です。

スマホは学習にも大きな影響を与えます。6年生になるこの機会だからこそ、ぜひご家庭でも真剣に話し合ってみてください。

3学期の行事

総合的な学習の時間で、5年生全員でお別れ集会の準備をしています。6年生に出し物のプレゼントをする係の子どもたち、6年生から5年生へ全ての役割の引きつぎの象徴として校旗を受け取る係の子どもたち、それぞれに6年生への感謝の気持ちと5年生としての決意を抱きながら発表の練習をしています。その中の1文に「ぼくたちに任せてください」という言葉があります。この言葉には、今の子どもたちの意欲や決意がこめられていると感じています。

「○○小のリーダーとしてがんばります」。これも、子どもたちの言葉です。最高学年ではなく最高の学年を目指して、残りの時間を積み重ねていけるよう励ましていきたいと思います。

新学期の準備

○春休みは、つい気がゆるんで事故なども起こりやすいときです。規則正しい生活を心がけ、校区外に出ない、自転車事故などに気をつけ、安全で楽しい休みを過ごしてください。
○6年生で使うノートは、新しい担任の先生から指示があるまで購入しないでください。
○春休みは6年生に向けて今までの学習を振り返る時期です。課題を決めて取り組めるようご家庭でも話し合われてください。
○家庭科、保健、図工（下）の教科書は6年生でも使用いたしますのでなくさないようにご注意ください。

（吉谷亮）

3学期は、来年度を見据えて5年生が中心となって動く時期である。保護者にも児童の心構えを伝えておきたい。

学年だより

○○小学校　5年　3月号

いよいよ３月。５年生として過ごす最後の一ヵ月です。

３学期に入り、子どもたちは、様々な活動の中で６年生になるという自覚が育ちつつあります。また、学習においても大切な締めくくりの時期ですので、落ち着いて取り組ませたいと思っています。

春とはいえ、まだまだ肌寒い日もあります。一年の締めくくりで、子どもたちもあわただしい日が続くかと思います。体調を崩さず、全員が元気に修了式を迎えられるように、引き続きご協力をよろしくお願いいたします。

3月の行事予定

３日（月）	委員会活動
４日（火）	参観日・PTA 全委員会
６日（木）	ＡＬＴ来校
７日（金）	お別れ集会
１０日（月）	個別学習
１８日（火）	卒業式予行
１９日（水）	卒業式前日準備（１５：００下校予定）
２０日（木）	卒業証書授与式（１２：００下校予定）
２５日（火）	給食終了
２６日（水）	修了式
３１日（月）	お別れ式

卒業式当日と同じように、白い靴下で　登校させてください。

今度は、ぼくたち（わたしたち）の番です

総合的な学習の時間で、５年生全員でお別れ集会の準備をしています。６年生に出し物のプレゼントをする係の子どもたち、６年生から５年生へ全ての役割の引きつぎの象徴として校旗を受け取る係の子どもたち、それぞれに６年生への感謝の気持ちと５年生としての決意を抱きながら発表の練習をしています。その中の１文に「**ぼくたちに任せてください**」という言葉があります。この言葉には、今の子どもたちの意欲や決意がこめられていると感じています。

垢田小のリーダーとしてがんばります。これも、子どもたちの言葉です。最高学年ではなく、最高の学年を目指して、残りの時間を積み重ねていけるよう、励ましていきたいと思います。

☆元気手帳について

12 月から配布しています元気手帳ですが、３月に一端回収します。６年生になったら、また活用します。未記入の部分があってもかまいませんので、ご提出をお願いいたします。

☆教科書について

家庭科と保健の教科書は６年生でも使用します。なくされないようにご注意ください。また、図工の下の教科書は２学期に市教委から配布されましたが、主に６年生で使用しますので学校で保管して（い）

来年度の準備物や用意するものもあらかじめ伝えておく必要がある。

締めくくりとして、保護者にはしっかりとお礼を伝える。

1年間、大変お世話になりました

桜のつぼみもふくらみ、また新しい春がめぐってきました。

早いもので、ドキドキワクワクした顔で進級してきた４月から１年がたちました。

この１年間、子どもたちはさまざまな行事や学習を通して大きく成長してきました。４月からは最上級生です。垢田小学校のリーダーとして、活躍してくれることと思います。

最後に、保護者の皆様には、この１年間温かいご協力をいただき、本当にありがとうございました。担任一同、心よりお礼申し上げます。

《お別れ式》

3月31日（月）

12時50分までに登校

5年生の教室

上ぐつ、校服、名札　安全帽子

《始業式》

4月8日（火）

8時15分までに登校　6年生の教室

上ぐつ、校服、名札、安全帽子、筆記用具

連絡帳、ぞうきん２枚（１枚のみ記名）、引き出し

《入学式準備》

4月7日（月）　9時までに登校　体育館

持ってくる物　上ぐつ（校服・名札・安全帽子）

○春休みは、つい気がゆるんで事故なども起こりやすいときです。規則正しい生活を心がけ、校区外に出ない、自転車事故などに気をつけ、安全で楽しい休みを過ごしてください。

○ ６年生で使うノートは、新しい担任の先生から指示があるまで購入しないでください。

○ 春休みは６年生に向けて今までの学習を振り返る時期です。課題を決めて取り組めるようご家庭でも話し合われてください。

○ 家庭科、保健の教科書は６年生でも使用いたしますのでなくさないようにご注意ください。（図工【下】の教科書は学校で保管しています）

春休みは一番気が緩みやすい時期である。注意をうながしておく。

4月

国語　「名前つけてよ」主題を指導する①（主役の変化）

教材解釈のポイントと指導計画

第5学年から主題の学習が加わる。主題を考える観点は様々ある。最初の物語文である「名前つけてよ」では主題を考える方法を指導することがポイントになる。本単元では2つの観点から討論を通して、主題を考えさせる。指導計画は以下の通り（全7時間）。

第1・2時　音読、登場人物
第3時　場面要約する
第4時　要約から主題を考える
第5時　主役が変化した1文を考える
第6時　変化した1文から主題を考える
第7時　2つの主題のうち、作品にふさわしい方を選ぶ

授業の流れのアウトライン

場面要約から主題を考える方法については『「国語」授業の新法則　5年生編』（企画総監督・向山洋一、学芸みらい社）に詳しい。第5時の授業展開例を示す。

発問　春花の勇太に対する心情が変わった1文はどこですか。

次の文が指摘される

・受け取ったものを見て、春花は、はっとした。
・裕太って、こんなところがあるんだ。
・ありがとう。

（それぞれ第3場面）

指示　その1文だと考えた理由を、ノートに書きなさい。

例えば次のようになる。

春花の裕太への心情が変わった1文は28ページ13行目の「勇太って、こんなところがあるんだ」である。
なぜか。
第1に、春花はこれまで勇太に対して良く思っていなかったのに、子馬の折り紙を渡されたことで、新しい一面に気がついているからだ。
第2に「こんなところがあるんだ」から勇太の優しさを感じていることが伝わってくるからだ。

理由を書いた後、討論をする。4月から全体討論の経験をさせていくことが大切である。グループ討論をさせる場合は、1つのグループの中に様々な立場の児童がいた方がよい。名前の書かれたマグネットを使う方法がある。自分の立場にマグネットを貼らせる。その後、教師が黒板上でグループを作る。

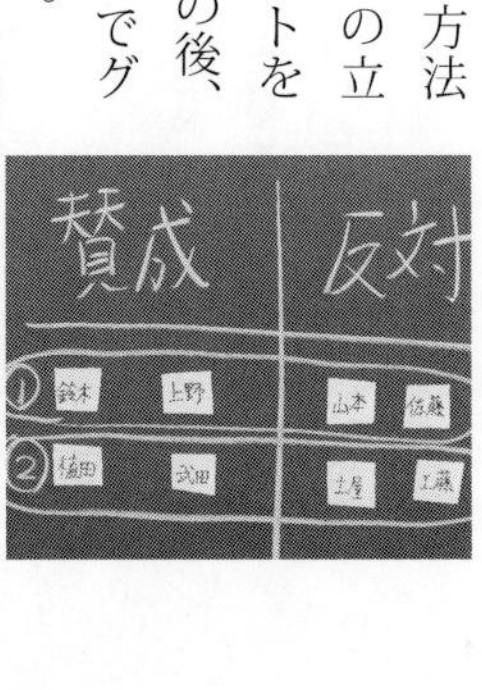

学習困難状況への対応と予防の布石

討論をするためには、自分の意見をもっていなければいけない。そのために意見文の書き方を指導する。「私は～だと考える。なぜか。第1に○ページ○行目に『～』と書かれているからだ。つまり、～ということだ（以下略）」。アウトラインを示して書かせる。

（保坂雅幸）

4月

社会　わたしたちの国土　世界の国旗

太陽を表す国旗

（日本の国旗を提示して）日本の国旗です。赤丸は何を表しているでしょうか？

・太陽

日本の国旗以外にも太陽を国旗として使用している国があります。どこでしょうか？教科書から探しなさい。

・アルゼンチン
・フィリピン

国の位置を地図帳で確認する。

それ以外にも、台湾・ウルグアイなども国旗に太陽が使われている。

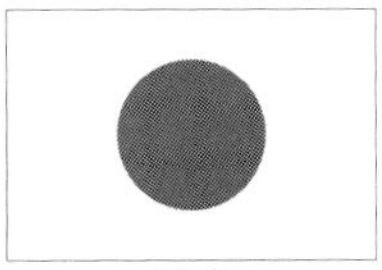
日本

アルゼンチン

フィリピン

太陽は何を表しているでしょうか？

予想を立てさせ、インターネット等で調べる時間をとる。日本の国旗は歴史が古く諸説あるので、調べるのが難しそうなら、教師が1つの説を紹介すれば良い。

日本　神様の象徴（天照大御神）
アルゼンチン　独立の象徴
フィリピン　自由の象徴
ウルグアイ　独立の象徴
台湾　絶え間ない進歩の象徴

日本の国旗と似ている国

次の2つの国旗を見て、分かったこと・気付いたこと・思ったことをできるだけたくさんノートに箇条書きしなさい。

真ん中の丸の中が黄色。外側が水色。

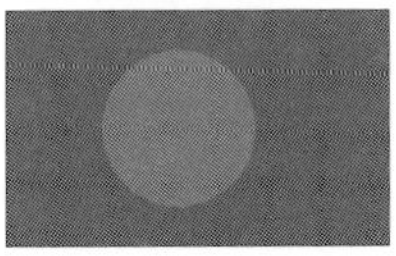
真ん中の丸の中が赤色。外側が緑色。

国旗はすべてWikipediaより

・色が違うだけで、同じ形をしている。
・日本の国旗と似ている。
・丸の形は何を表しているのか。　など

ノートに書いたことを発表させる。どんな意見も認めた後で次のことを聞く。

黄色丸、赤丸は何を表しているでしょうか？

子供と問答しながら、次のことを教えていく。

・上は、パラオ。下は、バングラデシュの国旗（地図帳で確認する）。
・パラオの水色は海、バングラデシュの緑色は、緑の大地を表している。

正解は、黄色丸は月、赤丸は血を表しています。

パラオの国旗は美しい海と月を表している。バングラデシュは美しい大地とその土地を勝ち取るために戦った独立戦争によって流された血を表している。

日本の国旗との関連性は、パラオは、諸説あるが明確な根拠はない。ただし、親日国であることは間違いない。

バングラデシュは、初代大統領ムジブル・ラフマンの娘が、「父は日本の日の丸を参考にした」と証言している。

授業の終わりに、次のことを話す。

「日本と似た国旗は世界にたくさんあります。でも国旗に込められた想いはその国によって様々です。他の国の国旗も興味があったら調べてみてください」

（高橋優）

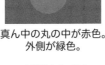

4月

算数 「体積」L字型体積は誰でも説明できる

本時における対話とは、自分が考えた体積の求め方を図・式・答えを使って説明することである。

例題を解く

例題1 右のような形の体積を求めます。自分の考えを図・式・言葉を使って書きましょう。

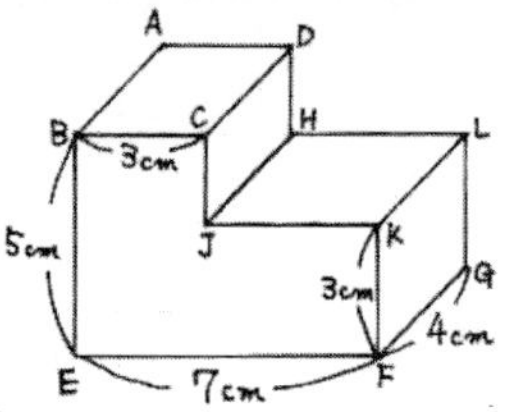

（1）自分の考え（図・式・答え）をノートに書かせる（図はコピーをはる）。

（2）5分ほど経ったら、黒板に考えを書かせる。また、わからない子は黒板を見て参考にさせる。

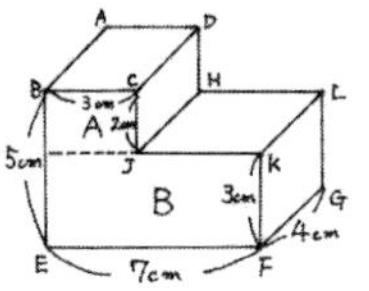

①上下2つの直方体に分ける。

式 4×3×2＋4×7×3

答え 108㎤

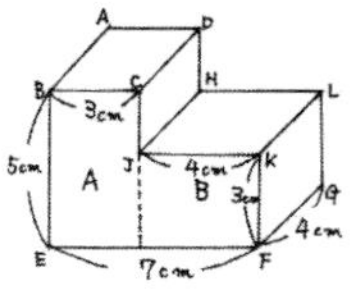

②左右2つの直方体に分ける。

式 4×3×5＋4×4×3

答え 108㎤

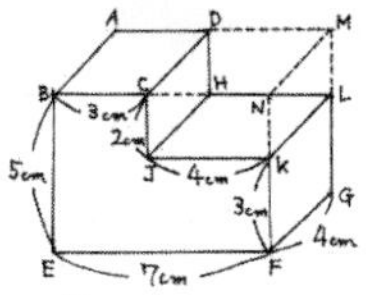

③大きな直方体から無い部分をひく。

式 4×7×5－4×4×2

答え 108㎤

求め方を説明する【本時の対話的活動1】

①の例 まず、上下2つになるように線を入れ、2つの直方体を作ります。次にそれぞれの直方体の体積を求めます。Aの式4×3×2＝24 Bの式4×7×3＝84 最後に2つの体積を合わせます。式24＋84＝108 答え108㎤です。

「まず・次に・最後に」の言葉を入れて、自分がノートに書いた考えを隣の人と言い合う。

練習問題を解く【本時の対話的活動2】

（1）例題2として、右のような形の体積を求めさせる。

（2）解き方を説明する。

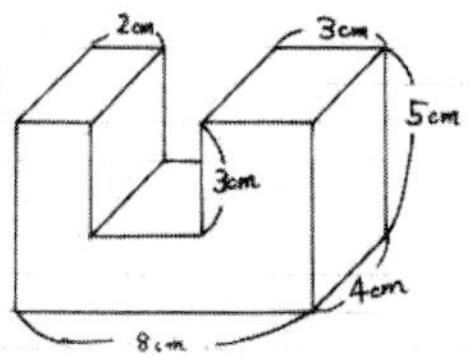

体積が求められた子は板書する。いくつかの方法が出るようにする。

まず、無い部分もあるとして大きな直方体の体積を求めます。式4×8×5で160㎤。次に無い部分の体積を求めます。式4×3×3で36㎤。最後に大きな体積から無い部分を引きます。式 160－36＝124 答え124㎤です。

（細井俊久）

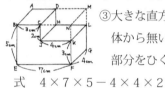

4月

理科　雲の様子や天気の変化

気象衛星などから得た雲の動きから天気はおよそ西から東へ変化していくという規則性があり、映像などの気象情報を用いて天気の変化を予想ができることを捉えるようにする。

気象衛星の雲画像を見せる

気象庁のホームページから気象衛星の雲画像の動画、アメダスの動画を見せる。

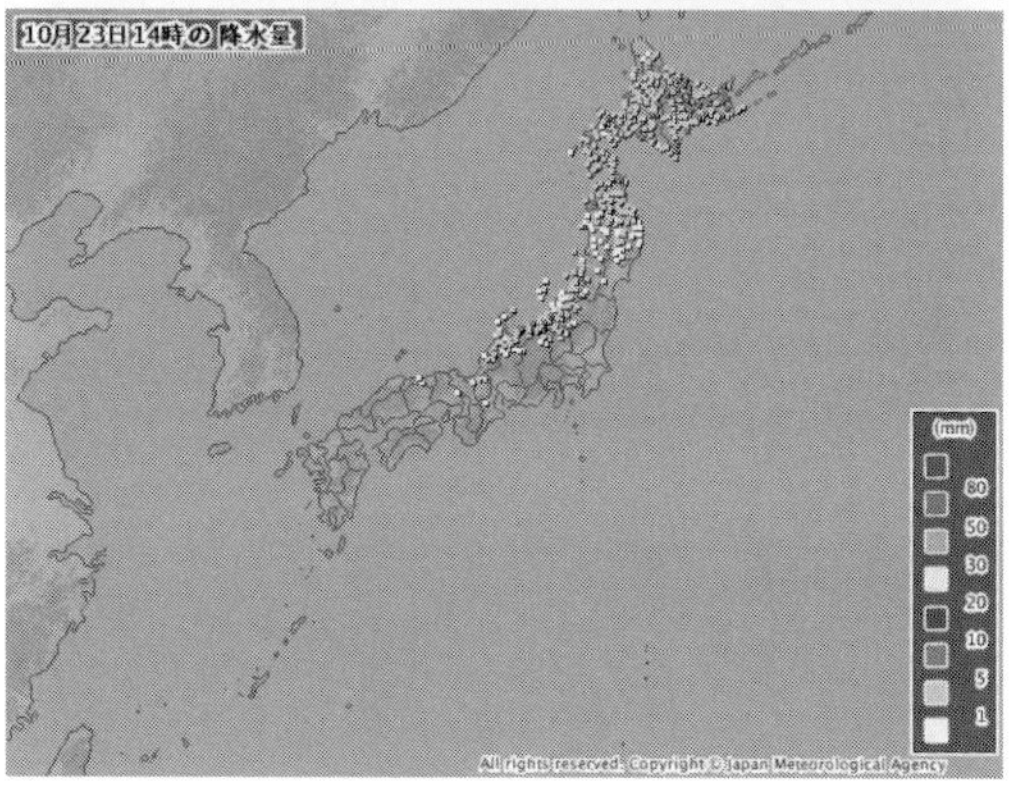

※出典「気象庁ホームページ」

> 雲の動きや様子、降水量を見て、わかったこと、気付いたこと、思ったことを書きましょう。

【予想される児童の考え】
①雲の濃いところと薄いところがある。
②雲が濃いところは雨が降っていると思う。
③雲が西から東に動いている。

教科書には、３～５日分の天気の移り変わりが雲画像や写真で載っている。気象庁のホームページの映像と関連付けながら「雲は西から東に動いている」「雲の濃いところは雨が降っている」ということに気付かせる。

気象関連の情報源

①ウェザーニュース
http://weathernews.jp/map/
郵便番号を入れるだけで、自分の調べたい場所の 10 分前の天気、気温、湿度、気圧、風向を調べることができる。また、観測地点の情報を、グラフで見ることもできる。

②ひまわり８号リアルタイム Web
http://himawari8.nict.go.jp/
気象衛星ひまわり８号の高解像度雲画像が見られる。直近の雲画像を動かしながら天気の移り変わりを理解することが可能である。

③Windy
https://windy.com
風の吹く様子などがよくわかる。

④ＮＨＫ for school
http://www.nhk.or.jp/school
豊富な動画が魅力的なサイトである。指導したい内容の短い動画がたくさんあるので、非常に使いやすい。

（吉原尚寛）

4月

音楽　音楽指導の全ては歌うことから始まる「こいのぼり」

4月　学習方法を身につける

4月。対話するために必要な学習方法を身につける。声に出し、体を使って感覚的に捉え、音楽の構造に繋がる理論の学習を進める。

①「音→表現→記号」の順に学ぶこと
②教材は全て声で確認する活動を行うこと
③「音楽の授業＝楽しい」と定着させること

「こいのぼり」の指導で例示する。

音（CD）→表現（追い歌い）

（1）曲を知る

範唱 CD（オーケストラ版）1番まで聴く。前奏を流す。少し遅れて教科書写真を拡大提示する。音の補助情報である。

「こいのぼり」全コマ
（1コマ5〜10分）

	活動内容
1	曲を知る
2	旋律を覚える
3	最高音の歌い方
4	付点リズムの扱い方

歌が始まっても同じである。「♪い〜ら〜か〜の…」と流れてから「甍」を指す。

（2）旋律を覚える

指示「先生の後に歌います」（追い歌い）

1〜2小節1まとまりで、教師の範唱→子ども歌唱の流れを繰り返し、練習する。

指示「1番が全部歌えるようになったら座ります」

伴奏入り音源を何度も流す。

表現の工夫

質問「一番難しい所はどこですか」

楽譜を使って問う。5年生では「高く泳ぐや」の「た（レ）」を示す子が増える。声変わりや恥ずかしさが理由だ。リズムを挙げる子もいる。

（1）最高音の歌い方を工夫する

指示「紙飛行機を飛ばしながら歌います」

紙飛行機を飛ばす動作をしながら、♪た〜〜か〜〜く♪と歌ってみせてまねさせる。体を動かすことで子どもの気持ちが解放され、声のイメージも掴むことができる。少々音が外れてもよい。柔らかい音色で勢いのある歌声を褒める。

指示「こいのぼりが高く泳ぐように歌っているかどうか確かめます」

子どもの歌声からイメージする鯉のぼりを、どんどん言葉にして評価する。少々荒々しくて良い。それとわかるように、肯定的な言葉で評価する。

例：「元気な」「りっぱな」「スマートな」「きれいな」「かわいい」等

実態により複数で練習させ、練習の様子を観察することもある。観察しながら発声上の課題を見つけ、事後の計画に活かす。

（2）付点リズムの扱い方

楽譜を提示する。1〜4小節目を歌う。

指示「リズム唱」

追い歌いで歌えるようにする。

い〜〜ら〜〜か一一の	な〜〜み〜〜と一
タッカタッカターンタ	タッカタッカタン　ウン

指示「タッカをタタに変えて歌います」

い一一ら一一か一一の	な一一み一一と一
タタ　タタ　ターンタ	タタ　タタ　タン　ウン

「タッカタッカ」のリズムで歌ったこいのぼりと、「タタタタ」のリズムで歌ったこいのぼりとでは、感じがどのように変わるかを話し合わせる。まず、自分の意見をTOSSメモ（方眼が印刷された 105×74 ミリの付箋紙）に書かせる。模造紙に貼り学級や学年で意見交流をする。TOSS メモは、何度でも貼ったりはがしたりが可能だ。最終、自分のノートに貼って記録に残せる。

（丸山美香）

4月

図画・工作　創造的な作品「見たこともないような顔」

4月の授業参観で、保護者が立ち止まって見入る作品がある。佐藤式工作指導法で作られた「見たこともないような顔」だ。

この作品は、次のようなよさがある。

> 1枚の紙から、はさみ1つで、創造的で立体的な作品ができあがる。

また、45分で作品を完成することができ、忙しい4月にはうってつけだ。

創作プロセス

【準備物】

・A4コピー用紙2分の1・はさみ・4つ切り4分の1の色画用紙（黄・黒）・4つ切り4分の1より7㎜ほど小さい色画用紙（緑・赤）・のり

創作プロセスは次の3つを条件とする。

> ①紙を半分に折る（縦長、横長どちらでもよい）。
> ②折り目からはさみを入れて、顔の輪郭を切る。
> ③顔に見えるように、目と口を付ける。

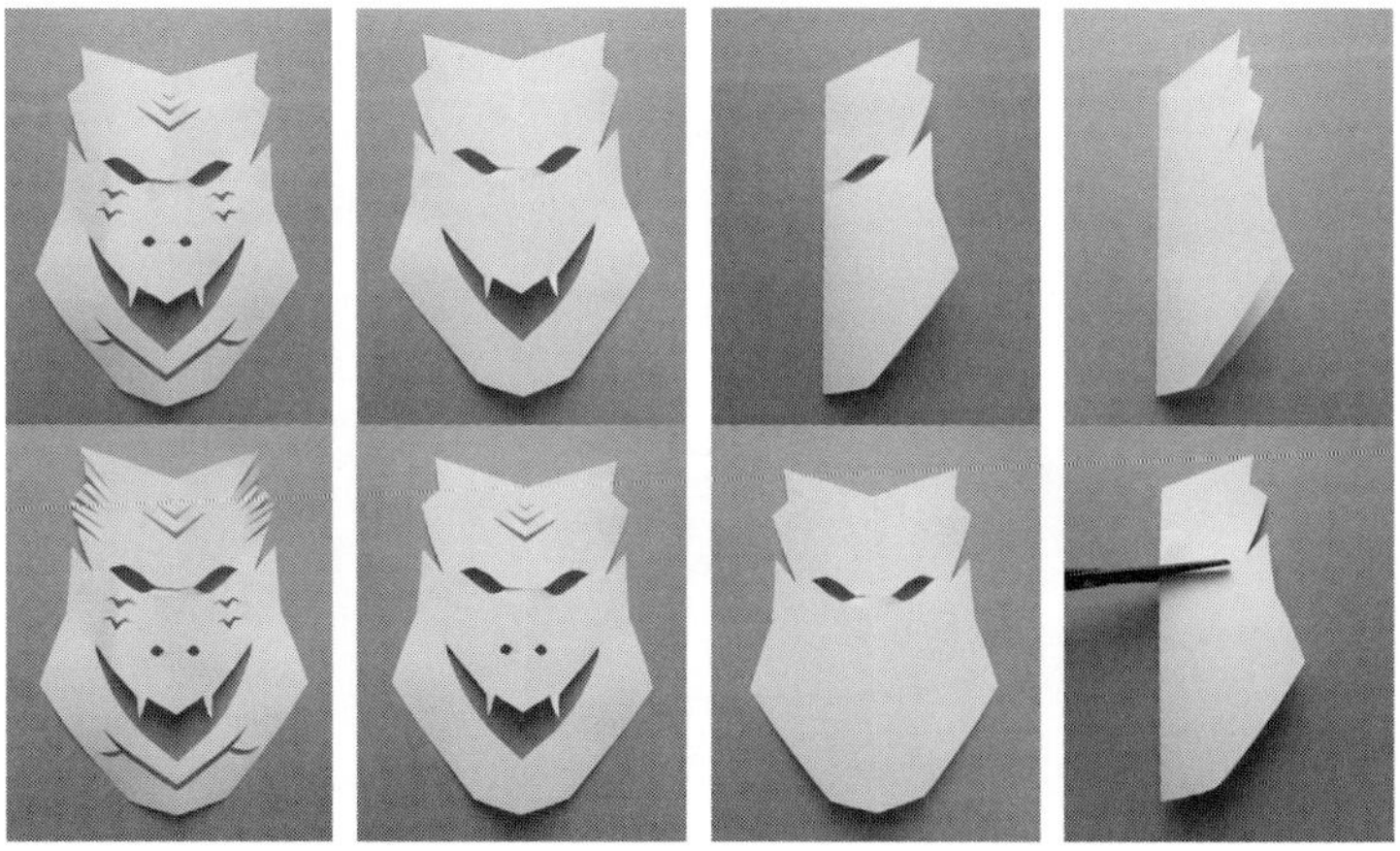

教師は、①〜③の手順を1つ1つやってみせる。その時、「縦長の顔にしよう」「目は鋭くしよう」「口には牙をつけてみよう」などと、話しながらやることで、子どもたちの創作イメージを膨らませる。

見合うことで、対話をつくる

やってみせたら、子どもたちに作らせる。1枚できあがったら、同じ方法で何枚か作らせる。

途中で、作っているものを互いに見せ合う時間を作る。すると、「それ、どうやったの」「面白いね」などと対話が生まれる。その対話からイメージを更に膨らませることができる。

作ったものの中から気に入った作品を台紙に貼る。

台紙は、2色の組み合わせ（黄と緑、黒と赤）から好きな方を選ばせる。

貼るときは、紙を浮き上がらせるようにすることで、立体的になる。中央を浮き上がらせ、上下のどちらかを浮き上がらせる。

子どもたちは、立体的に見える作品を次々と完成させる。

（末永賢行）

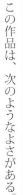

4月

家庭科　家庭科室探検で子ども達同士の情報交換を促す

1. 授業開きは家庭科室探検でものの名前と場所を覚える

5 年生になった子ども達は、家庭科の授業を楽しみにしている。家庭科は、自分たちの生活と深く関連している。家庭生活について、多くの知識や経験がある子もいれば、そうでない子もいる。

授業開きは、子ども達を連れて家庭科室に行く。

> これから家庭科室探検をします。引き出しや戸棚は自由にあけて良いです。物の名前を覚えたり、置き場所を覚えたりしましょう。

家庭科室にはさまざまな道具がある。自分の家でも見たもの、名前は聞いたことがあるけれどどんなものかわからないもの、見たことはあるけれど何に使うかわからないもの、それらを見て、子ども達は歓声を上げる。引き出しや戸棚には、何が入っているか置き方も含め、あらかじめ、写真で掲示しておくとよい（右写真参照）。

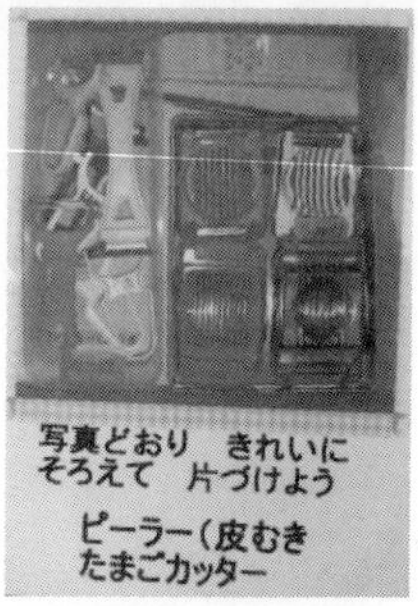

2. 家庭科室マップに、探検結果を書き込ませる

子ども達に、見つけたものを書き込めるように家庭科室マップを渡す。

> 自分の見つけたものを、マップに書き込みます。友だちと相談しても良いです。授業時間で全てが見つからなくても良いです。どの場所からスタートしても良いです。

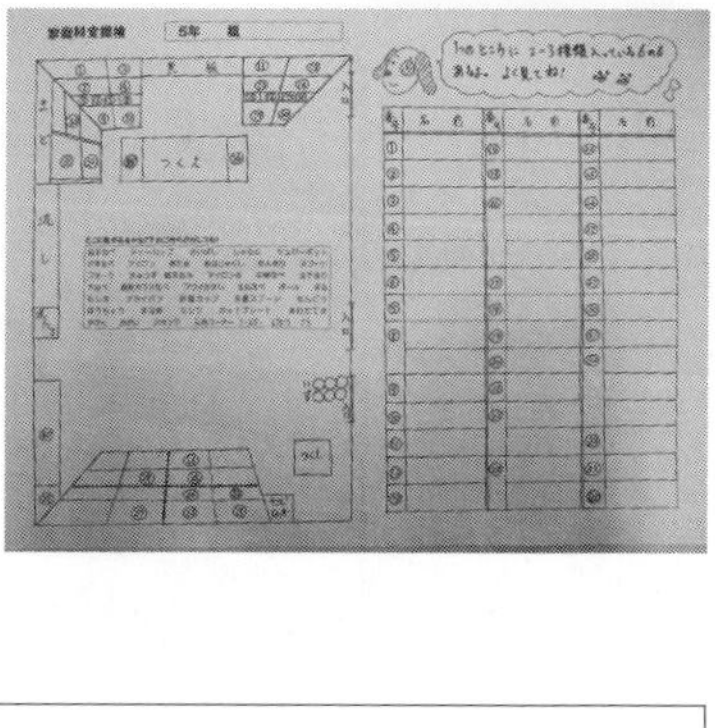

子ども達は、友だちと連れ立って、嬉々として家庭科室探検を始める。お互いに質問したり、教え合ったりする。この活動で、自然と対話が生まれ、子ども達の内部情報が増えていく。教師は聞かれれば答えるが、なるべく教えずに子ども達に任せる。今後の見通しも示しておく。

> 調理実習の時は、自分たちで棚や引き出しから道具を出して準備するんですよ。

（川津知佳子）

4月

体育　集合のマネージメントづくり

体育の列づくり

出席番号1番の人、立ちましょう。はい、こちら。2番、3番、4番、5番の人、後ろにつきましょう。前を向きましょう。座りなさい。6番の人、7、8、9、10番の人いらっしゃい。11番、16番、同じようにして並びなさい。21、27。このような列を体育の列といいます。体育の列です。1年間、出席番号順ですから、変わりません。

体育の列には、番号がついています。体育の列、1番、はい、立ちます。6番、7番、16番、21番、27番。いいですよ。上手ですね。体育の列です。自分の番号を覚えておきます。

教師

27	21	16	11	6	1
28	22	17	12	7	2
29	23	18	13	8	3
30	24	19	14	9	4
31	25	20	15	10	5
32	26				

ゲーム「ねことネズミ」

では、ゲームをやります。「ねことネズミ」です。体育の列、1番2番3番の列の人立ちなさい。

体育館の真ん中の線、白い線に沿って1列に並びます。あなた達は、「ねこ」です。体育の列の4番5番26番の列の人、あなた達は、「ネズミ」です。

向かいあいます。先生がねこと言ったら、ねこは、ネズミを追いかけます。当然、ネズミは逃げますね。体育館の端に青い線がありますね。そこまでにタッチできたら、ねこの勝ち。逃げ切れたら、ネズミの勝ち。逆にネズミと言ったら、ネズミが追いかけます。ねこが逃げる。

練習します。練習ですよ。「ね、ね、ね……ねこ」。次、ネズミって言いますからね。「ね、ね、ね……ネズミ」。白い線に戻りなさい。

ここから本番に入る。ねことネズミを上手に言い分ける。わざと「ね、ね、ね、ねんど！」のように間違えたりすると盛り上がる。

さらに、教師は「すごいね」「良い反射神経してるね」と驚いてみせる。子ども達は熱中していく。

集合！ 1、2、3、4、5、6、7、8、9、10、11、12、13、体育の列、14、15、16、17、18、19、20。いいね。20じゃなくて10ぐらいで今度ここに来ましょうね。

すわったかたちを調べますよ。床におしりがついていますか。ついていたら「はい」って言うんですよ。

床におしりがついていますか？「はい」。おひざは手でかかえていますか。「はい」。先生の目と、みんなの目、合っていますか。「はい」。すばらしい、良いクラスだ。

続いて2回戦、いきます。今度は、相手を変えますね。男子対女子。「男の子がねこ」「女の子はネズミ」。

何回か取り組み、再び集合。今度は、バラバラの列。先生が、バラバラの列、バラバラでいいよって言ったら、先生は、こうやって手を広げますね。この輪の中に入れるように集まりましょう。

先生の顔が、写真だ。カメラね。記念写真に写れるように。こういうふうに1年間、体育で楽しくやっていきましょう。

（桑原和彦）

道徳　はじめに担任の思いを伝える

4月の道徳のポイント

4月の道徳のポイントは、第1に学級経営、担任の思いを道徳の教材にも表すということである。例えば、「失敗を恐れずに挑戦してほしい」や「丁寧に物事に取り組んでほしい」、「続けることを大切にしてほしい」などである。4月は、子供たちも担任の言うことを素直に聞く時期である。このときに、担任の思いを子ども達に伝えておくことは学級経営上、とても大切なことになる。後から、クラスの様子がおかしいときにも、「あの時みんなは、『コツコツと続けることを大事にしたい』って思っていましたよね」と初心に帰ることができる。子どもは思った以上に、自分で書いたことや決めたことを大切にするものなのである。

もうひとつのポイントは、道徳授業のシステムを子ども達に入れるということである。国語や算数と同様に道徳の授業も担任や学年によって、変わる面が少なからずある。そのため、ノートやワークシート、意見の出し方などの基本形を四月の段階で子ども達にしっかりと教えておきたい。

4月のオススメ資料

以上のことから、4月は担任の思いをよく反映している教材を選びたい。

勤務校では、文溪堂の副読本を使用している。4月は、「マンガ家になろう―手塚治虫」という資料がある。徳目は、「個性伸長」である。内容は、小学校時代からいじめられっ子だった手塚治虫が、何とかみんなにできないことを体得したいと思い、マンガの勉強に励むようになる。やがて、周りにも認められるようになり、戦争の激しい時代であったがマンガを描くことをあきらめず、治虫は自分の才能を伸ばしていく。

新学期の初め、学級編成が行われ、委員会活動が始まるなど、児童は新しい環境、役割に不安を感じるころである。高学年として、新しい場面が始まるこの時期に、固定観念にとらわれず、心機一転新しいことにも挑戦することの大切さを感じられるようにしたい。

対話指導のポイント

4月、5年生としてがんばりたいことや将来の夢について発表をさせる。5年生となりやる気に満ちている児童なので、さまざまな前向きな意見や夢が予想される。そんな子ども達の意見を大切にしながら、その思いを実現するためにはどんなことが大切なのかを考えさせる。

そして、教材文を読む。手塚治虫さんの生き方から夢を実現するために大切なことは何だと思うのか、1人ずつノートに書かせていく。ここで、それぞれの意見を黒板に箇条書きで児童自身に書かせる。黒板には子ども達の意見がずらっと並ぶことになる。友達の意見を読んだ上で、もう一度夢を実現するために大切なことについて考え、話し合わせる。

黒板に全員の意見を載せるのは、他者理解にもつながる。自分と違う意見もある、それも大切な意見であるということを学ぶ場にもしていきたい。4月だからこそ、子ども達も相手の意見を大切にしようとするだろう。

このとき、私は「人は意見が違って当たり前」「どんな人も良いところがあるのだから、ばかにせずに大切にしてほしい」といったことを子ども達に伝える。

（吉谷亮）

4月

英語　「教科外国語」スタート！話しておきたい学ぶ意義

最初の授業で英語を学ぶ意義を伝えよう

５年生から 70 時間の教科外国語がスタートする。「話す」「聞く」に加え、「読む」「書く」も学ぶことになるのである。教師としては、「学んでみたい！」「やってみたい！」と思わせたい。以下は、子供達に、そのように思わせる教師の語りである。

※第 28 回 TOSS 英会話セミナー
　伴一孝氏の語りの修正追試

発問１　現在の日本人の人口は１億 3000 万人。今から 17 年後、みんなが 28 才ぐらいの時には、いったい何人ぐらいになると思いますか。（予想させる）

説明１　１億 1000 万人です。2000 万人も減るのです。

発問２　では、今から 32 年後、みんなが 40 才ぐらいの時には、いったい何人ぐらいになるでしょう。（予想させる）

説明２　１億人です。32 年後には 3000 万人も減るのです。人口が減るということは、デパートやコンビニなどで買い物をする人も減るということです。

発問３　冷蔵庫やコンピュータ、みんなが大好きなゲームなどの商品は今のようにたくさん売れますか。（売れない）

説明３　売れないということは、給料も少なくなるので、お小遣いも住んでいる家も半分になるかもしれません。

発問４　そんな生活に耐えられますか。（耐えられない）

説明４　日本の人口と違い、世界の人口は 32 年後には 70 億人から 93 億人に増えます。今よりも 23 億人も増えるのです。

発問５　みんなが働き盛りの 32 年後、どこに行けば商品は売れますか。（外国）

説明５　外国では英語がほとんどの国で話されています。今から英語を学習していくことは、重要なのですね。

上記の語りを、高学年の最初の授業で行うことは、その後の意欲的な活動につながっていく。

Unit 1「How do you spell it?」前半

このユニットの前半で大事にしているのは、「対話を聞いて基本的な表現を聞き取る」ことである。５年生で使用する “We Can!1” の最初の見開き２ページには、世界で活躍する日本人のことについて聞き取る内容となっているが、内容的には難しい。そこで、クラスの子供の様子を取り上げ、それが誰なのかを予想させる活動をさせてもよい。

学年の最初に、クラスメイトのことも分かるので一石二鳥である。まずは、「楽しく」「できる」授業を展開したい。　（笹原大輔）

4月

総合　人にやさしい町　高齢者について学ぼう

高齢者との体験を対話で引き出す

日本は、超高齢社会である。世界の国々が経験したことがないことである。課題が山積みの状況である。しかも、日本の高齢者への対策を世界が注目している。私達教師は、教育の立場で課題に向き合いたい。総合の時間、高齢者について学ぶ。核家族化が進んだり、地域のコミュニティの結びつきが弱まったりしている今、高齢者が身近な存在でなくなりつつあるのが現状である。まずは、身近な高齢者との体験をワークシートで振り返り、対話で共有する。

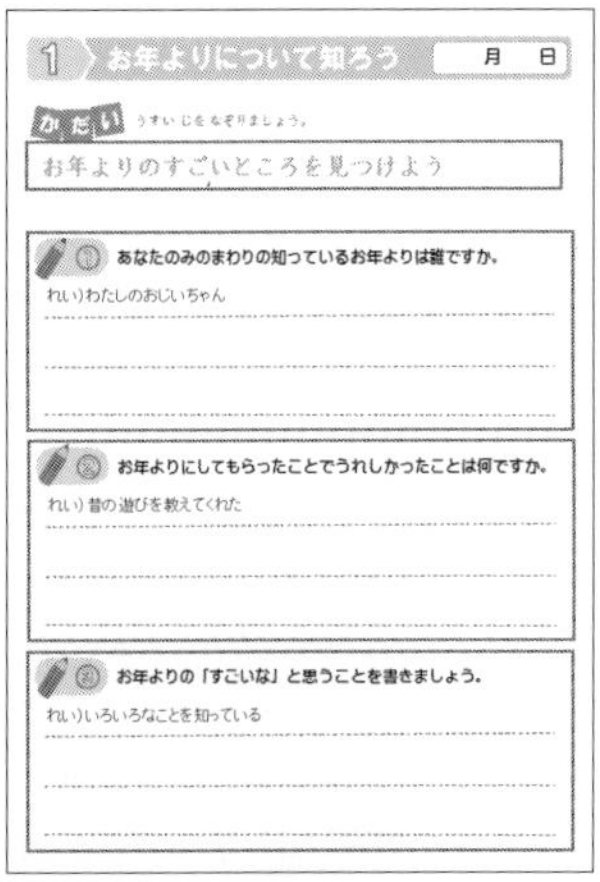

1 お年よりについて知ろう　月　日

かだい　うすいじをなぞりましょう。

お年よりのすごいところを見つけよう

① あなたのみのまわりの知っているお年よりは誰ですか。

れい）わたしのおじいちゃん

② お年よりにしてもらったことでうれしかったことは何ですか。

れい）昔の遊びを教えてくれた

③ お年よりの「すごいな」と思うことを書きましょう。

れい）いろいろなことを知っている

高齢者にしてもらったことで嬉しかったことは何ですか。

体験が少ない子は、1人では思い出すのが難しいかもしれない。グループで話し合わせる。「通学路に立ち、私達が安全に登下校できるようにしてくれた」「前に生活科で昔遊びを教えてくれて、その遊びができるようになった」などは、どの子も体験していることだろう。友達との対話をきっかけに、自分の体験を振り返ることができるようにする。

高齢者との対話

年をとると体はどうなるでしょう。予想して、体の部位に書こう。

ワークシートを準備するとよい。

高齢者が困っていることは何ですか。身近な高齢者に聞いてみよう。

インタビューすることで高齢者との対話が生まれる。対話で「老い」について少しでも実感できるようにする。

自分の町の高齢者について調べる

①私達の町の人口は何人くらいですか。

ネットや役場への問合せで調べる。

②町の人口のうち、65歳以上の方は、何人くらいおられますか。

高齢者の人口を調べる。自分の町で調べることで、より実感がわく。

高齢化率（%）を求めます。

高齢化率（%）＝町の人口÷あなたの町の65歳以上の人口（②の数値÷①の数値）＝□%

ほとんどの町で25%を超える。

高齢化率によって、3種類の名前に分けられます。

高齢化社会：7～14%
高齢社会　：14%～25%
超高齢社会：25%～
私の町は（　　）社会です。

超高齢社会は、他人事ではない。子ども達は、超高齢社会を生き続けていく。

> 高齢者の問題は、日本の大きな問題の1つです。日本は、世界中のどの国も経験したことがないスピードで高齢社会に突入しました。日本は、世界にお手本もない状態で超高齢社会の中で高齢者が安心して暮らせる仕組みを作っていかなければなりません。みんなは、自分に何ができると思いますか。

当事者として、自分に何ができるのか。対話を通して考えさせる。『MAK作成教材　お年寄りスキル』参照（西村純一）

5月

国語　「生き物は円柱形」キーセンテンスの選び方を指導する

教材解釈のポイントと指導計画

本単元では要旨のとらえ方を指導することがポイントである。キーワード、キーセンテンスを学び、要旨につなげていく。キーセンテンスを選ぶ際に、対話を中心に進めていく（全6時間）。

> 第1時　音読　感想を書く
> 第2時　キーワードを選ぶ
> 第3・4時　キーセンテンスを選ぶ
> 第5時　要旨を考える
> 第6時　自分の考えを書く

キーワードとは文章を読み解く上で、重要となる言葉である。キーセンテンス段落の中に書かれている内容を表した1文である。

授業の流れのアウトライン

第3・4時の授業展開例を示す

> 指示　文章の中で一番多く使われている言葉をさがしなさい

「円柱形」（円柱もある）である。

> 指示　円柱形、円柱以外で文章の中に繰り返し出てくる言葉を探しなさい。

「生き物」「強い」「速い」「多様」「共通性」などが出される。これらがキーセンテンスを探す手がかりとなる。

> 指示　第1段落の4つの文で、一番重要な1文を選びなさい。

1行目「生き物の、最も生き物らしい～」、3行目「形のうえでの～」。この2つで分かれる。1行目では「生き物の一番の特徴について書いている」。3行目では「円柱形というキーワードが入っている」などの理由が出される。

ここで1つに決める必要はない。討論を踏まえて選んだキーセンテンスをノートに書かせる（下写真）。

11段落すべてのキーセンテンスを選び終わったら振り返らせる。前後がつながらない文があったら、もう一度ふさわしいものを選ばせる。

①「形のうえでの分かりやすい～」
②「ごつごつしていたり、でこぼこが～」
③「円柱形が集まって、全体が～」
④「もちろん、例外もある」
⑤「でも、幹や枝は円柱形だし～」
⑥「円柱形だと、どんないいこと～」
⑦「横にして持っても、円柱形だと～」
⑧「円柱形は強い形なのである」
⑨「円柱形は、強いだけでなく、～」
⑩「だからこそ。生き物の～」
⑪「生き物は実に多様である」

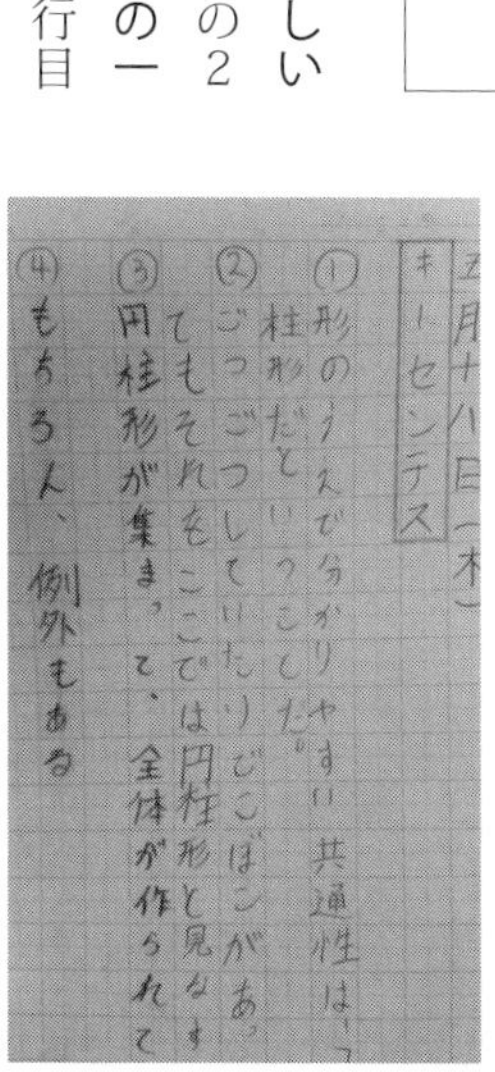

学習困難状況への対応と予防の布石

キーセンテンスを選ぶことが難しい。そのために『見立てる』の教材を使いキーセンテンスの選び方を指導する。選んでいく中で「キーセンテンスは段落の初めの文になることが多い」「キーワードが入っている」という点を指導する。これで選びやすくなる。

（保坂雅幸）

5月

社会　わたしたちの国土　日本の気候

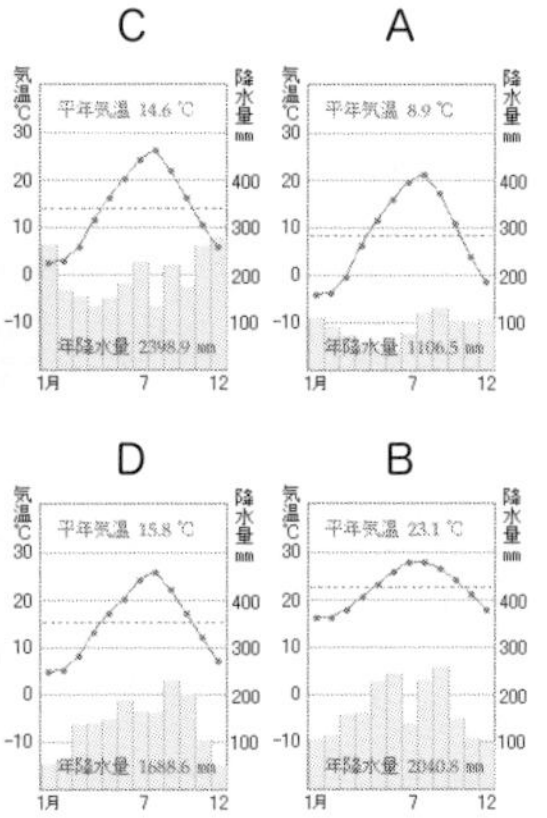

4つの市の気候を検討する

右の日本地図とグラフを提示し、次のように問う。

> A・B・C・Dは札幌、金沢、横浜、那覇の気温と降水量を表しています。それぞれ、どこに入るでしょうか？

まずは、個人で考えさせる。次に、グループで検討させ、グループで答えを確定する。グループで意見を決める際、「Aは○○です。理由は～だからです」など、理由が言えるように指導しておく。

確定した意見は次のように板書させる。

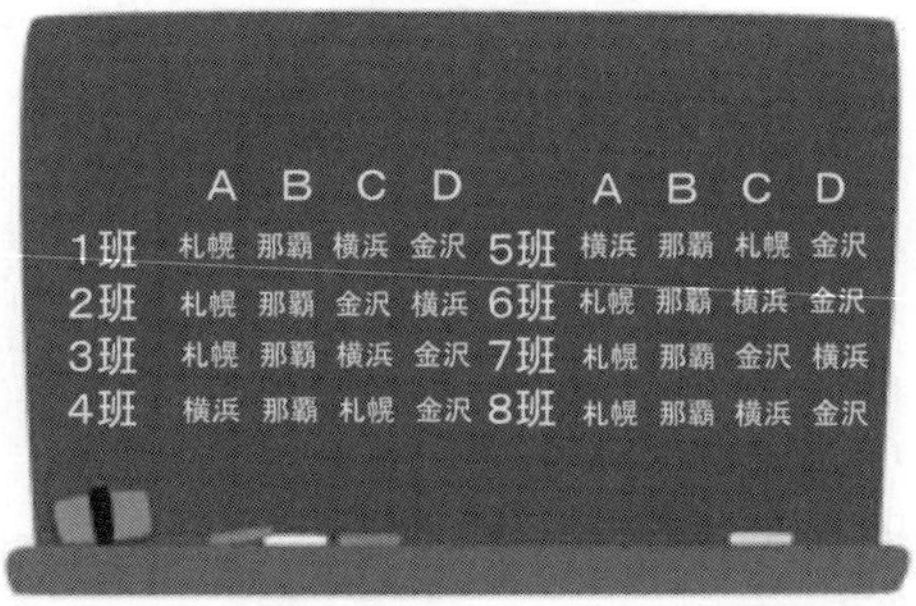

板書した意見で相違があれば、そこを検討させる。全体で検討後、答えを確定していく。正解は、A札幌　B那覇　C金沢　D横浜である。

日本の気候の特色を考える

> A・B・C・Dのそれぞれのグラフの特徴を一言で言います。

A　札幌…1年を通して気温が低く、冬の寒さが厳しい。
B　那覇…1年を通して気温が高く、雨が多い。
C　金沢…冬に降水量が多い（雪が多く降水量として含まれる）。
D　横浜…夏に降水量が多い。冬は少ない。

ここでは、日本の北・南、東・西では、気候が違うことをおさえる。

最後に、次の問題を出して、習熟を図る。

> 次のE・Fのグラフは、仙台と鹿児島のどちらのグラフでしょうか？

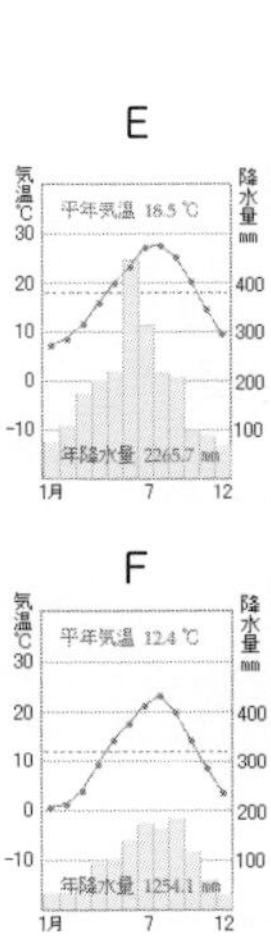

これまで、習ったことをもとに、理由も考えさせる。正解は、E・鹿児島、F・仙台。

鹿児島は、日本の南に位置し、那覇と同様の気候である。また、仙台は日本の東側にあり、横浜と似た気候である。

（高橋優）

5月

算数 「比例」表からわかる規則性を説明する

本時における対話とは、変わり方の規則性をもとに、比例になっているかどうかを説明することである。

例題を解く

2倍　3倍

長さ□(m)	1	2	3	4	5	6	7	8
代金○(円)	90	180	270	360	450	540	630	720

(　)倍　(　)倍

例題１　１mのねだんが90円のリボンがあります。買う長さが１m、２m、３m……と変わると、それにともなって代金はどのように変わりますか。

（１）表に入る数値を記入させる。
（２）長さが２倍、３倍……になると、代金もそれぞれ、２倍、３倍……になることを確認する。

説明をする【本時の対話的活動１】

長さが２倍、３倍…になると、それにともなって代金も２倍、３倍……になっているので、代金は長さに比例します。

（１）この通りに説明できるように、隣同士で交互に説明する。
（２）一方が２倍、３倍になっても他方が２倍、３倍にならない場合は比例しないことを確認する。

練習問題をする【本時の対話的活動２】

（１）次の問題を比例するか問い、理由を文章で書かせる。
　１枚25円の画用紙を□枚買う時の代金○円

枚数□(枚)	1	2	3	4	5	6	7	8
代金○(円)	25	50	75	100	125	150	175	200

（２）表をノートに書き、矢印を引き、２倍、３倍にそれぞれなっているか確かめ、説明の型を使って、変化の規則性から説明ができるようにする。
（３）説明する。

枚数が２倍、３倍……になると、それにともなって代金も２倍、３倍……になっているので、代金は枚数に比例します。

（細井俊久）

5月

理科　植物の発芽の条件

種子が発芽するために必要な条件を調べ、発芽には水、空気及び適度な温度が関係していることを捉えるようにする。

自然な疑問を引き出す

インゲンマメを全員に配布して指示を出す。（この場合は、児童が触ってもよいように消毒されていないものを使う）。

> わかったこと、気付いたこと、思ったことをノートに書きます。

【予想される児童の考え】
①どうして、芽が出るのだろうか。
②タネを切ったら何が入っているのか。
③どうしてこんな色をしているのか。
など多くの意見が出る。広がった児童の意見を発問によって焦点化する。

> 発芽するために必要な条件をキーワードで書きます。

こうすると児童からは「水」「空気」「温度」などが出てくる。

条件を制御して実験する

最初は水で行う。

> 発問：発芽には水が必要か？

【予想される児童の考え】
①マメは置いておくだけでは芽が出ないから水が必要。
②水が無くても時間が来たら芽が出る。
③温度が上がれば芽が出るから水はいらない。

水のあり、なしで調べるときには、温度と空気の条件は同じにして実験する。２つの容器に脱脂綿を入れ、片方を水でしめらせる（脱脂綿以外にもバーミキュライトでも代用できる）。水を与えた方だけが発芽することから、発芽には水が必要であることがわかる。

調べる条件	同じにする条件		結果
水	温度	空気	（　日後）
あり	20℃くらい	あり	
なし			

空気が必要かどうかを調べる。どちらも20℃くらいの同じ温度にする。片方は空気に触れないように水を容器一杯に入れておく（この際、水は一度煮沸させたものがよい）。

空気ありの方は発芽し、発芽には空気が必要だとわかる。

調べる条件	同じにする条件		結果
空気	水	温度	（　日後）
あり	あり	20℃くらい	
なし			

温度が関係しているか調べる。片方は冷蔵庫に入れ、もう一方は室内で段ボール箱に入れる。なぜ段ボール箱に入れるのか、児童に考えさせるとよい。冷蔵庫の中のマメは発芽しない。低温では発芽しないことがわかる。

調べる条件	同じにする条件		結果
温度	水	空気	（　日後）
20℃くらい	あり	あり	
5℃くらい			

（吉原尚寛）

5月

音楽　いろいろな音のひびきを味わおう「合唱と合奏」

合唱『いつでもあの海は』

（１）斉唱で歌える

指示「まねします」

曲想を感じ取らせるには、教師がアカペラで歌うのが一番だ。歌って聴かせまねさせる。言葉の頭（例:『いつでも』の『い』）を立てて歌ってみせたり、強弱をつけて歌ってみせたりする。

指示「覚えて歌えるようになります」

範唱 CD に合わせて歌う。まだ十分歌える自信がない子は、スピーカーの傍で旋律に耳を傾けて歌う。覚えて歌えるようになったら、教室の後方で歌う。歌詞を見ながら歌っても良い。

指示「曲の山をさがします」

曲の山は、「歌っていて気持ちが盛り上がってくるところ」。歌い込むうちにわかってくる。

発問「楽譜で言えば何段目ですか？」

指示「自分の考えを言い合って交流します」

「５人の人と意見交流しなさい」など、具体的な人数を示す。「時間は３分間です」と時間制限を設ける。３段目と４段目で意見が分かれる。できるだけたくさん理由を出させる。１つにまとめる必要はない。どちらも抑揚をつけて歌うと素敵に仕上がるからだ。最高音があること、また最高音に充てられた歌詞が「うみ」であることから、４段目が曲の山と考えられる。「歌っていて気持ちが盛り上がる」のは、楽譜に証拠があることを最後に確認する。

（２）合唱を楽しむ

第３フレーズは「ずれて出発・ちがうリズムで重なる」、第４フレーズは「同時に出発・同じリズムで重なる」合唱となる。全員でアルトパートが歌えるようになったら、少しずつソプラノパートを混ぜるようにして増やしていく。２つの声部が響き合って合唱になる。

合奏『リボンのおどり』

（１）主旋律から仕上げる

リコーダーで吹く。とっても簡単だ。すぐに副旋律もつけることができ、リコーダー２部合奏が仕上がる。

（２）少しずつたし算

①リズムパート②ベース（※ヘ音譜表)③木琴④鉄琴とパートを足していく。いずれのパートも簡単だからすぐにできるようになる。全員にすべてのパートを体験させたい。

※ヘ音譜表：新出。ヘ音記号と合わせて指導。

（３）合奏に仕上げる

好きなパートを選んで、合奏を楽しむ。

（４）カスタマイズする

10 人グループで合奏する。各パートの重ね方を工夫して、自分たちだけのオリジナルの「リボンのおどり」をつくる。

①何回繰り返して演奏するかを決める。②主旋律が生かされるよう、楽器の組み合わせを工夫する。③各パートの重ね方を工夫する。

例：８回繰り返して演奏、エンディングは全部の楽器を一斉に鳴らす（略号　リ：リコーダー、木:木琴、鉄:鉄琴、オ:オルガン、パ:パーカッション、エ：エンディング)。

楽＼回	1	2	3	4	5	6	7	8	エ
リ		○	○			○	○	○	○
木				○	○	○			○
鉄					○	○			○
オ	○	○	○		○	○	○	○	○
パ	○	○	○		○	○	○	○	○

（５）グループごとに発表。聴き合う。

それぞれの良さを認め合う。　　　（中越正美）

図画・工作　「セロ弾きのゴーシュ」を描く

前口上

新学期から1ヶ月が過ぎようとしている5月。連休もあって、ちょっとピリリとしない雰囲気になっているかもしれない。そういう時は、大作に挑戦させてみるのもいいだろう。きっと、会話が弾んできて、明るく楽しいクラスになっていくだろう。

お薦めのシナリオは「セロ弾きのゴーシュ」である。黄ボール紙を使用するので、「えっ、それ何？」「こんな厚いの？」といった子ども達の声が聞こえてきそうである。尚、このシナリオは『酒井式エチュード&シナリオ厳選23』（明治図書、2007年刊）に掲載されている。

チェロと人物を描く

まず、チェロを左右どちらかに傾けて描く。次に、顔も傾けて描く。顔を描いたら弓の位置を鉛筆で描いておくと良い。

胴体を描くのであるが、顔の傾きと直線にならないようにする。続いて手、足の順で描いていく。ここも左右対称にならないように気をつけさせる。

「先生。チェロを持つ手が難しいです」「つなぐのが難しそうです」という声が聞こえてくるが、子供たちを全員教師の机の回りに集める。そして、1つずつ教えていくのである。子供たちとの会話を楽しみながら進めていくといいだろう。「そっかー。そう描くんだ」「つなぎはそうするんだー」と色々な反応をしてくれる子供たちである。

服の模様を描く

模様はまったく自由であるが、ゆっくりと繰り返しを楽しむ気持ちで描かせる。子供たちに模様の美しさを認識させることと、暗くなりがちなこの絵に明るいスパイスを効かせるためである。その際、模様の部分はなるべく白を使わせる。

「ぼくは星にしよう」「私は花にしてみる」「面白い模様にしたいなー」等言いながら、子供たちははりきって描いていく。

服の地の色は、薄くても良いが、赤、青、朱、緑など鮮やかな色にすると良い。白い模様が映えて美しくなるからである。

ゴーシュの小屋の中を描く

小屋の下方、ゴーシュの足元に、床と壁との区切りを入れる。水平にならないようにである。次に、窓であるが小屋の中だけではなく外への奥行きが表現される。しかも、月を描くことで夜の雰囲気も出る。最後は動物であるが、物語に出てくる動物を描かせる。「ねこにしよう」等、色々出てくる。

（片倉信儀）

5月

家庭科「ガスこんろ検定」で使い方マスター

最近のガスこんろは、一押しすると点火する。しかし、学校のガスこんろの多くは、「点火つまみを押しながら回す」ものが多い。このタイプのガスこんろに慣れていないため、点火できない子が多い。

そこで、初めての調理実習の時には、ガスこんろの使い方をマスターすることができるように「ガスこんろ検定」を行う。

１. 音読で使い方をインプット

教科書にガスこんろの使い方が載っているところを音読する。

①点火つまみが閉まっていることを確かめてから、ガス栓を開く。
②点火つまみを押しながらいっぱいに回す。
③点火つまみを「止」に戻す。
④ガス栓を閉める。

全体を４つのグループに分けて集め、①～④をやって見せる。手元の作業になるので、「もう一度見たい」などの声があった場合には、やって見せる。

２.「ガスこんろ検定」で合格を目指す

「ガスこんろ検定」では、②③のみを扱う。検定の場所を限定することにより、クラス全員を短時間で、見ることができる。

班で協力して、点火の練習をします。班全員ができるようになったら、前にいらっしゃい。

まずは、班の仲間と協力して点火の練習をする。班全員ができるようにならないと「ガスこんろ検定」を受けることができない。

できない子がいたら、やり方を読んで聞かせたり、手本を見せたりしながら教え合う。

班全員ができるようになったら、教師のところへ来て「ガスこんろ検定」を受ける。

班全員が②③を行う。
１人が終わるごとに、「合格」「不合格」を告げる。
１人でも「不合格」がいた時には、「合格」するまで、何度も検定を受ける。

班で取り組むことによって、全員がガスこんろを使うことができるようになる。

（金崎麻美子）

体育 「ビブス」で体の動かし方を再確認

体ほぐしの運動は、技術がなくても動く楽しさを体験できる内容になっている。

これは、技術を習得してある技を出来るようにする運動とは異なる。技術の習得には能力差が生まれ、山ほど努力をしても上達できない子どもも中にはいる。そんな子どもは運動が実は嫌いになってしまう。しかしそんな子どもでも体を動かしてみたい、みんなと一緒に動いてみたいという願いがあるのだ。

技能を高めたりする運動ではなく、自分の体と対話をして自分の体の調子に気付いたり、調整したり、仲間との関わりを得たりするのが体ほぐしの運動である。低学年でも有効な指導法だが、高学年でも再び行っておきたい。

そこで、新提案として教材開発したお勧めの運動が「ビブス」を使った体ほぐしである。ボールではできない動きができる。転がらない、つかむことが容易。浮遊している時間が長い。

特に、ボールの扱い方が苦手な子どもに適している。

①ビブスでストレッチ。
②ビブスを投げ上げてキャッチ。
③上に投げ、頭でとる。※趣意説明。これができるとボールの運動が上手になる。
④上に投げ、手を一度伸ばすが、頭でとる。※趣意説明。サッカーのヘディングが上手になる。
⑤上に投げ、背中でとる。
⑥上に投げて、反対の手でとる。
⑦上に投げ、低い位置でとる。
⑧上に投げ、手をたたきとる。※見本で4回たたく。「4回より多い人？」「回数増やすために低い所でとっている！」
⑨上に投げ、足でとる。※つま先や膝等、どこでとっても認め、褒める。
⑩（友達と向かい合い）左右に投げられたビブスをキャッチ。
⑪友達が上に投げ、床に落ちる前に（走ってきて）キャッチ
⑫友達同士が向かい合う。お互いが上に投げたビブスをキャッチ。（走ってクロスする）
⑬ビブスで片手キャッチボール（キャッチビブス）。
⑭お互いに後ろ向き。両手投げでキャッチボール。
⑮股の下から両手投げでキャッチボール。
⑯おしゃべりしながら、片手キャッチボール。
⑰6人～8人のグループをつくり、輪になり横にパスを回す。（内向き・外向き）
⑱全員が、上に投げあげた瞬間、右となり移動して、右隣の人の投げあげたビブスをつかむ（左写真参照）。

投げ上げる↓目的の場所に体を移動させる↓自分が捕るビブスを目で追っている↓ビブスをキャッチする。全員がキャッチできると達成感が得られ、大変盛り上がる。

（桑原和彦）

5月

道徳　最初の大きな行事を乗り越える

5月の道徳のポイント

5月の道徳のポイントは、行事関係との兼ね合いを考えるということである。

学校によって違いはあるが、5月は運動会や宿泊学習などの行事が組み込まれている場合が多い。

このような行事は、集団で活動することが前提となる。そのため、仲間との協力や自分の役割や責任を自覚することが大切になる。

特に新しい学級で4月を乗り切った子どもたちにとって、宿泊学習や運動会などの大きな行事は、クラスの結束や仲間意識をより強いものにするチャンスである。しかし、ここで勘違いしてはいけない。高学年として行事を通して身につけさせたいのは、賞賛や見返りに関係なく、自分の役割を自覚して責任を果たすという責任感に近いものである。高学年になれば、陽の当たる仕事ばかりではない。やって当たり前という意識で、目立たない仕事もそれぞれの児童が着実にこなしていかなければならない。委員会も始まり、ボランティア的な役割が求められるのが高学年なのである。

5月のオススメ資料

以上のことから、5月は自分の役割を自覚して責任をもって行動することに気づける教材を選ぶ必要がある。

「どこかでだれかが見ていてくれる―福本清三」という資料がある。徳目は、「役割・責任」である。

時代劇の目立たない「きられ役」を何十年も演じ続けた福本清三さんについての話である。福本さんは、ある映画出演で「きられ役」も必要な役の1つであることに気づく。その後も精進を続け、時代劇に欠かせない「きられ役」と呼ばれるようになったとき、ハリウッド作品の「ラストサムライ」への出演依頼が来る。この時、地道でもやるべきことを続けることで、必ずその努力は認められるという内容の話である。

高学年になり、学校生活全体で、役割を任されたり責任を問われたりすることが多くなるが、5月は頑張っていたことにも慣れ、少しマンネリ感を感じる時期でもある。また、実際にリーダーシップを果たすのは、多くが6年生であり、5年生は高学年という意識を持ちづらい。だからこそ、これは児童の役割意識を高めるためにうってつけの教材である。

対話指導のポイント

端役として活躍した福本さんの立場を自分たちと重ねられるようにしなければならない。

端役とはいえ、子ども達にとっては、テレビにも出て、何本もの仕事を抱える俳優である。いま一つピンとこないだろう。そのため、端役の意味をしっかりと理解させる必要がある。自分たちの普段の生活の中で地味で目立たない仕事がないかを想起させたい。その上で、そんな仕事を何十年も続ける福本さんの生き方をクローズアップさせる。

5月なので、子ども達の活発な発言も期待したい。「ずっと『きられ役』を割り当てられた福本さんは、幸せだったのか」といったテーマを割り当てて話し合いをさせる。ここでも、それぞれの考えに基づいた様々な価値観が表れるだろう。

最後は、目の前にある大きな行事の中での自分の役割は何なのかに立ち返らせたい。

（吉谷亮）

英語 “Like”を使って楽しい授業を！

Unit 1「How do you spell it?」後半

このユニットで何度も繰り返す活動は、以下である。

“like” を使ったやりとり

“like” を使った表現を中心に、やりとりする活動が多い。さらには、“want” や “have” にも触れる。最終的には、それらを使った「自己紹介」がメインとなる。

“like” を使った楽しいやりとり

“like” は3、4年生でも慣れ親しんでおり、子供達にとって親しみやすい表現である。“We Can!1”で示されている名詞は「色」「テレビ番組」「スポーツ」など様々あるが、最初に「食べ物」を扱うことをお勧めしたい。どの子供にとっても魅力的だからだ。

学校で食べ物といえば給食。井戸砂織氏は、2007 年の TOSS サマーセミナーで給食メニューに関するフリートークを提案した。以下は、その時の授業を元に、学級で行った授業である。

「バイキング給食をしよう！」

<活動の流れ>　　T: 教師　C: 子供

（1）単語練習

※教師に続いてリピートする（2回ずつ）

T: Let’s have lunch! Today’s menu.
Repeat.（ご飯の写真を見せて）Rice.
C: Rice.
T: Rice.
C: Rice.

※同様に bread, fish, steak, milk, orange juice の単語練習を行う。

（2）状況設定

3つのテーブルを準備し、その上に主食カード（rice, bread）、おかずカード（fish, steak）、飲み物カード（milk, orange juice）を人数分用意する。ALT がいれば、カードを渡す人ともらう人の役を決めて、以下のように会話する。

H: 担任（カードを渡す）　A:ALT（もらう）

H: Hello.
A: Hello.
（riceとbread のカードを見せながら）
H: Which do you like?
A: I like bread.
H: Here you are.（カードを渡す）
A: Thank you.（もらう）

（3）答え方の練習

主食カードを見せながら教師が尋ねる。

T: Which do you like?
I like rice!（ご飯が好きな子に挙手を促す）
T: Repeat. I like rice.
C: I like rice.
T: I like bread!（パンが好きな子に挙手を促す）
T: I like bread.
C: I like bread.

※同様に、おかず・飲み物カードを扱う。

（4）尋ね方の練習

教師に続いてリピートする。

（5）アクティビティ

カードを渡す人をそれぞれのテーブルに1人ずつ決めてからアクティビティを行う。

このような楽しい活動を行うことが、最後の「自己紹介」につながっていく。　　（笹原大輔）

5月

総合　高齢者体験をしよう

高齢者体験の前後で感想を友達と対話することで、高齢者の歩行の困難さや介助者の支えの難しさを学ぶことができる。世界で唯一の超高齢国家日本の重要課題も、まずは高齢者の立場に立って考えることから学習を始めたい。

高齢者の体の状態を体験する

子どもたちは、高齢者の体の状態を知らない。そこで、高齢者の体を体験することができるキッドを使って学習する。使用するキッドは、例えば以下である。

目……視野が狭くなる特殊なメガネ。
手首・足首…おもりをつけて、筋力低下を感じる。
間接…関節が曲がりにくいことを体感するサポーター。
手……物がつかみにくいように厚手の軍手をつける。
体……体の重さを体感できるように、おもりのついた厚い服を着る。

その他にも、高齢者の体の状態を疑似体験できる様々なキッドがある。実際に身につけると、極めて動くことが難しくなる。その状態で、実際に活動してみるのである。例えば、疑似体験のキッドを

つけた状態で階段を登ってみる。視野は狭く、階段をはっきりみることが出来ない。また体が重く、動きが鈍くなる。ひざは曲がりにくく、転びそうになる。このように高齢者の動きを実際に体験することは、高齢者の苦労を知る貴重な情報となる。

また、疑似体験の効果は動きにくさを知ることだけではない。負荷のかかる体で生活しなければならない高齢者に対し、少しでも大変さを手伝ってあげたいという気持ちになることが予想できる。

高齢者の体験の前と後で話し合う

高齢者疑似体験のキッドを使うことで、もう1つ大切な体験をすることができる。

高齢者へのかかわり方

の体験である。

3名から4名程度のグループに分かれる。1人が高齢者疑似体験キッドを身につける。キッドをつけた人をつけていない人が介助しながら、歩く。

歩く道は、例えば段差のあるコース、くねくねのコース、かがんで進むコース、障害物をまたいで越えるコースなどを設置する。学校の中を歩くのもよい。

また、ボールをつかんだり、投げたりするのも良いだろう。鉛筆で字や絵を書いたり、箸を持ったりするのも良いであろう。介助する人は、ついて行きながら交代で助けるようにするとよい。

高齢者体験と介助を両方体験することで、高齢者に対する理解が深まるであろう。その時、体験前と体験した後とで、お互いに意見を交換すると良い。

おそらく多くの子どもは体験前と後で意見が変化するであろう。そして自分が感じたこと、これから高齢者に対して自分が出来ることなどを意見交換していく。

体験があるから、考えが深まる。さらに友達との意見交流で、いっそう考えが深まることが考えられる。

（梶田俊彦）

6月

国語　「千年の釘にいどむ」ポップの書き方を指導する

教材解釈のポイントと指導計画

友達に本を勧めることが本単元の目標である。教科書の学習にあるポップ作りを行う（全9時間）。

ポップの構成は次のようにする。

キャッチコピー
解説文（百文字程度）
本のタイトル　イラストなど

第1・2時　音読　感想　意味調べ
第3・4時　章ごとに要約する
第5時　解説文を書く
第6・7時　キャッチコピーを考え、ポップ作りをする
第8・9時　自分の選んだ本でポップ作りをする

授業の流れのアウトライン

第3・4時の授業展開例である。

> 指示　第1段落を25文字以内で要約しなさい

向山型要約指導を行う（詳細はTOSSLANDで「要約」と検索）。Aは釘に注目した要約文。Bは白鷹さんに注目した要約文である。どちらかで要約する。

①千年以上残る建物を作った古代の職人。
②純度が高いため千年以上残る古代の釘。
③不思議な形で確実に木をつなぐ役割をする古代の釘。
④固さを変えると節をよけて曲がる釘。
⑤白鷹さんに改良を続けられた釘。（A）

①古代の釘と現代の釘の違いを調べた白鷹さん。
②特別に純度の高い釘を用意してもらった白鷹さん。
③釘と木材の関係を発見した白鷹さん。
④釘の固さにも秘密があることを発見した白鷹さん。
⑤もっといい釘を作ろうとしている白鷹さん。（B）

「生き物は円柱形」同様、討論を中心に要約文を検討していく。Bの要約をもとに解説文を書くと、以下のようになる。

「古代の職人達は千年以上残る建物を作りました。それを現代に再現するために釘作りに挑んだのが白鷹さんです。形や固さに注目し、何本も作り直しました。完成してからも、もっとよい物を作ろうとしています。「千年の釘にいどむ」は職人の意地が詰まった1冊です」

学習困難状況への対応と予防の布石

ポップ作りの場合、学習のゴールを最初に示し、イメージをもたせることが大切である。教師が自作し、子供に示す。

（保坂雅幸）

6月

社会　食糧生産を支える人々（稲作）

「食糧生産を支える人々」「稲作」の授業プラン。対話になる発問例を挙げる。

○お米について調べよう「米袋から」

　事前に家庭に協力をお願いして、米袋を集めておく・集まった米袋を黒板いっぱいに並べて特徴を調べる。

【発問】どんな特徴がありますか。

　第一に圧倒的にコシヒカリが多いことがわかる。ブランド化することの大切さがわかるだろう。第二に東北に米どころが集まっていることがわかる。

○なぜ、東北に集まっているのだろうか。「航空写真から」

　事例地としては新潟か山形が良い。航空写真から分かったこと・気づいたこと・思ったことを箇条書きさせる。

【発問】東北が米作りに有利な条件は何だろうか。

　水・土地の広さ・気候などが挙げられるので話し合う。最終的にはどれも大切な条件であることを押さえる。

○お米はどのように生産されているのだろう。「農事暦から」

　最初から農事暦を見せるのではなく、生産過程の写真をバラバラに見せる。

【発問】どの順番で作っていますか。

　予想させてグループなどで話し合わせる。黒板にグループの予想を書かせて、学級全体で話し合わせると、それぞれの生産過程の意味がつかめる。

　最後に農事暦で確認すると、「なるほど～」などの声が児童から聞こえるだろう。

○どのような工夫をしているだろう。「教科書の見開きから」

　稲作の生産過程を網羅している見開きページが、教科書には必ずある。そのページから様々な工夫を見つけさせる。

　そのうえで工夫を分類してみる。付箋に書かせて分類するのが良いだろう。必ずカテゴリーに名前を付けさせる。「機械化の工夫」「雑草のための工夫」など「～の工夫」でまとめさせると良い。

　様々な分類が児童から出されるので、分類名だけを板書する。

【発問】どの工夫が一番すごいか。

　児童は自分の作った分類にこだわりを持つ・理由を書かせて話し合いをすると盛り上がる。まとめ方としては、「農家は、○○や○○の工夫をしている」など、自分が作った分類でまとめればよい。

○人々はどのように協力して生産しているか。「単元ページから」

【発問】農家以外でどんな人が米作りに協力していますか。

　単元全体のページを使って調べる。すると、ＪＡや農業法人、試験場の研究員など様々な人が関わっていることがわかる。

【発問】誰が一番すごいか。

　理由を書かせて話し合わせる。

○その後の対話が生まれる発問

「（流通経路から）もっとも使われているのは船か。鉄道か。トラックか。」

「（生産量の推移から）日本の米作りに未来はあるか」

「（日本と外国の米の値段の違いから）自分なら安い外国の米を買うか」

（小川幸一）

6月

算数 「小数のかけ算」4点セットを書かせて説明を

解き方を図（数直線）・式・筆算・答えの4点セットを使って説明することが本時の対話である。

例題を解く

例題1　1mのねだんが90円のリボンを2.3m買いました。代金はいくらですか。

（1）数直線を書いてどんな式になるか考えさせる。

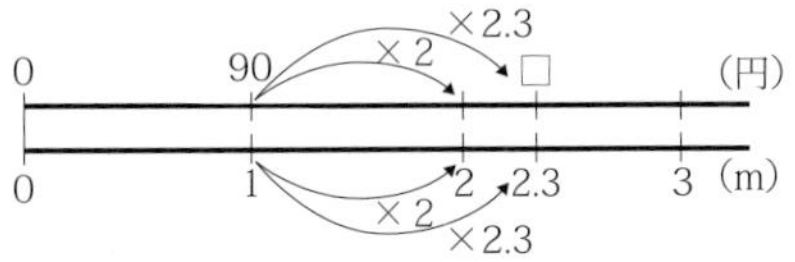

1mから2.3mまでは1mの2.3倍です。90円から2.3mまでの代金は90円の2.3倍です。

□を求める式は、90×2.3 となる。数直線から式は 90×2.3 となることがわかる。

（2）板書を右図のようにする。

（3）ノートにも同じようにかかせる。

（4）図・式・筆算・答えを「4点セット」として押さえる。

図

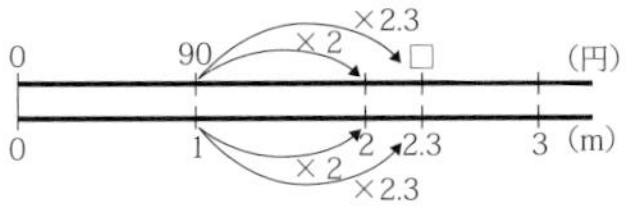

式 90×2.3

筆算
```
   9 0
 × 2.3
 -----
  2 7 0
 1 8 0
 -----
 2 0 7.0
```

答え 207円

説明する【本時の対話的活動1】

解き方を説明する。1名が全体に説明し、妥当かどうか教師が判断する。その後、教師が見本を示し、説明の仕方を教え、隣同士説明し合う。

2.3mは1mの2.3倍です。90円から□までの代金も90円の2.3倍です。数直線から式は90×2.3です。筆算で計算すると207、答え207円です。

練習問題を解く【本時の対話的活動2】

例題2として、「1mの重さが150gのホースがあります。このホース1.6mの重さは何gですか」に取り組ませる。4点セットで答えが出せたら丸をもらい、丸をもらった子は板書する。

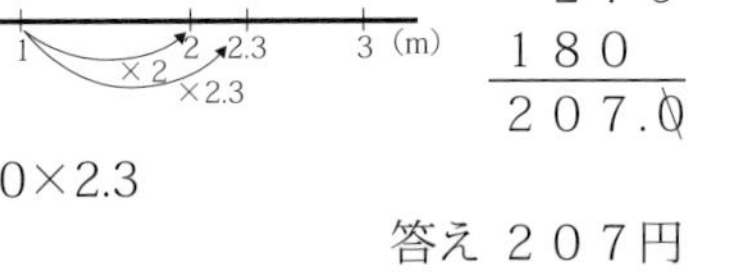

1.6mは1mの1.6倍です。150gから□までの重さも150gの1.6倍です。数直線から式は150×1.6です。筆算で計算すると240、答え240gです。

（細井俊久）

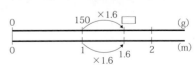

6月

理科 植物の成長の条件

植物の成長について、予想や仮説を基に、環境条件を制御し、日光や肥料などが関係していることを捉えるようにする。

成長するためには何が必要か予想する

今まで学習した経験を活かし、植物の成長には何が必要か予想させる。

> 植物が成長するには、何が必要だろうか。

【予想される児童の考え】

①日光が必要だと思う。日当たりが良いところに置いて、植物が大きくなったことがあるからだ。

②肥料が必要だと思う。学校でアサガオを育てたときに、肥料をやったり、追肥をしたりしたことがあるからだ。

③水が必要だと思う。植物に水をやらないとしおれたことがあるからだ。

児童に予想させた後は、観察の視点を指導する。葉やくきに限定して観察させることで、児童は結果をまとめやすくなる。

葉	数が増えたか、減ったか。 大きくなったか、小さくなったか。 色が変わったか、変わらないか。
くき	長くなったか、短くなったか。 太くなったか、細くなったか。 色は変わったか、変わらないか。

日光や肥料が関係するかどうか調べる

発芽後、10日くらい育てた、背丈が同じくらいのインゲンマメの苗を用意する。実験結果を表にまとめる。

５年生の実験では「条件制御」が重要である。そこで、どれを同じにして、どれを変えるかを明確にする。

日光が関係するかどうかの実験は、A、Bともに肥料と水を与え、Aは日光あり、Bは日光なしにして実験をする。

１週間程度で差が表れる。２週間以上日光を当てないと枯れてしまう。

	A日光あり	B日光なし
葉の様子	濃い緑色	うすい緑色
くきの様子	濃い緑色 よくのびている	うすい緑色
全体の様子	葉の数が多い 丈夫そう	葉の数が少ない 弱そう

肥料が関係するかどうかの実験は、C、Dともに日光に当てて、水を与え、Cは肥料あり、Dは肥料なしにする。

２週間程度で成長の差が見えるようになる。どちらのインゲンマメも実験が終わったら花壇等で大切に育てる。

	C肥料あり	D肥料なし
葉の様子	濃い緑色で大きい	濃い緑色で小さい
くきの様子	濃い緑色 よくのびている	濃い緑色 あまりのびていない
全体の様子	葉の数が多い くきが長い	葉の数が少ない くきが短い

（髙木順一）

6月

音楽　いろいろな音のひびきを味わおう「弦楽合奏と吹奏楽」

５年生は、弦楽合奏と吹奏楽

３年生で金管楽器、４年生で木管楽器について学習した。５年生では、6年生で学習する「管弦楽（オーケストラ）」理解のもとになる弦楽合奏と吹奏楽（金管楽器・木管楽器・打楽器による合奏）のひびきを味わう。

『アイネクライネナハトムジーク』第1楽章

（1）弦楽合奏について知る

聴けば、ほとんどの子供が「ああ !!」と言うほど耳慣れた曲だ。「５分間音楽」（関根朋子氏追試）の要領で進める。聴いて、「大好き◎好き○あまり好きじゃない△」の３段階で評定。その理由を簡単に書き、指名無しで発表。意見交流をする。共感できるものはメモを取らせる。

楽器の音色に関する意見を取り上げ、弦楽合奏（バイオリン、ビオラ、チェロ、コントラバス）について教える。演奏している様子を動画で見せると学習が深まる。

説明「アイネクライネナハトムジーク第１楽章の演奏形態は、弦楽合奏です」

「演奏形態」という言葉を教える。

（2）旋律の重なり方に気をつけて聴く

冒頭から７秒間聴かせる。「全員で同じ旋律を演奏しているところ」だ。続いて、「主な旋律と伴奏を重ねて演奏しているところ」が聴こえ、「たがいによびかけ合うように演奏しているところ」が聴こえてくる。ここまで 32 秒間。旋律の重なり方がわかったところで、引き続き、旋律の重なり方はどうなっているかに気をつけて聴く。

（3）他の弦楽合奏も聴く（「５分間音楽」で）

①『アイネクライネナハトムジーク』第３楽章
②ピアノ５重奏『ます』
③『前奏曲』ホルベルグ組曲から
④『ピチカートポルカ』（バイオリン）
⑤『愛の喜び』（バイオリン）
⑥『プレリュード』（チェロ）

『双頭の鷲の旗の下に』

（1）吹奏楽について知る

発問「何の音が聴こえてきましたか？」

冒頭８秒、ファンファーレの部分を聴かせる。「ラッパ」で良い。金管楽器ならなお良い。

指示「笛の音が聴こえたら手を挙げます」

16 秒あたりから、金管楽器の音色に絡むようにして笛（木管楽器）の音が聴こえる。

説明「ラッパ、笛の音が聴こえてきました」

板書しておく（ラッパ・笛）。

指示「ラッパ、笛以外の音が聴こえたら手を挙げます」

23 秒あたりから密やかなスネアの音が聴こえる。46 秒あたりからはっきりと主張される。

説明「ラッパ、笛、太鼓の音が聴こえました」

説明「このような演奏形態を吹奏楽と言います」

演奏形態、吹奏楽、ラッパの仲間は金管楽器、笛の仲間は木管楽器、太鼓の仲間は打楽器であることを確認し、言葉として使えるようにする。

（2）旋律の重なり方に気をつけて聴く

主旋律を演奏する楽器が次々に変化するところや、金管楽器と木管楽器がどちらも譲らず互いに主張し合って旋律を重ね合わせているおもしろさなどに気付かせる。

（3）他の吹奏楽も聴く（「５分間音楽で」）

①ワシントンポスト　②ホーダウン
③バロックホーダウン（吹奏楽演奏・チェンバロ演奏）同じ楽曲でも、演奏される楽器によって曲の感じが変わることを楽しむ。（中越正美）

6月

図画・工作　作りながらおしゃべりも弾む「おしゃべりの達人」

運動会も終わり学習に集中できる6月は、じっくりと佐藤式工作（以下、佐藤式）に取り組ませたい。

シナリオ「おしゃべりの達人」には、次の良さがある。

> 対話を通して、作品のイメージを拡げていくことができる。

基本形の制作から顔の完成まで90分、余裕があれば体や必要なパーツをどんどん付け足していくとさらに子どもたちの満足度も高まること間違いなしのシナリオである。

基本形を作る

プラスチックコップの底の中央に線を引き、線の両端からコップの縁に向かって線を延長する。次に、底だけ残して線の上を切る。口がパクパク動く仕組みの完成である。何度も動かしているとパクパクは弱くなるので、ストローで補強する。

これに口をつける。8つ切り画用紙を2つに折り切り抜き、パクパクのもとに貼り付ける。これで基本形の完成である。

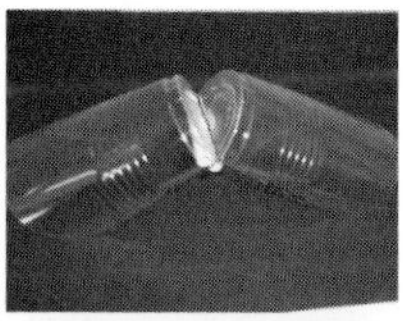

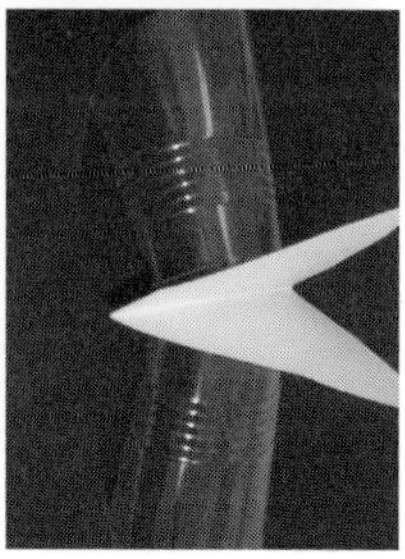

対話を通してイメージを広げる

はじめに小さめの紙で顔の試作をする。紙を縦にしてみたり横にしてみたり、2つ折りにして切ったり自由に切ったり、数種類作ってみる。

その中から気に入った1つを選び、色画用紙で制作に入る。色選びも大事なポイントである。作りたい作品のイメージが見えてくると、口の色との調和を考えるようになるからだ。

顔が完成したら次に目を作る。ここから先は、友達や教師との対話を大切にしたい。

「その目の形いいね。参考にしていい？」

「目の位置をずらしたらどうなるかな」

こうした対話を通して、その子なりのイメージを拡げていく。その際、形だけでなく色にも工夫ができるよう、1人1人に8つ切りの4分の1サイズに切った色画用紙の束を配っておく。

色々試した中から一番気に入った位置で糊付けする。目が完成したら、自由な発想で顔を作っていく。鼻や眉毛、髪を付けたり帽子を被せたり、1通り完成したところで基本形と合体させる。

時間に余裕があれば、完成した顔からイメージを拡げ、胴体や腕、足などを付け足していく。ここまで来ると、子どもたちはノリノリである。友達との対話も盛んになり、互いのアイデアをほめ合うなどの微笑ましい姿も見られる。

（熊谷一彦）

6月

家庭科　初めての裁縫単元は、「玉結び」「玉どめ」をマスター

初めての裁縫単元で、できるようになって欲しいことは、「玉結び」「玉どめ」の２つ。

この２つを確実にできるようにするために、動画の活用と、個別評定を行う。また、合格した子たちが、ミニ先生となって、できない子の手助けをする。

1.「動画活用」と「個別評定」で、「玉結び」「玉どめ」マスターへ

指導の流れは以下の通り。

①教師用の大きな裁縫セットで「玉結び」を見せる。
②自席で「玉結び」を練習する。
　大型テレビで「玉結び」の動画を流し続ける。テレビの近くに来て練習しても良い。
③教師の前で「玉結び」のテストをする。
　個別評定をする。糸の端にできる「A」、できる「B」、できない「C」。「C」のときはやり直し。
　一度に５人程を見て、列を作らないようにする。

次の時間には、「玉どめ」に挑戦する。指導の流れは「玉結び」のときと同じようにする。

①教師用の大きな裁縫セットで「玉どめ」を見せる。
②自席で「玉どめ」を練習する。
　大型テレビで「玉どめ」の動画を流し続ける。
③教師の前で「玉どめ」のテストをする。
　個別評定をする。布のすぐそばにできるは「A」。できるは「B」。できないは「C」。
「C」のときはやり直し。一度に５人ほどを見て、列を作らないようにする。

評定が「A」だった子たちは、ミニ先生になる。やり方が分からず、困っている子たちに教える。子ども同士の教え合いの中で、「もう一度やって見せて」「どうやってやるの？」などの対話が生まれる。「B」「C」だった子たちは、「A」になるように、何度も練習する。「玉結び」したところを切って、何度も挑戦させる。

2.どうしても苦手な子がいたときには……

手先が器用に動かず、裁縫が苦手な子もいる。そのような子たちも、「玉結び」「玉どめ」ができるように、裏技を教える。「玉結び」も「玉どめ」も片結びでOKとする。「玉どめ」のときには、針の近くで糸を切り、片結びをする。そうすれば、どの子も「玉結び」「玉どめ」ができる。

（金崎麻美子）

6月

体育　習熟するシステムのハードル走

　向山洋一氏の体育は知的である。そして指示が短い。運動量が激増する。

ハードル走の概要

　第5学年／6学年の「C陸上運動」の中に位置づけられる。ハードルを用いて、リズミカルに超える技能を身に付け、距離やルールを定めて競走したり、自己の記録の伸びや目標とする記録の到達を目指したりする。

向山洋一氏の追試（＊1）

①「私はハードルを多く用意した。3人か4人のグループを作って私のまわりに座らせた。各グループで1台だけハードルを持っていかせて跳ばせてみた」

　ハードルの数は1人1台がベスト。数が無い場合は2人で1台とする。これが運動量確保・技能習得につながる。

②「子どもたちは、たった一つのハードルを跳ぶということだけでも喜んでいる。三、四分すると子どもがやってきた。「先生、どうやって跳ぶんですか？　教えてください」と言う。私は、全員を1台のハードルの前に集めた。教えたことは一つ。「ふり上げる足は、ハードルに直角にまっすぐのばしなさい」ということだけだった」

　つまり、始めから逐一指導をしないことがポイントだ。「このように跳ぶんだよ」と教師は教えたい衝動に駆られる。

　しかし、子どもは一刻も早くハードルを跳びたいものだ。子どもたちは、キャーキャー言いながらもどんどん跳んでいく。片足で跳ぶ子、両足で跳ぶ子、遠くから跳ぶ子、近くから跳ぶ子様々である。子どもは、ある程度思い思い跳ぶと、「上手に跳びたい」という欲求に駆られてくる。跳び方を聞いてくるはずだ。そこで、指導を1つずつ入れる。

　まずは、ハードルを跳ぶ方向。安全面の配慮だ。「足がある方から跳びます」

　それから、先述した「ふり上げ足の指導」である。これもやればやるほど上達していくのが見ていて分かる。教師は、全員を見られる位置取りをするか、回っての指導（子どもたちの小グループを回っていく）をしていたく。子どもは先生に見て欲しいものだ。回っていくと、「先生見て！」とほとんどの子が言う。言わないおとなしい子には、こちらから声をかけるとよい。

　次に、できているつもりになっている子や明らかにできない子を上達させなければ、ハードル遊びで終わってしまう。そこで、行うのが個別評定である。先生ハードルを1台用意する。「ふり上げ足がまっすぐ伸びているかチェックします。自信がある子からどうぞ」と告げる。

　教師は、向こうから跳んでくる子と向かい合う位置に付く。ふり上げ足の靴裏が見えていれば「合格」とする。合格か不合格かの評定なので分かりやすい。テンポよく評定することが大切だ。教師の評定に子どもたちは夢中になる。友達同士で練習し合う場面も出てくる。主体的・対話的な活動場面が生まれる。

＊1「教え方のプロ・向山洋一全集9　体育授業を知的に」明治図書

（桑原和彦）

6月

道徳 初心に立ち返る

6月の道徳のポイント

6月の道徳のポイントは、停滞しがちな時期だからこそ基本に返るということである。

新しい学年にも慣れ、5月の行事を乗り越え、安心感が出てくるときである。だからこそ、それは緩みにもつながってくる。魔の6月と呼ばれる所以である。

また、6月は梅雨の時期でもある。梅雨時期は、外で遊べない日も多くなり、やんちゃな子ども達はストレスが溜まりやすくなる。そのため、廊下を走ったり、室内で暴れたりしてけがをするという場面が出てくる。

他の子ども達も、今までできていたことがなぜかうまく回らないという状況になり、徐々に学級の雰囲気が悪くなる。

悪循環に陥りやすい時期が、6月なのである。

そこで、もう一度初心に立ち返り、こんな時だからこそ、高学年としてどのようにふるまえばよいのかを子ども達に考えさせたい。

高学年だからこそ、きまりやルールの大切さを改めて考えるのである。

以上のことから、6月は公徳心をもってきまりを守り、公共の場の秩序維持に努めることを考える教材をおすすめしたい。

6月のオススメ資料

「ふくらんだリュックサック」という資料がある。徳目は、「規則尊重・公徳心・権利義務」である。

久しぶりに山に登った筆者が経験した出来事である。10年ぶりに登山した筆者は、山の変化に驚いた。たくさんの登山者とごみにである。筆者は、礼儀知らずな者は、山に来なければいいと思う。しかし、近くにいた親子の行動に心打たれる。筆者と同じように感じた親子は、父親の促しもあって、ごみを拾い始める。筆者は他人のせいにして何もしなかった自分に気づかされる。そして、自分もごみを拾い始める。リュックサックがいっぱいになった親子の姿にすがすがしさを感じるという内容である。

子ども達はルールを守らなければならないということは知っている。しかし、決められたことではなければ、配慮が足りずに実行が伴わないこともある。「分かっているけど、できない」という段階から公共への意識を育てたい。

対話指導のポイント

公共の場での自分の振る舞いを想起させる。普段、公園や教室をどのように使っているかを問う。

子どもからは、「ごみを捨てない」「周りのことを考えて施設を使う」「みんなで使う物は大切にする」ことなど、上辺だけの発言が予想される。徐々に話し合う経験を積んでいれば、そろそろ子ども達の本音を引き出せるような工夫をしてみてもよいだろう。

そこで、普段使用した後の公園やトイレのスリッパ、給食食器などを写真で事前に撮っておくとよい。口では耳あたりの良いことを言ったとしても、現実ではできていないということを自覚する機会になると思う。

毎回やったら嫌味であるが、一度くらいならば、自覚をうながすよい経験となる。教材を読む前に示せば、その後の話し合いは、ひとごとではない真剣なものへと変化が見られるだろう。

（吉谷亮）

6月

英語 “Want”を使って楽しい授業を！

Unit2 “When is your birthday?”

このユニットで何度も繰り返す活動は、以下である。

“want” を使ったやりとり

“want” を使った表現を中心に、やりとりする活動が多い。「誕生日いつなの？」「じゃあ、何がほしい？」ということである。とても自然な会話の流れである。この流れに、前ユニットで学んだ “like” をつなげると、さらに会話が楽しくなる。

ユニット２　単元計画（7時間扱い・例）

時	主な学習内容またはダイアローグ
1	世界の行事・月の言い方練習
2	A: When is（お正月）？B: It's January 1th. ※学校の行事等も扱う
3	A: When is your birthday? B: My birthday is June 8th.
4	「誕生日にプレゼントをしよう！」 A: What do you want？ B: I want a pen.
5	A: What color do you like? B: I like red. A: Here you are. B: Thank you.
6	これまでのダイアローグをつなげて会話練習を行う
7	会話を参考に簡単なバースデーカードを作成する　※簡単な英語を用いる

以下は自分の学級で行った授業である。

「誕生日にプレゼントをしよう！」（４時間目）

〈活動の流れ〉

（１）単語練習（２回→１回→０回）

pen, pencil, ruler, eraser, pen case

※学級の実態に応じて、回数は変える。

（２）状況設定

誕生日に何が欲しいのかを尋ね、プレゼントする場面である。以下は、ALTがいた場合のやりとり。

H：担任（プレゼントを渡す）　A：ALT（もらう）

H: Hello.
A: Hello.
H: When is your birthday?
A: My birthday is June 8th.
（H はカレンダーの６月８日を指さし、
“Today is June 8th.” と強調する）
H: Here you are.
（プレゼントカードを持ってきて渡す）
A: Thank you.（もらう）

（３）答え方の練習　　　T：教師　C：子供

※最初に 1 th ～ 31th まで一通り、発音する。

（次に、答えられそうな子供を指名して）

T：Today is your birthday.
T：What do you want?
C１：I want a pen.
T：Everyone, repeat. I want a pen.
C：I want a pen.

※同じように他の文房具も練習する

（４）尋ね方の練習

教師に続いてリピートする。

（５）アクティビティ

ペアから全体に広げていく。

慣れてきたら、単語を増やすことで、子供の本当に欲しいものを互いに知ることができるので、さらに盛り上がる。

（笹原大輔）

6月

総合　対話が中心！「ユニバーサルデザイン探し」

様々な差異、障害、能力に関係なく利用できる施設や製品のことを、「ユニバーサルデザイン」という。

ユニバーサルデザインを意識することは、共生社会を作る上で必要なことだ。

私たちが住む町には、ユニバーサルデザインの施設や製品がたくさんある。実際に町に出かけて、ユニバーサルデザインの施設設備や製品を探すことが、学習の肝となる。

ユニバーサルデザインを「知る」

まずは、ユニバーサルデザインとは何かを知る必要がある。

右の写真を見せて、次のように問う。

> この自動販売機には、秘密があります。何ですか。近くの人と相談しなさい。

周りの友だちと対話することで、自分が知らなかった情報を手に入れることができる。

この手の自動販売機は増えてきているので、「車いすの人でも使える」などの意見が出る。

「この町に暮らすすべての人が使いやすい施設や製品を、『ユニバーサルデザイン』と言います」と、簡単に解説する。

> みんなが住んでいる洲本市には、他にどのような「ユニバーサルデザイン」のものがありますか。

これは、1人で考えるのは難しい。友だちと話をしながらノートに書かせる。

友だち同士の対話が、子どもたちの意見を構築していく。

調査報告会で、調査内容を共有する

予想したら、調査する必要がある。

ユニバーサルデザインを調査するには、社会科見学のように全員で動くのは非効率的である。

あまりにも、数が多く、場所も多岐に渡るからだ。

そこで、私の場合、調査報告会を持つようにする。

> 次の総合の時間に、「ユニバーサルデザイン調査報告会」を行います。「どこに」「どのようなものが」「何のためにあるのか」を調べていらっしゃい。

報告会は、指名なし発表の形で行う。

子どもたちは、友だちから聞くことで、自分の町にユニバーサルデザインの施設や製品がたくさんあることを知ることができる。

マップを使って地域の人と対話する

まとめとして、グループごとに、ユニバーサルデザインマップを作成する。

遊ぶ子が出ないように、グループごとに担当地域を割り当て、作成を開始する。

写真を貼って、その周りにコメントを書く。分からないときは、グループのメンバーと話し合いながら、作業を進める。

完成したユニバーサルデザインマップを、地域にある施設に掲示してもらうことで、地域の人ともマップを見ながら対話することができる。

（堀田和秀）

7月

国語　「次への一歩　活動報告書」活動報告書の書き方を指導する

教材解釈のポイントと指導計画

本単元では報告書が書けるようになることが目的である。そのためには文章構成を知り、書き方を理解した上で様々なテーマで繰り返し書くことが大切だ。次の指導計画で行う（全6時間）。第3時で対話を中心とした授業を行う。

第1時　音読　学習課題を知る
第2時　報告文の例文を視写する
第3時　書く内容を話し合う
第4時　委員会活動の報告文を書く
第5・6時　その他のテーマで報告文を書く

授業の流れのアウトライン

第3・4時間目の授業展開例である。ワークシートを配布する。

指示　1回目の委員会でどんな活動をすることに決まりましたか。活動計画の枠に書きなさい

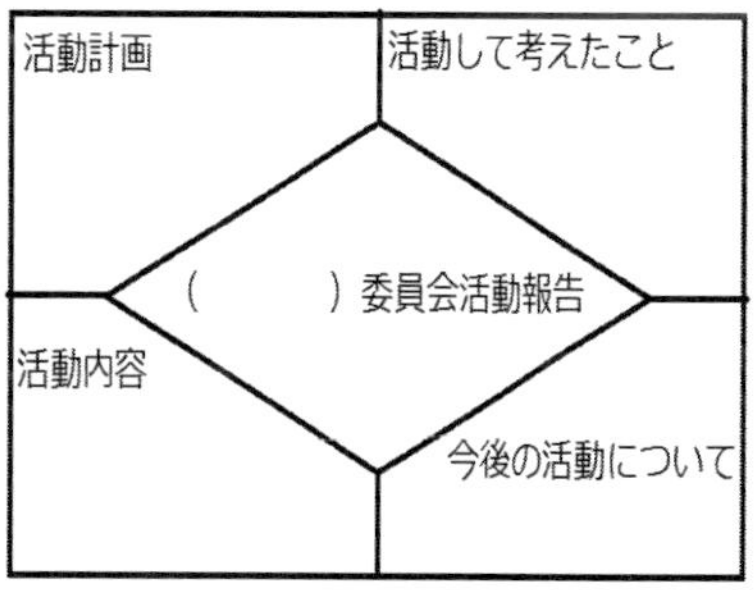

委員会のメンバーで話し合わせながらシートに書かせる。「活動内容」「活動して考えたこと」「今後の活動について」も同様に行う。これをもとに報告文を書かせる。児童の作文例

給食委員会の活動報告【4月から7月】

給食委員会　佐藤　山下　井上

活動計画

初めに、給食委員会として次のことを行っていくことを決めた。

・献立を配膳室の前に書く
・給食の時間に、献立を放送する

活動内容

・献立を配膳室の前に書く

配膳室の前には、献立を紹介するホワイトボードがある。そこに、その日の献立を記入する。記入後は、使われている材料を、赤、黄、緑の3色で分類し、食材マグネットをはる。これは中休みに行う（以下略）。

書き方を身につけさせたら、多作して習熟させる。日記指導を行っている場合は自宅学習として課題を出す。行っていない場合は、2時間ほど使って作文を書かせる。1時間に1つのテーマで書かせる。

・クラブ活動の活動報告
・習い事の活動報告
・会社活動の活動報告

様々なテーマが考えられる

学習困難状況への対応と予防の布石

例文を視写することで報告文の書き方を身に付けさせる。教科書の例文をそのままノートや原稿用紙に視写させると、マスや行が合わず文を抜かして書いてしまう児童が出てくる。Word の原稿用紙設定を使い、書き直しておく。http://www.tos-land.net/teaching_material/contents/28348 には視写教材がある。プリントアウトしてすぐに使える。

（保坂雅幸）

社会　食糧生産を支える人々（水産業）

「食糧生産を支える人々」「水産業」の授業プラン。対話になる発問例を挙げる。

○お魚調べ「スーパーのチラシから」

スーパーのチラシを集めて、魚の種類と産地を調べる。付箋などに書き、拡大した日本地図に貼っていく。

【発問】どんな特徴がありますか。

海流沿いに漁港があることがわかる。海流を押さえる。

○お魚をどのようにとっているのだろうか。「写真資料から」

漁船の写真を見てわかったこと・気づいた事・思ったことをノートに書かせる。

【発問】どんな工夫をしていますか。

「〜の工夫」の形で書かせて参加型板書をさせる。その後、分類する。付箋などに書かせて分類させてもよい。分類のカテゴリーは「漁船の工夫」「漁師さんの工夫」「その他の工夫」が扱いやすい。

【発問】漁船の工夫と漁師さんの工夫、どちらがすごいか。

話し合うことで、詳細な情報まで検証することができる。

「その他の工夫」の中に、必ず漁法（とり方）の工夫があるので、取り上げる。

○他にもとり方の工夫はあるだろうか。「漁法のページから」

教科書や資料集に、たくさんの漁法について紹介しているページがあるので、調べさせる。「巻き網」「一本釣り」「延縄」など様々な種類がある。

それぞれどんな場所で使われているか表などにして表す。「港の近く」「遠く」「外国」「それ以外」で分類すると、対応して、「沿岸漁業」「沖合漁業」「遠洋漁業」を教えることができる。

【発問】「沿岸」「沖合」「遠洋」、一番すごいのはどれか。

話し合うことでそれぞれの漁業の種類の特性を押さえることができる。

○とったお魚はどのように私たちのところに来るのか。

教科書・資料集などで調べて、フローチャートの形で書かせる。はじめに黒板の下部に「私たち」、上部に「漁船」を書き、その間を矢印でつなぎながら流通経路を予想させて書く。

グループで話し合わせて、グループごとに黒板に書かせると、意見が分かれる。

【発問】市場は1つですか。2つですか。

教科書・資料集には水揚げ漁港にある魚市場と、卸売市場の2つの情報が掲載してあるので、児童は必ず混乱する。話し合って整理しておきたい。

大量の魚を水揚げしたときは、価格設定だけして、魚自体は水揚げ魚市場を通さず、そのまま卸売市場に運ぶ時がある。また、大型スーパーなどは直接水揚げ魚市場に買い付けに来るときもある。鮮度を保つ工夫として押さえておきたい。

○その後の対話が生まれる発問

「（漁業の種類のグラフから）とる工夫はこの後増えるか、減るか」

「（「養殖」など育てる工夫について調べて）養殖は今後、増えるか。減るか」

「（漁業制限について調べて）お魚を今後も食べていくために、もっとも効果的な方法はどれか」

（小川幸一）

7月

算数　「合同な図形」操作活動を行うから説明できる

本時における対話とは、合同な図形の条件を使って合同かどうかを説明することである。

例題を解く

例題１　１本の対角線でできる、２つの三角形が合同であるか調べましょう。

（１）下の図をトレーシングペーパーで定規を使って写し取らせる。はさみで切り取り、切り取った２つの三角形がぴったり合うか確かめさせる。裏返して調べても良い。

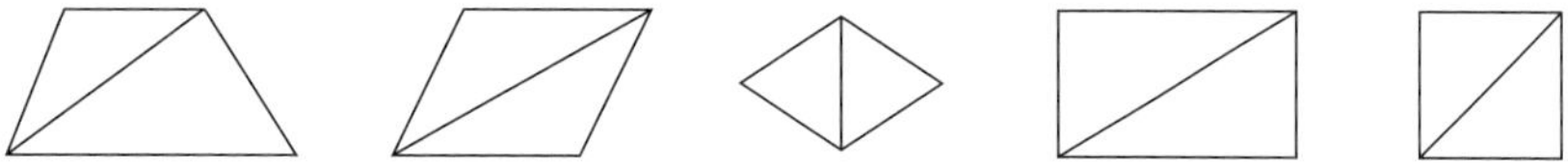

台形　平行四辺形　ひし形　長方形　正方形

（２）２つの三角形がぴったり重なるのはどの図形か調べさせ、それは合同であることを押さえる。

①ぴったり重なる図形……平行四辺形・ひし形・長方形・正方形

②ぴったり重ならない図形……台形

説明する【本時の対話的活動１】

最初は全体に向かって１名にさせ、ここで説明の仕方を理解させた後で、全員に隣同士説明させる。

例）正方形からできる２つの三角形は合同です。ぴったり重ねることができるからです。
台形からできる２つの三角形は合同ではありません。ぴったり重ねることができないからです。
※他の図形でも同じように説明させる。

練習問題を解く【本時の対話的活動２】

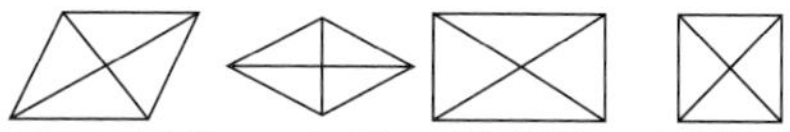

平行四辺形　ひし形　長方形　正方形

（１）例題２として、問題をやらせる。

２本の対角線でできる、４つの三角形が合同であるか調べましょう。

（２）説明させる。

平行四辺形からできる４つの三角形は合同ではありません。４つ全部ぴったり重ねることができないからです。

（細井俊久）

7月

理科 メダカの雌雄の違い

魚には雌雄があり、雌雄では体の形状が異なることを魚を育て観察する中で捉えるようにする。

教科書のメダカの図をなぞる

児童にトレーシングペーパーを配布し、教科書のメダカの雄と雌のイラストを写させる。写させた図を見せながら、雌雄の見分け方を問う。

> メダカの雄と雌を見分けます。ポイントが3つあります。イラストを見て答えましょう。

【予想される児童の考え】
①雄は背びれに切れ込みがあるが、雌はない。
②雄はしりびれの形が平行四辺形に近いが、雌はしりびれの後ろが短い。
③雌は卵を産むので、腹がふくらんでいるが、雄はふくらんでいない。

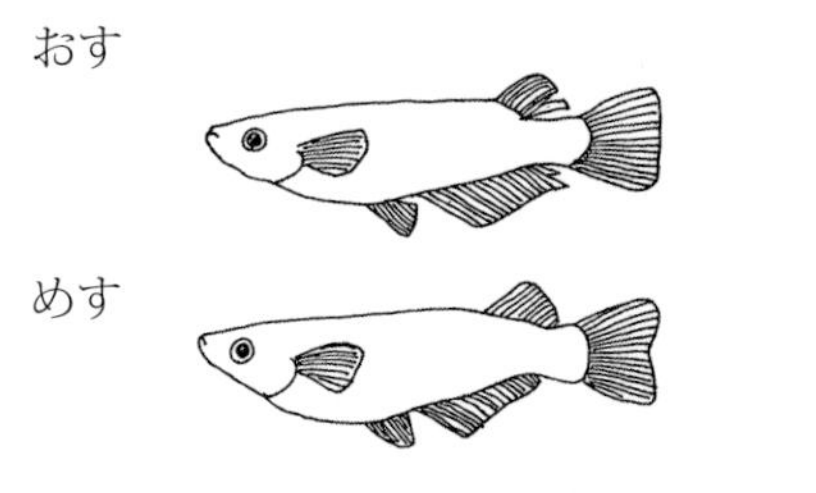

実物のメダカを観察する

次にメダカを見せる。雌雄の判別をするためには、細かい部分まで見せる必要があるので、チャック付きの小さなポリ袋に入れて観察をさせる。雌と雄、一匹ずつ入れる。袋にはA、Bと表記し、雌雄は書かない。この観察方法は、長時間の観察には適していないので、観察はできるだけ短時間で済ませた方がよい。

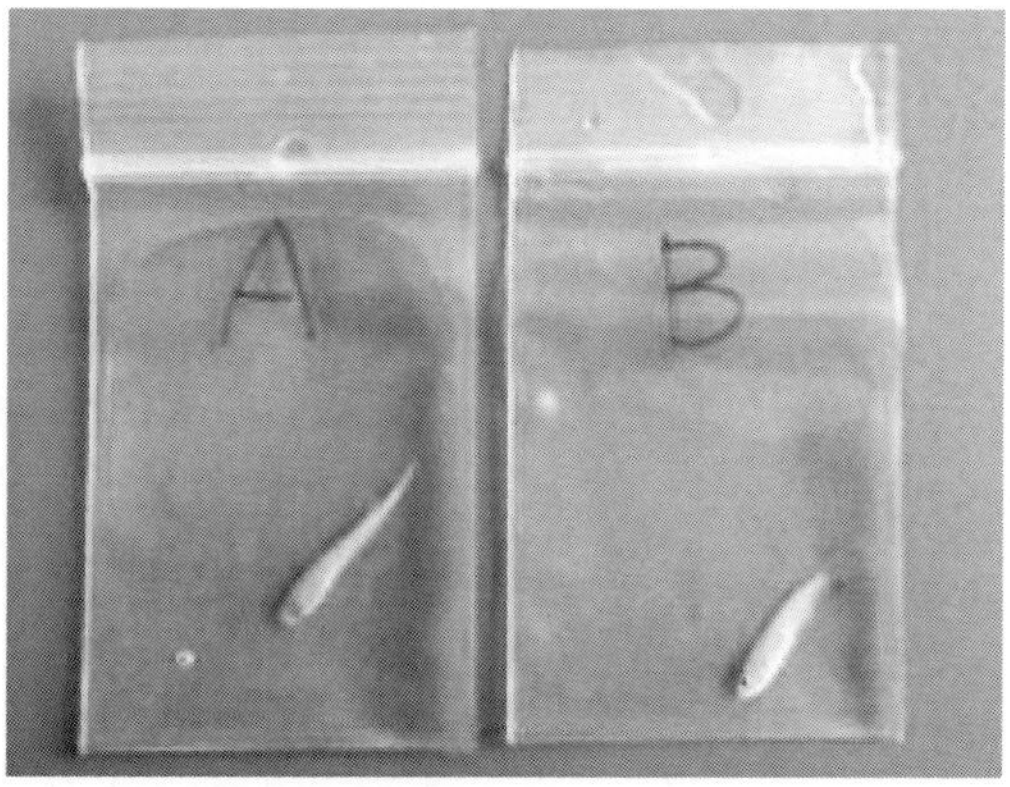

> どちらが雌でどちらが雄か、予想しましょう。理由も書きましょう。

【予想される児童の考え】
①Aは背びれに切れ込みがあるので雄だと思う。
②Bは腹がふくらんでいるので雌だと思う。

ノートを教師の所にもってこさせ、黒板に書かせる。その際、「Aが雄でBが雌」「Aが雌でBが雄」の意見を、あらかじめ黒板を半分に分けて書かせる。

意見を出し合って雌雄の確認する

黒板に書いたものを順に発表させ、意見を交換させる。「Aが雄だと思う。しりびれの形が平行四辺形に見える。また、せびれに切れ込みがあるからだ」のように、ここまでの観察を根拠にして発表できるとよい。相反する意見はさらに検討する。根拠を元に考えたことを褒めるようにする。その後、教科書にある雌雄の違いと比較しながら、ノートに図と文章でまとめる。

（藤本英治）

（図版提供：高木綾美）

7月

音楽　創作　「リズムを選んでアンサンブル」

アンサンブルって何？

アンサンブルは「ご一緒に」の意味を持つフランス語。少人数編成の合奏・合唱を指す。

ここでは、提示された６種類のリズムから、１人１役（１リズム）、３人で３種類のリズムを選び、リズムアンサンブルをする。繰り返し・呼びかけと答え・楽器の重ね方などを工夫して、オリジナルのアンサンブルをつくる。

教科書どおりに進める

（１）どんなことをするかがわかる

説明「リズムアンサンブルをつくります」

教科書をざっと読む。最終形の「お手本アンサンブル」が載っている。「こんなのを作ればよい」という見通しを立てることができる。

（２）手順がわかる

指示「３人組を作ります」

指示「１人１個、リズム楽器を選びます」

皮を張った楽器（太鼓・タンブリンなど）金属でできた楽器（鈴・トライアングルなど）木でできた楽器（カスタネット・クラベスなど）、それぞれの楽器の音色を考慮して選ばせる。

同種の楽器でそろえるのか、異種の楽器を組み合わせるのか、響きの具合はどうかなど、楽器を打ってみて、３人組で聴き合い、話し合って決めていく。

指示「選んだ楽器に合うリズムを選びます」

響きが持続する楽器（トライアングル、シンバルなど）なら二分音符が入ったリズムを選ぶ、カスタネットやクラベスなどには細かいリズムが合うなど、楽器とリズムの相性を考えて選ばせる。

指示「リズムを打ってみます」

教科書に提示された６種類のリズムはすべて既習だが、全員が打てるよう確認する。拍の流れにのってリズムが打てるかどうかが、リズムアンサンブルの成否を決める。

指示「互いに聴き合います」

選んだ楽器とリズムの相性は良いかどうか、３人組で聴き合い、修正をする。

指示「練習開始」

３人組で、「お手本アンサンブル」が演奏できるよう練習を進める。やってみて、音量バランスや音色を考慮して、楽器変更もありとする。

練習の成果発表

「お手本アンサンブル」ができたところから発表していく。全員ができるようになるまで待たない。できたところの演奏を聴くことで、できていないところもできるようになる。

拍の流れが保てるよう、クラベスやカスタネットなどで拍打ちを入れる。

即興で、ピアノやリコーダーで旋律を合わせるのも楽しい。少しくらいリズムを打ち間違えても、気にならないからだ。豪華にエンディングを決めると、「おお〜〜っ」と歓声が上がる。ここは、教師が担当する。

「オリジナルアンサンブル」をつくる

「お手本アンサンブル」と全く同じ枠組みでワークシートを用意する。

３人で話し合って、繰り返し、呼びかけと答え、楽器の重ね方などを工夫する。自分が演奏するところにチェックを入れるだけで、簡単に「オリジナルアンサンブル」の楽譜が出来上がる。工夫したところをポイントに、演奏を聴き合い意見交流をする。　（中越正美）

図画・工作 学校を描く

前口上

県の造形展の時期が例年早くなっている。宮城の場合は9月20日あたりが地区の審査会になっている。だから、この時期にスタートとしておくと焦らず作品を完成させることができる。画用紙は4つ切り大である。尚、このシナリオは、『酒井式描画指導法4』（明治図書、1994年刊）詳しく掲載されている。

校舎を描く

このシナリオで学ぶことは大きく2つ、

①建造物をアップで描く方法。
②その建造物に調和する植物を選定して描き入れる方法。

である。

この指導の過程で、様々な対話がうまれるのである。

大きな時計など、何か目立つ物がはっきり見える場所に子供たちを座らせる。もちろん校庭である。ここは、シナリオ通り次のように進める。

「いま何時ですか？」

「わかんないですよ。先生の時計を見てください」

「あっ、校舎に時計がある！」

「そうです。あの時計の時刻は9時45分です。5年1組全員の最高傑作の絵が作られ始める記念すべき時間です」

「えーっ。本当ですか？」

兎に角、会話が弾む。何しろ、最高傑作という言葉が出てくるからである。

「先生。どこから描いたらいいんですか？」と聞いてくるので、しっかり時計からと教えるのである。左の作品は、上のスピーカーから、横へ下へと描かせた作品である。

窓のさんの部分の描き方や壁の描き方を一応説明はするが、個別指導を心がける。その場でも対話がうまれる。

花を描く

時計から描き始めて右側約3分の2くらいまで描いたら校舎は一度ストップする。花を描くためのスペースを確保するためである。

「えーっ。ここでやめるんですか？」「後は何を描くんですか？」といったことが言われる。そこで、「ここに花を描くんですよ」と言うと、歓声があがる。

彩色する

緑を基本とするなら、青や黄の絵の具を使い、青緑や黄緑等の色を作り3色くらいで彩色させる。

（片倉信儀）

7月

家庭科　筆箱の中身チェックで身近なものの使い方を見直す

1.整理整頓の学習の仕上げに、筆箱チェックを行う

整理整頓の学習を通して、子どもたちはものの大切さに気付いていく。

しかし、毎日使っている筆箱は、無意識に使っていて中身が一体いくらになるかまで考えたことはほとんどない。そこで、筆箱の中身を金額換算させることで自分の日々使っているものを意識的にとらえさせ、使い方を見直す機会を作る。

2.筆箱の中身を金額換算させる

筆箱の中身はいくらになるでしょう。自分の筆箱の中のものを確認してみましょう。

入っているものの種類、個数、金額を書き込めるワークシートを準備して、自分の筆箱の中身を金額に換算させる。いくらか分からないという子もいるので、鉛筆１本 50 円、消しゴム１個 100 円のように、金額の目安を示しておく。自分の筆箱に入っているもの、筆箱の中身は１つ１つお金がかかっているものであること、１つ１つの金額は小さくても集まると大きな金額になることが分かればよいので、金額換算では正確さは求めない。例えば、使いかけの鉛筆はいくらかなどを気にする子もいるので、およその金額がでればよいことを伝える。

3.結果をふりかえり交流させる

自分の筆箱の中身を調べたふりかえりを書きましょう。書き終わったら班で意見の交流をしましょう。

注意すべきことは、筆箱の中身の金額換算の結果を人と比べさせないことだ。自分が思っていた程度の金額だったのか、それとも自分の予想以上に入っていたのかなど、自分が筆箱という身近なものの価値を把握して使っていたかという点に目を向けさせる。実際の授業では、子どもから次のような意見が聞かれた。

「思っているより筆箱の中身は高かった。毎日これだけのものを持ち歩いているから、もっと大事にしようと思った」

「筆箱の中にはいらないものも混じっていた。筆箱の中も整理して使いやすくしたい」

「折れた鉛筆も入っていた。お金がかかっているものなので、ものを大切にしなくてはいけないと思った」

意見を交流させることでものの使い方についても視点を広げることができる。

（平眞由美）

体育　きれいに泳げるフォーム作りのステップ

子ども達は、すぐにクロールから泳ぎ始めやすい。しかし、バタ足をさせず、まずは浮くことから始める。

> 強くバタ足をしてはいけません。水上に足を出し過ぎずに、水中でゆったりと動かしなさい。

泳げない子を観察すると、必要以上にバタ足を強く打つ子が多い。しかも、膝が大きく曲がる、何も推進力を生まないキックになっている。足を強く打つと、すぐに息が切れてしまう。だから、強くキックをしないという趣意説明を行う必要がある。

そこでまず、ヘルパーを装着させて、手で足を抱える「だるま浮き」を行う。目安はだるま浮き十秒である。

次にふし浮きをやった後、け伸びの練習をする。模範を示した後、次のように指示する。

> 手を挙げて。耳を出す。

耳が水面の下になることで、け伸びの姿勢がよくなる。何度か練習した後に、個別評定を行う。2～3人ずつ同時に泳がせる。

合格した子は、そのまま向こうまで泳がせる。不合格の子は、列の後ろにつかせ、もう一度挑戦させる。できない子には、陸上で構えをつくらせたり、教師が補助したりしてできるようにさせる。

場づくりは、図のように、プールのラインを使って練習するとよい。ラインがなければ、コーンを置いて目安とする。プールサイドから数えて1本目の点線の所（1の点線）に子どもたちを立たせる。

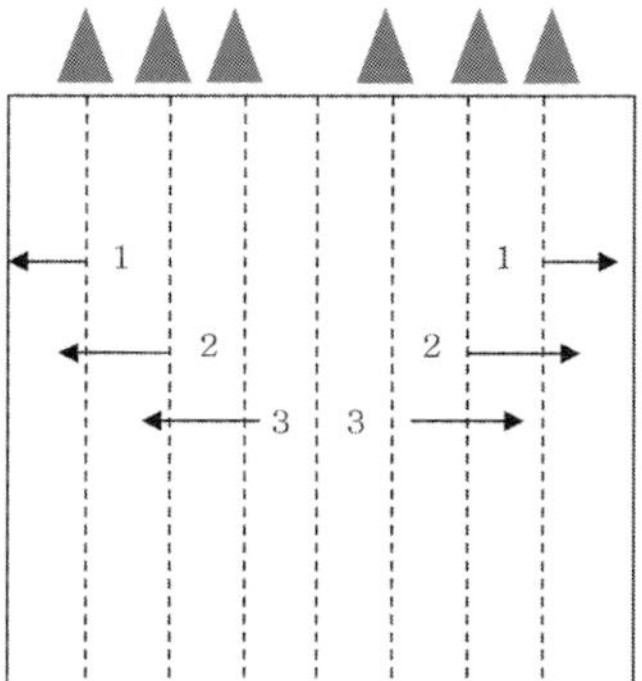

そこから、ふし浮きをさせる。プールサイドまで到達できたら合格とする。合格した子は、2本目の線から挑戦させ、不合格の子は、再度1本目から挑戦させる。

息継ぎをしない面かぶりクロールの次に、息継ぎの練習を行う。

①左手でビート板を持たせる。右手は体の横につけ、前を向いて口から「ブアッ」と吐く。

②ビート版を枕にする。空を見て、息を空に当てるように吐く。

③左手から腕を回し、「1、2、3、ブアッ！」のリズムで息継ぎをさせる。真上を見過ぎる子には「プールサイドを見なさい」といった言葉をかける。

（桑原和彦）

7月

道徳　夏休み前の生活習慣チェック

7月の道徳のポイント

7月の道徳のポイントは、夏休み前だからこそ生活習慣の大切さを知るということである。

夏休み前には、学活で夏休みの基本的な生活習慣について指導する機会があるだろう。生活が乱れがちになるこの時期だからこそ、生活を振り返り、自分をコントロールして節度節制を心がけることが大切になる。

また、クラス担任を経験していると分かると思うが、この時期は、長期休み前ということなのか、普段の行動や生活で気持ちが浮かれてしまう時期でもある。高学年となり、忙しい4月を終え、5〜6月の行事を乗り切り、さらにもうすぐ夏休み。気持ちは、どうしても前のめりになってしまう。

普段の生活でも、就寝時刻が極端に遅くなる子も出てくるのが高学年である。テレビ番組やゲーム、YouTube、SNSに何時間も費やす子も珍しくはない。

総じて、生活習慣が乱れがちになる時期であり、さらに夏休み前ということで指導が必要な時期なのである。

7月のオススメ資料

以上のことから、7月は生活習慣の大切さを知り、自分の生活を見直せるような教材がよい。

「もう一度エベレストへ―三浦雄一郎」という資料がある。徳目は、「基本的な生活習慣」である。

75歳で2度目のエベレスト登頂を成功した三浦雄一郎さんの実話である。三浦さんは、スキー滑降で数々の世界記録を樹立した。しかし、その後、生活が乱れ、入院を勧められるほど体調を崩す。日々の規則正しい生活と運動に取り組むことで、再度エベレストに挑戦できるようになる。80歳となり、3度目のエベレスト登頂に成功し、エベレスト登頂の歴史で最高齢の登頂者となった。

体や心が成長する高学年期、正しい生活習慣によって健康な生活を心がけ、さらにそのことを土台にして、客観的に自己を見つめられるような態度を養いたい。

対話指導のポイント

子ども達は、エベレストに登頂することがどれほど過酷なのかが実感できないだろう。エベレストの現実を伝えておくと、三浦雄一郎さんの偉業や生活習慣の大切さがより実感できるだろう。

例えば、エベレストに挑戦した人の約1割が亡くなっている。それもトレーニングを積んでいる屈強の登山者たちがである。また、エベレストの８０００ｍ以上はデスゾーンと呼ばれている。人間が生存できないほど酸素濃度が低い高所の領域を指す登山用語である。デスゾーンでは地上のように自由に行動ができないため、動けない登山者がいたとしても、周りは何もすることができない。自分の命を守るだけで精いっぱいで、担いだり肩を貸したりすることもできない。ヘリコプターで降ろせばいいという子どももいるかもしれないが、デスゾーンは空気が薄いため揚力を得るのが困難で、それも使えない。現に標高５５００ｍ付近のエベレストベースキャンプには浮力を失い墜落したヘリコプターの残骸が２機ある。

過酷なエベレスト登頂に高齢で成功するためには、日々の正しい生活習慣はかかせなかったのである。

（吉谷亮）

英語 “Have”を使って楽しい授業を！

Unit3 “What do you have on Monday?”

本ユニットで扱う “have” は、4年生までに慣れ親しんできたいわゆる（物的所有・所持）ではない。具体物や実際に、何かを持つわけではない “have” を取り上げている。よって、これまでの “have” と混乱させないように配慮する必要がある。以下の単元計画では、これまで重点的に扱ってきた “like” “want” を、“have” とつなげて会話ができるようにも計画している。

ユニット３　単元計画（7時間扱い・例）

時	主な学習内容またはダイアローグ
1	既習事項の復習、曜日・教科の言い方練習
2	“like” “want” “have”（所有）をつなげてのやりとり、曜日・教科の言い方練習
3	A: What do you have on Friday? B: I have math.
4	A: Which do you like? B: I like（教科）.
5	オリジナル時間割を作成し、発表練習 I have math on Monday. I like math. 等
6	「友達の好きな教科を知ろう！」 A: Do you have math on Thursday? B: Yes, I do. / No, I don't.
7	オリジナル時間割を英語で作成する　等

以下は、2017TOSS サマーセミナーで井戸砂織氏が提案した授業計画を元に行った授業である。

「友達の好きな教科を知ろう！」（6時間目）

〈活動の流れ〉

（1）単語練習（2回→1回→0回）

教科（Japanese, Math, Science, English 等）

※学級の実態に応じて、回数は変える。

（2）状況設定

月曜日に算数があるのかを尋ねる。次に、算数を好きかどうか、さらに国語も好きかどうか尋ねる。最後に、どちらが好きかをやりとりする。

H: 担任　A:ALT

> H: Do you have math on Thursday?
> A: Yes, I do.
> H: Do you like math?
> A: Yes, I do.
> H: Do you like Japanese?
> A: Yes, I do.
> H: Which do you like?
> A: I like math.

（3）答え方の練習　　　T：教師　C：子供

答えられそうな子供を指名し、オリジナル時間割を見ながら答えさせる。

T：Do you have math on Thursday?
C：Yes, I do.（挙手を促す）
T：Repeat. Yes, I do.
C：Yes, I do.

※” No, I don't.” の答え方も同様に練習する。

（4）尋ね方の練習

教師に続いてリピートする。

（5）アクティビティ

まずはデモンストレーションをする。やりとりを見せることで話しやすくなる。

7時間目のオリジナル時間割は1週間分作成することもできるが、子供の実態に合わせ、1日分だけでもよい。慣れてきたら徐々に増やし、子供の負担にならないようにする。

（笹原大輔）

7月

総合　認知症について学ぼう

日本は、世界でたった1つの「超高齢国家」である。認知症の方も増え続け、2025年には、高齢者の5人に1人が認知症（軽度認知症も含めると、高齢者の3人に1人）といわれている。の人は、身近な存在だ。今の子供が大人になるとき、認知症の方への関わりはもっと当たり前になる。正しい理解と適切な対応ができるよう、授業で教えたい世界の喫緊の課題である。

認知症を知らない子たち

小学校高学年に認知症の授業をした。最初に、「認知症について聞いたことがある人?」と尋ねると、挙手した子は312名中、2人だった。核家族が増えたり、地域のコミュニティのつながりが減ったりしている。認知症の方や、そもそも高齢者の方との関わりも減っている。

「物忘れ」と「認知症」の違い

今日の朝食は、何を食べましたか。

多くの子供は答えることができる。中には、全部思い出せない子もいる。

朝食という「体験の一部」を忘れたのですね。それは、「物忘れ」です。誰でもあります。安心してよいです。認知症は、今日の朝食を食べたかどうかを忘れてしまいます。「体験そのもの」を忘れてしまうのです。なぜ認知症になると忘れてしまうのでしょうか。

黒板に上記のような図を描いて、次のように説明する。※図の●は記憶

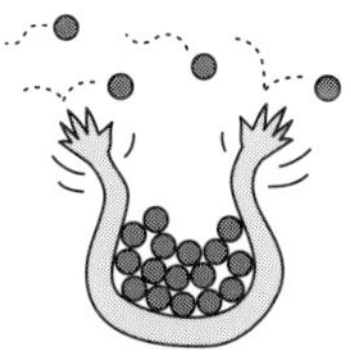

人は記憶をためる壺のようなものを脳にもっています。その壺に記憶が入ることで、覚えておくことができます。朝食を食べたという記憶も壺の中に入っているのです。元気な人は、壺に記憶をつかむ手のようなものがついています。しかし、認知症の人は記憶を壺に入れる手の働きが弱くなっていきます。新しく記憶を貯めることが難しくなります。さらに進むと壺が小さくなりためていた今までの記憶も溢れ出て忘れてしまうのです。結果、今までできていたこともできなくなっていきます。例えば次の症状です。

・月日が分からなくなる。
・買い物・料理ができなくなる。
・家の中でトイレが分からなくなる。

認知症の人との関わりを対話で学ぶ

認知症の人が身近にいたらどのように関わればよいでしょうか。

グループで対話をさせる。家の人に聞いてもよい。様々に意見を交流させる。

フランスで生まれた認知症者への効果的な関わり方「ユマニチュード」を教える。

笑顔で　①見る　②話す　③ふれる

優しさを伝える技術といわれる。今まで学校の友達や幼稚園、保育園児、高齢者の方など多くの人に関わってきた児童である。右は、どんな人にも共通する関わり方ではないだろうか。こうしたことも認知症の方との関わりを対話によって考える中で気づかせたい。　（西村純一）

9月

国語　「明日をつくるわたしたち」提案書の書き方を指導する

教材解釈のポイントと指導計画

本単元の目標は2つある。

・自分の考えを明らかにして話し合う
・考えが伝わるように、提案書を書く

学習のゴールは提案書を書き、発表することだ。そのために第3時の段階で内容を話し合う授業を行う。次の指導計画で行う（全5時間）。

第1時　音読　学習課題を知る
第2時　提案書の例文を視写する
第3時　テーマについて話し合う
第4時　提案書を書く
第5時　文章を読み合う

授業の流れのアウトライン

第3・4時の授業展開例。教科書のテーマは「地域とのつながりを強くする」だ。子供にとってもっと身近なテーマの方が良いと考える。「もっと良い学校にする」とか「もっと仲の良いクラスにする」などが考えられる。このテーマは教師が提示する。ここで時間をかけるより、問題点等を話し合わせた方が良い。ワークシートを配布する。

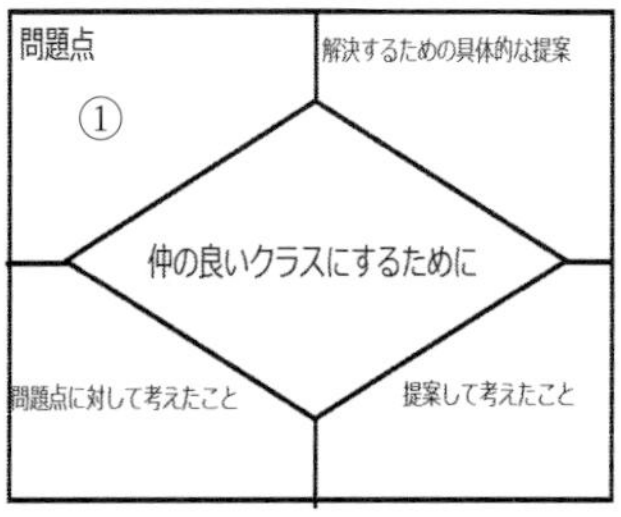

まず、問題点について話し合う。

発問　もっと仲の良いクラスにするためにどんなことをしたいですか。

・みんなで遊ぶ機会をふやしたい
・お楽しみ会などのイベントをやりたい

などが出てくる。これを問題点につなげていく。「遊ぶ機会を増やしたい→遊ぶ機会がすくない」などである。班で1つ問題点を決め、ワークシート①の部分に書く。次に、そのほかの部分も話し合わせシートに書かせる。話し合う前にP110「意見が対立したときには」を音読し、グループで話し合うときに使う言葉を提示する。その後、1人1人が提案書を書く。以下作文例。

もっと仲の良いクラスにするために

山田　鈴木　野口

もっと仲の良いクラスにするためにするために「みんなで遊ぶ時間を増やす」ということについて具体的な提案をする。

一　提案するきっかけ

私たちのクラスは、明るく元気なクラスといえる。運動会などの行事ではみんなで協力して活動することが出来る。しかし、休み時間には決まった人とおしゃべりをしたり、遊んだりする様子が見られる。もっとたくさんの友達と関わる機会をつくることでクラスの仲を良くしていきたいと考えた。そうすることで、より楽しいクラスになるのではないだろうか。この考えにそって次のことを提案する。（以下略）

学習困難状況への対応と予防の布石

「活動報告書」の学習同様、まず視写をさせて文型を身に付けさせる。http://www.tos-land.net/teaching_material/contents/28376 には視写教材があるので活用する。

（保坂雅幸）

9月

社会　工業生産を支える人々（自動車）

小単元「自動車づくりにはげむ人々」の授業プラン。自動車生産の流れとこれからの自動車生産の未来について学ぶ単元である。

○自動車はどのような順番で作られているか？

> 【発問】自動車はどのような順番で作られていますか。写真を並べ替えなさい。

「プレス」「溶接」「塗装」「組み立て」「検査」の写真を用意して、班ごとに並べ替えをさせる。

事前に動画を見せてから取り組ませる。あるいは、いきなり写真を提示して、写真の情報をもとに話し合わせる展開もあり得る。

最後は、動画で流れを確認させ、イメージをもたせたい。

○自動車にはいくつの部品があるか。

数を予想させる。予想の際は、「〜より多いと思う人」「〜より少ないと思う人」と問いかけ、クラスの分布を確認する。２万〜３万という数字で驚きを引き出すためには、大きすぎる数値をあらかじめ削っておく。「それは多すぎる」などと言って、しぼっておくのだ。

２万〜３万という数字を出すのもよいが、実際に見せてみたい。車のボンネットを開け、各部品を見せると、子どもの驚きや喜びは倍増する。

その上で、こうした部品が第１次関連工場〜第３次関連工場に分けて作られることをおさえておきたい。

○どうやって自動車を運ぶか。

> 【発問】自動車はどのように販売店に運ばれますか。できるだけたくさんの方法を考えなさい。

車や船、トラックといった意見はもちろん、「車に乗って運ぶ」など自由度の高い意見が出てくるかもしれない。

様々な意見を認めた上で、船とキャリアカーを比べさせる。「安全」「時間」「輸送台数」など観点を決めて、表の形式でまとめさせるとよい。

ここまでは、自動車生産の流れについての知識をたくわえる段階である。

○これからの自動車づくりには何が求められるか。

> 【発問】これからの時代は、どんな自動車づくりが求められますか。「〜自動車づくり」という言い方で、発表しなさい。

様々な意見を認める。その上で、いくつかの選択肢にまとめる。

「環境にやさしい自動車づくり」「安全第一の自動車づくり」「人の手がいらない自動車づくり」などの分け方がある。意見を２つ〜３つにしぼった上で、討論をさせる。

資料が少ないと、討論が空中戦になってしまう。可能であれば、各社ホームページやパンフレットを調べさせる時間を作りたい。調べた根拠をもとに、意見をノートに書かせ、討論に突入する。

討論を終えた後は、最終的な意見を書かせる。

この時、自分の意見に固執する子が出てくる。「対話」は、自分と異なる意見を認めてこそ、豊かになる。最終的な意見を書かせる際は、「友達の発言にふれる」ことを助言しておく。

（水本和希）

9月

算数 「きまりを見つけて」ヒントを基に解き方を説明する

本時における対話とは、提示された考え方を自分の言葉で説明し合うことである。

例題を解く

例題1 長さの等しいぼうで、右のように正方形を作り、横に並べていきます。正方形を20こ作るとき、ぼうは何本いりますか。

（1）この問題を解く考え方は2通りある。

考え方1

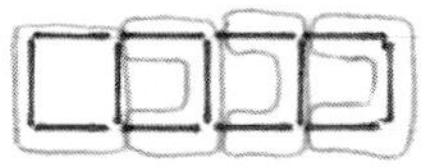

4＋3＋3＋……

一番左を正方形として4とし、次からコの形で棒を3本として数えていく考え方

式　4＋3×（20－1）＝61

答え　61本

考え方2

1＋3＋3＋……

一番左の棒を1とし、コの形で棒を3本として数えていく考え方

式　1＋3×20＝61

答え　61本

（2）教師が考え方1を図を使って説明する。

（3）教師が説明した考え方から、式、答えを子供に考えさせ、ノートに書かせ板書させる。

（4）もう一つの考え（考え方2）があることを伝え、子供から出させ式、答えを求め板書させる。

きまりを説明する 【本時の対話的活動】

（1）板書した子に説明をさせる。

考え方1は、一番左を正方形として4とします。次から棒をコの形で3本として数えていきます。4をたした後、3を19回たします。式は4＋3×（20－1）となり、答えは61本となります。
考え方2は、一番左の棒を1とします。次から棒をコの形で3本として数えていきます。1をたした後、3を20回たします。式は1＋3×20となり、答えは61本となります。

（2）自分なりの説明ができれば良しとする。

（3）同じ考え方の説明でも誰の説明がわかりやすいか検討させてもよい。

（細井俊久）

9月

理科　台風と天気の変化

天気はおよそ西から東へ変化していくという規則性があることを知り、台風の進路は規則性があてはまらず、台風がもたらす降雨は短時間に多量になることを捉えるようにする。

台風の動き方について調べる

日本気象協会ＨＰ（https://tenki.jp/）内にある「過去天気」（http://www.tenki.jp/past/）より、任意の日の 24 時間の雲の動きを動画で見ることができる。

在住の地域に台風が来た日を選択する。

> ○か月前、このあたりに来た台風○号を覚えていますか？
> その台風の動き方の様子です。

実際に自分で体験した台風に対して、児童は興味津々になる。

いくつかの台風の動きを見せたあと、発問をする。

> 天気の変化の勉強で、雲は西から東へ動くと勉強しました。台風は西から東に動いていますか。

天気の変化とは違う、台風は南から北へと動いている、ということに子どもたちは気付くであろう。

同じＨＰで、台風が起こっていない日の雲の動きも見ることができる。普通の雨雲は西から東に動き、台風は南から北に動くことを比べることもできる。

実際に起こった被害について知る

2015 年９月の台風 18 号接近による栃木県栃木市での被害について紹介する。

氾濫した川

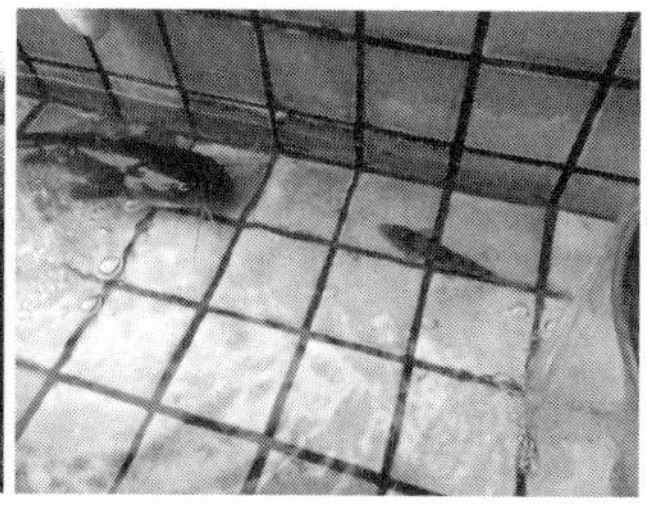

氾濫した川から流れてきた魚

【栃木市の川沿いの学校の被害】
①飼育舎のウサギが死ぬ。②観察園の植物が全て倒れる。③理科室、通路、校庭に設置してあるトイレへの浸水。④校庭の砂のほとんどが流れる。雨がやんだ翌日以降もドロドロしている。⑤45Lゴミ袋に入れて敷地内にまとめていたアルミ缶が袋ごと約 50m 先の道路まで流される。⑥運動会練習で校庭に出してあった放送機器の故障、等

> 台風の被害を最小限に抑えるためにはどうしたら良いかノートに書きなさい。

【予想される児童の考え】
①台風が来るときは荷物を室内に入れる。
②外に出ない。
③ペットも室内に入れる。
④防風林を作る。

台風が来ることは防げない。被害を少なくするためにどうしたらよいか考えさせることが大切である。

（松本菜月）

9月

音楽 和音の美しさを味わおう 「静かにねむれ」ほか

「和音」5年で新出

ここまでは、「音が重なり合うひびき」として扱われてきた。「和音」という言葉は、5年生で初めて学習する。これまで、ひびきとして知っていたⅠ（ドミソ）・Ⅳ（ドファラ）・Ⅴ（シレソ）・$Ⅴ_7$（シレファソ）の和音を、5線上の音符の重なりとしても知ることになる。

和音の移り変わりを感じ取る

「Ⅰで起立、Ⅴで礼、Ⅰで着席」という和音遊びは低学年からやってきた。ゲーム形式を取り入れたりすると楽しく学習が進む（飯田清美『子どもノリノリ歌唱授業』学芸みらい社）。

5年生では旋律に合う「和音の移り変わりを感じ取らせる」活動をする。

指示「和音のひびきが変わったら手を挙げます」

Ⅰ→Ⅰ→Ⅳ→Ⅰのように続けて聴かせ、ひびきが変わったところに気づかせる。簡単なハ長調の旋律に和音伴奏をつけて、ひびきの変化を感じ取らせる方法もある。

【例】ちょうちょう（ドイツ民謡）の旋律に和音伴奏をつけて演奏。移り変わりを感じ取る。

Ⅰ　$Ⅴ_7$　Ⅰ　Ⅰ

『静かにねむれ』和音の美しさを味わう

（1）歌えるようになる

指示「『静かにねむれ』を歌います」

範唱(CD)を聴く。まねして歌えるようにする。第1フレーズの『♪しろいくも』が歌いにくい。リズム唱で、リズムの確認をする。

歌えるようになったら、階名唱もできるようにする。楽譜を見ながらゆっくりと歌っていく。

（2）和音演奏にチャレンジ

子供の実態に合わせる。鍵盤楽器を扱い慣れているならオルガンでやる。下の図のような、Ⅰ・Ⅳ・Ⅴの鍵盤カードを持たせる。

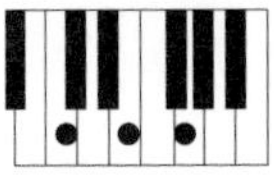

【Ⅰの和音】

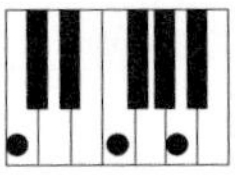

【Ⅳの和音】

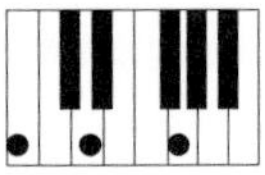

【Ⅴの和音】

リコーダー3部合奏なら、美しい和音のひびきの中にどっぷりと浸かることができる。一点ハ音はリコーダーで出し難いので、二点ハ音に変えて吹いても良い。いずれの場合も、和音演奏ができるようになったら、歌と合わせる。

（3）ベース音と全音符

ベース音を4拍ずつ入れて、演奏に厚みを持たせる。ド、ファ、ソのいずれかの音が合う。主旋律に合わせてオルガンで弾きながら、合う音をさがしていく。全音符（4拍のばす）が新出。簡単なヘ音譜表が読めるようにする。

『こげよマイケル』3部合唱

（1）主旋律（ソプラノ）が歌えるようになる

かっこよく英語で歌いたい。簡単なので、すぐに歌えるようになる。アフタービートで手拍子を入れたりタンブリンを打ったりしながら、楽しく習熟する。

（2）アルト・メゾソプラノが歌える

第1フレーズの「♪ハレルヤ」の「ハ」が、アルトとソプラノが同じ音（ミ）で始まる。こちらから始める方が、取り組みやすい。

ソプラノ＋アルトで2部合唱を仕上げる。＋メゾソプラノで3部合唱に挑戦する。声だけでうまくハモれないようなら、3部に分かれている部分だけリコーダーで補助する。（中越正美）

9月

図画・工作　子どもたちも大満足！「銀河鉄道の夜」

秋の作品展に向けてじっくり取り組みたいのが「銀河鉄道の夜」である。

この作品への取り組みを通して、「自分にも描ける」と自信を高めることができる。

見本を見せて意欲を高める

物語を読み聞かせ、「今日から、銀河鉄道の夜に取り組みます」と言って見本を見せた。

「うわぁすごい！」「先生が描いたの？」「私たちにもこんなの描けるの？」

歓声と不安の混じった声が聞こえる。黒板に見本を貼ると、「こっちの色にしよう」「この列車がいい」と、自分の描きたいイメージがどんどん膨らむ。

「みんななら絶対に描けるよ」「一緒に進めていこう」と言って画用紙を配った。不安ながらも取り組み始めの意欲は十分である。

想い、モチーフ、色、技法、配置を組み合わせる

背景を仕上げる。ここからはそれぞれのペースで作業を進める。

「列車を描くときに使ったマスキング、ステンシル、スパッタリングを使って背景を描きます。何を描くか迷ったら見本を見て参考にします。では始め」

すぐに描き始める子、じっくり考えてから取り組む子。教師は子どもの様子を見ながら声を掛け、想いを引き出す。

「何を描きたいの？　どんなイメージ？」「木を描きたいんだけど、どんな形にすればいいのかなぁ」「見本で木の形を見てきたら？」「あ、そうか！」「ここが少しさみしいね。何か描きたいものは？　イルカやお花はどう？」「そっか！　じゃあ花を描く！」

同じ見本を見ても、選ぶモチーフ（サソリ、時計、イルカ、白鳥、天の川、木等）、色、技法、配置の組み合わせで幾通りもの「銀河鉄道の夜」が生み出されていく。1つとして同じものはない。

作業の途中で、作品を見合う時間を取ると、「すごいね。この形はどうやって作ったの？」「これはどうやって描いたの？」と自然と子ども同士の対話が生まれる。ステンシルの型を交換し合う姿も見られる。貸した子も借りた子も嬉しそうだ。

完成が近づいてくると、教師が励まさずとも、子ども自身が、自分の絵の完成度の高さに満足し、さらに集中して取り組んでいるのが分かる。

「5年間の中で一番うまく描けた」という言葉が、酒井式「銀河鉄道の夜」のすごさを物語っている。

自分の作品が上手く描けると、友達の作品のよさも認め合えるようになる。校内の先生方からも「本当にどの子の絵もいいよね」と言われる教室ミュージアムの完成である。

指導手順の詳細は『酒井式描画指導法――新シナリオ、新技術、新指導法』（学芸みらい社、２０１５年）に掲載されている。

（早坂英里子）

9月

家庭科　できるようになったことを家庭での実践につなげる

1. 家庭の仕事を再確認させる

５年生のはじめには、家庭科の学習のオリエンテーションをして、家庭の仕事について考える時間をとっている。それをいかして、家庭の仕事をふりかえらせる。

家庭の仕事には何がありましたか。ノートに書き出しましょう。

１人で書き出す時間のあとには、班で意見を交流する時間を設ける。班の友達の意見を聞くことで１人では思い出せなかった仕事にも気付くことができる。

2. 自分ができるようになった仕事、やりたい仕事をチェックさせる

クラス全体で、家庭の仕事にどんなものがあるか確かめたら、４月からの家庭科の学習でできるようになった仕事と、これから挑戦したい仕事をチェックさせる。

自分ができるようになった仕事と、挑戦していきたい仕事を赤丸で囲みましょう。

できる仕事が増えていることを視覚的にとらえさせることで、家庭で実践する意欲につなげる。また、これから挑戦したい仕事を考えさせることで、これからの家庭科の学習への期待を高める。早くチェックできた子は、その理由まで書かせる。なかなかチェックができない子には、お茶入れなども今までの学習を通してできるようになっていることであるのを伝える。また、ここでも班で意見を交流する場を設ける。班の友達の意見を聞くことで、家庭科の学習が自分の生活にどのようにつながるのか、見方を広げることができる。

3. 全体の前で発表する場を設ける

班での交流の後は、全員に発表させる。全体の前で宣言することで、実際に実行する決意を確かなものにさせる。

できるようになった仕事、これからやりたい仕事を発表しましょう。

１人１人に、「私はコンロでお湯をわかせるようになりました。これからは家族にお茶をいれてあげたいです」のように短く発表させていく。できるようになったことと、やりたいことの発表をすることが、子ども達の家庭の仕事に対しての意欲につながる。

（平眞由美）

9月

体育　モノを活用して習熟する側方倒立回転

準備運動で、しっかりと両手で体重を支えることを取り入れる。例えば、かえる足打ち、かえる倒立、手押し車、壁倒立である。それから側方倒立回転の模範を提示する。見よう見まねで子どもに挑戦をさせる。ぎこちないなりに取り組む。それから次の指示をする。

> 手と足の動きを教えます。

スケッチブック（電子機器）の図を示しながら説明をする。「手→手→足→足」の順を覚える。その後、手と足の動きを確認させながら各マットで練習させる。次に目線について教える。

> 倒立している時は、赤玉を見ます。そのまま赤玉を見ながら立ち上がりなさい。

玉入れ用の赤玉をマットの上に置く。その赤玉を見ながら倒立をさせる。

> 立ち上がった後は正面を向きなさい。

立ち上がった後の動きを教える。

> テストをします。

手と足の動き、目線、立ち上がった時の方向から1点に絞って評定する。テスト用のマットを用意し、来た子からどんどんテンポよくテストを繰り返す。何度も挑戦させ、最終的には全員合格させる。第2時以降は前転や後転など既習の技と組み合わせた動きを行うようにさせる。

安定した側方倒立回転ができるようになる重要なポイントは「倒立ができる」ことである。そのためには「かえる足打ち」「かえる倒立」「手押し車」「壁倒立」など手で体を支える運動をできるだけたくさんさせる。

（桑原和彦）

道徳　休み明けの子ども達に伝える

9月の道徳のポイント

9月の道徳のポイントは、夏休み後だからこそ生活習慣の大切さを知るということである。

7月のポイントにも同じことを書いたが、夏休み中はどうしても生活習慣が乱れがちである。2学期のスタートである。夏休み明けの生活習慣を見直すことがスムーズな学級経営への近道である。

新学習指導要領では、高学年の内容項目について、次のような変更が行われている。

> 自分の安全に気を付け、生活習慣の意義や大切さなどについての理解を深められるようにするために「生活習慣の大切さを知り」を「安全に気を付けることや、生活習慣の大切さについて理解し」

に改めている。

つまり、生活習慣の大切さを自分なりに考え、判断する力が一層求められているのである。

子ども達は、分かってはいるけど、なかなか実践するのが難しい分野である。

9月のオススメ資料

以上のことから9月は改めて生活習慣の大切さを知り、自分の生活について考えられるような資料で授業を行いたい。

「だって、ほしいんだもん」（文溪堂）という資料がある。徳目は、「基本的な生活習慣」である。

衝動的な思いで新しい筆箱を買おうとした和花は、母親の言葉で思いとどまる。また、父と祖父の言葉からは物を大切にすることの意義について、雑誌の記事からは物を大切にすることについての考えを深める。

徐々に自己を客観的に見つめることができるようになってきている高学年だからこそ、自分の生活を冷静に振り返り、うまく我慢できなかったことや思慮が足りなかったりした自分を見つめ直せるようにしたい。

即効性を求めるのではなく、じっくりと物事を考え、判断し、実行できた経験を重ね。そのことを自覚することで、徐々に適切な行動を選択できるようになると考える。そのきっかけとなる資料である。

対話指導のポイント

まずは、夏休みの生活を振り返る。

勤務校では夏休み前に、夏休みの生活のめあてなどを書かせることになっている。その目当てに向けてどれくらい達成できたかを問う。「できた」と答える子もいれば、そうでない子もいるだろう。ここは、自己をどの程度客観的にみているのか確認する。教材文を読んで、和花の行動について考える。

> 和花の行動から学んだことをノートに書きなさい。

それぞれの判断基準が出てくるだろう。「母親の言う事を聞かなければならない」「父や祖父の言葉から、物には魂が宿っているから大切にしなくてはならない」「道具を大切にするから仕事もできるようになる」など。ここでは、それらの意見は認めながら、感想を交流させる。交流することで、人によってさまざまな判断基準があることに気付かせる。様々な基準の中、よく考えて行動するということを意識させたい。

（吉谷亮）

9月

英語　友だち理解がさらに深まる！

Unit4 “What time do you get up?”

本ユニットでは友達が何時に起きて何時に寝るかなど、英語を通して互いの生活の日課について知ることができる。普段、改めて聞くことがない内容なので、子供達は意欲的にやりとりすることが考えられる。

また、４線を意識した小文字を書く活動も行われる。機械的に “a” から練習するのでなく、扱った単語の穴埋めやなぞり書きなど、工夫して進めたい。

ユニット４　単元計画（８時間扱い・例）

時	主な学習内容またはダイアローグ
1	イラストを見ながら、１日の日課の言い方を聞く、小文字を書く
2	A: What time is it? B: It’s 6 o’clock.
3	「友達の生活を知ろう！」 A: What time do you get up? B: I get up at six o’clock.
4	頻度の言い方に慣れ親しむ Always, sometimes, usually, never
5	A: What time do you get up? B: I (usually) get up at six o’clock.
6	家での役割についてやりとりする A: What is your help at home? B: I wash the dishes.
7	５時間目と６時間目をつなげる
8	A: Do you like wash the dishes? B: Yes, I do. No, I don’t.

最初に聞くことを重視し、最後に少しでも長く会話できるように計画している。また、小文字を書く時間は毎時間とる。

「友達の生活を知ろう！」（３時間目）

〈活動の流れ〉

（１）単語練習（２回→１回→０回）

日課（get up, go to bed, eat dinner 等）

※日課の表現は徐々に増やしていく。

（２）状況設定

担任と ALT が互いの気分を尋ね合う。担任は元気だが、ALT は眠そうにしている。気になった担任は何時に寝たのか ALT に尋ねる。

H：担任　A：ALT

H: Hello!
A: Hello.
H: How are you?
A: I’m sleepy.（欠伸をする）
H: What time do you go to bed?
A: I go to bed at one.

（３）答え方の練習　　T：教師　C：子供

時計を８時に合わせて、子供達に尋ねる。

T：I go to bed at eight.（挙手を促す）

T：Repeat. I go to bed at eight.

C：I go to bed at eight.

※時間を変えて尋ねる。

（４）尋ね方の練習

教師に続いてリピートする。

（５）アクティビティ

練習した項目に合わせたワークシートを準備し、友達の日課についてやり取りする。

５年生の家庭科では「家庭生活と仕事分担」「生活時間の有効な使い方」、道徳では「生活習慣の大切さを知る」「家族みんなで協力し合い、進んで役に立つことをする」などが扱われている。つまり、それらと関連付け、教科横断的な学習にすることも可能なユニットである。　（笹原大輔）

9月

総合　感謝の気持ちを伝えよう

TOSSメモを使って整理する

長期宿泊体験学習では、宿泊先が「少年自然の家」や「青年自然の家」になることが多い。

これらの施設では、生活信条が決められている。

例えば、「鳥取県立大山青年の家」の生活信条は、「自律・向上・友愛・奉仕」である。

これら生活信条をキーワードにして、グループごとに対話活動を行い、宿泊学習を振り返る。このとき、活動している子どもたちの映像や画像を用意しておくとよい。

「フィールドワークのとき、あまりしゃべったことのない友だちに声をかけることができた」

「野外炊飯では、自分から進んで飯盒《はんごう》を洗うことができた」

対話を通して、子どもたちは、宿泊学習での出来事を思い出し、グループで共有することができる。

次に学んだことをキーワードごとに整理する。

ここで活用したいのが、TOSSメモである。

TOSSメモは、普通の付箋紙と違い、ノートのように罫線がプリントしてあり、糊も特別で何度も貼ったり剥がしたりすることができる。

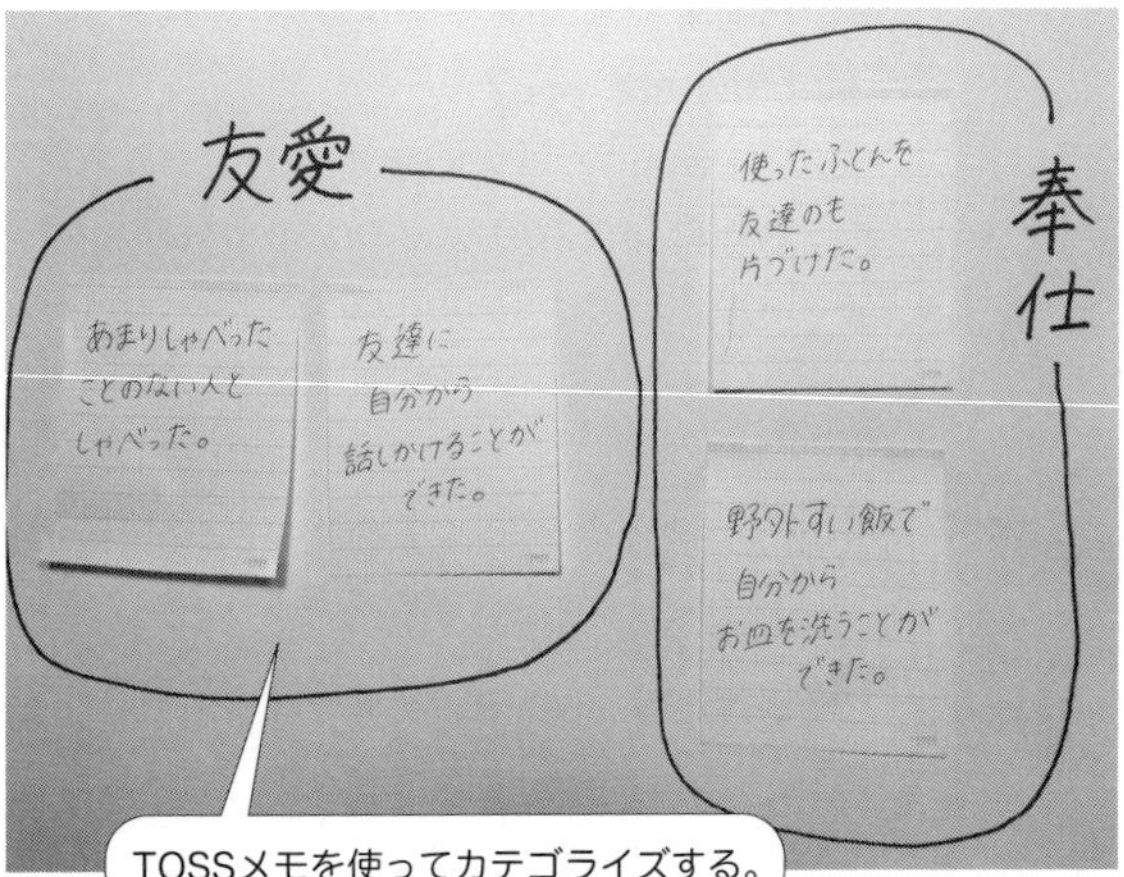

TOSSメモを使ってカテゴライズする。

カードを使って情報を整理するKJ法にはもってこいのアイテムである。

TOSSメモに1人1人が学びを書き出し、グループごとに話し合いながら「友愛」「奉仕」などにカテゴライズしていく。長期宿泊体験学習の学びが、視覚的にも共有される。

学びをお礼の手紙にまとめる

活動の最後に、お世話になった施設の方にお礼の手紙を書く。

単なる感謝の手紙ではなく、宿泊学習を通しての、自分自身の成長について書くようにする。こうすることで、相手意識も生まれ、自分との対話が深まる。

グループでの学びを生かし、個人内対話を行い、学びを整理する。

お礼の手紙を書くことで、子どもたちは「自分のことよりも、まず友だちのことを考えられるようになった」など、長期宿泊体験学習を終えた自分の成長に気づくことができるはずだ。

（浦木秀徳）

10月

国語　「大造じいさんとガン」主題を指導する②（戦いの勝者）

教材解釈のポイントと指導計画

本単元では戦いの勝者を検討させ、主題につなげていく。大造じいさんは「ウナギつりばり」「タニシばらまき」「おとりのガン」作戦で残雪を捕らえようとする。この勝者を検討する（全7時間）。

> 第1・2時　音読　感想　登場人物
> 第3時　主役を検討する
> 第4時　「ウナギつりばり作戦」の勝者を検討する
> 第5時　「タニシばらまき作戦」の勝者を検討する。
> 第6時　「おとりのガン作戦」の勝者を検討する。
> 第7時　主題を考える。

授業の流れのアウトライン

第6時の授業例。

> 発問　おとりのガン作戦の勝者は大造じいさんですか。残雪ですか。

立場を決めさせ、意見文を書かせる。

> 「おとりのガン作戦」の勝者は残雪である。なぜか。第1にP129L2に「大造じいさんは、強く心を打たれて～」とある。つまり、大造じいさんは残雪の態度に強く感心しているのだ。まずこの点から勝者は残雪といえるのである。……

> 「おとりのガン作戦」の勝者は大造じいさんである。なぜか。第1に残雪を捕らえたからである。残雪はおとりのガンを助ける際にハヤブサと戦った。そして、傷ついた。その後大造じいさんは残雪を捕らえることが出来た。結果として「おとりのガン作戦」は成功したのである。……

意見文を踏まえ討論させる。討論の後には、結論と理由を2文で書かせる。

（例　勝者は残雪である。大造じいさんは残雪に心を動かされたからである）

第7時の授業例。前時の最後で書いた理由から主題を考えさせる。主題の指導の仕方はTOSSLAND「主題」で検索する。

・最後まで仲間を守りぬくことが大切
・堂々とした立派な態度は人の心を打つ。
・様々な方法を試せば願いはかなう

などが考えられる。

学習困難状況への対応と予防の布石

理由から主題を考えるのが難しい。個別で考えさせる前に、全体指導を行う。次のステップで指導する。

①理由を黒板に書かせる。
②その中から1つ取り上げる。
③主題を考えさせる
④そのほかの理由から主題を考えさせる。

例えば②で「仲間を最後まで守ったから」という理由を取り上げるとする。全体に「ここから考えられる主題は何か」と問う。「仲間を守ることは大切」という主題が考えられる。全体指導の中で主題の考え方を理解させる。

（保坂雅幸）

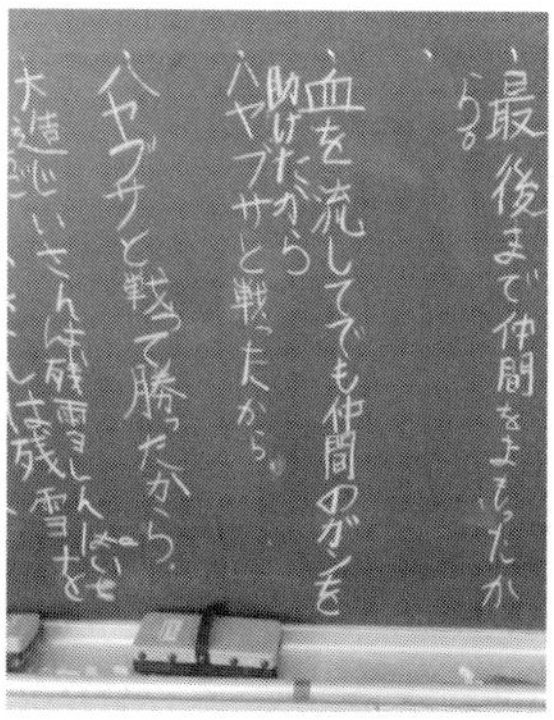

10月

社会 工業生産を支える人々（今と未来）

小単元「工業の今と未来」の授業プランである。

日本の「工業の全体像」と「工場の具体的な取り組み」双方を学ぶ単元である。

○日本の工業では、どのような工業製品が作られているのか。

まず、身の回りにある工業製品を次々とノートに書かせていく。

【発問】教室の中にある工業製品には、何がありますか？

えんぴつ、消しゴム、チョークなど様々なものが出てくるだろう。なるべく全て認め、ほめる。その次に、

【発問】教室の中にある工業製品でないものには、何がありますか？

人間、生き物などが出てくる。さらに、

【発問】知っている工業製品には、何がありますか？

このようにして、工業製品のイメージを広げる。その上で、教科書にのっている「工業の種類」を見せる。ノートに書いた工業製品を、「工業の種類」ごとに分類させていく（印をつけさせる）。

○工業の盛んな地域はどのようなところに多いのか。

「日本の工業のさかんな地域」の地図を見せる。地図を見て、分かったこと、気づいたこと、思ったことをノートに箇条書きさせる。

「海沿い、太平洋側に多いこと」「内陸部に広がる地域もあること」は知識としておさえたい。その上で、

【発問】なぜ海沿いに多いのか？

【発問】なぜ内陸部に多いのか？

と問い返す。この問いを通じて、交通機関の資料を見つけさせる。

その次に、「工業のさかんな地域の工業生産額」のグラフを見せる。こちらも分かったこと、気づいたこと、思ったことを箇条書きさせた上で、様々な気づきを発表させる。

○大工場と中小工場それぞれどのような特徴があるのか。

大工場と中小工場に関する様々なデータが、教科書・資料集にのっている。そのデータを根拠に、討論をさせる。

【発問】大工場と中小工場どちらで働きたいか？

対話的に学ぶ場面である。「工場数」「働く人の数」「生産額」「工業の種類」「やりがい」どの観点にしても、資料を根拠に発言させたい。発言したらほめる。この討論を通過した上で「大工場と中小工場どちらで働きたいか？」について見開き2ページでノートにまとめさせる。双方の立場をおさえ、資料を引用し、まとめることを助言する。

○中小工場のものづくりにはどのような工夫があるか？

中小工場の事例を紹介し、工夫やすごさを見つけさせたい。教科書の写真を見せてもいいのだが、もっと具体的な情報を提示したい。日本の中小工場の技術力を示す子ども向けの本は数多く出版されている。そうした本を紹介したり、インターネットで調べさせたりして、具体的な情報をつかませたい。

（水本和希）

10月

算数　「時間と分数」時計を何等分したが説明のカギ

本時における対話とは、分数を使って時間を表す方法について説明することである。

例題を解く

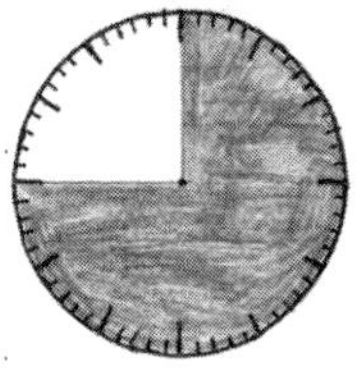

例題1　45分は何時間ですか。分数を使って表しましょう。

（1）自分の考えをノートに書かせる。

①1時間を4等分します。 $\frac{3}{4}$

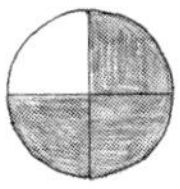

②1時間を12等分します。 $\frac{9}{12}$

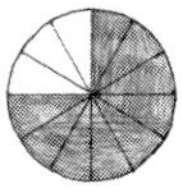

③1時間を60等分します。 $\frac{45}{60}$

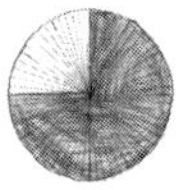

（2）考えた子に時計の図と考えを板書させる。

考え方を説明する【本時の対話的活動】

（1）説明の型を教えてから説明させる。

1時間を（　）等分します。45分は1時間を（　）等分した（　）つ分なので（　）時間です。

（2）型に沿って、自分の考えを説明させる。

①1時間を4等分します。45分は1時間を4等分した3つ分なので4分の3時間です。
②1時間を12等分します。45分は1時間を12等分した9つ分なので12分の9時間です。
③1時間を60等分します。45分は1時間を60等分した45こ分なので60分の45時間です。

（3）隣同士で自分の考えを説明し合い、全員に説明させる。
（4）他の考え方も隣同士で説明し合う。
（5）約分すれば、どれも4分の3になることを確認する。

練習問題を解く

例題2として、次の問題を解かせる。

①40秒＝□分　②90分＝□時間

約分すること、仮分数から帯分数への指導も合わせて行う。

$$\frac{90}{60} = \frac{9}{6} = 1\frac{3}{6} = 1\frac{1}{2}$$

$$9 \div 6 = 1 \cdots 3$$

（細井俊久）

10月

理科　お腹の中での子どもの成長

人の母体内での成長についての予想や仮説を基に，受精した卵が母体内で少しずつ成長して体ができていくことを捉えるようにする。

胎児の様子を予想する

胎児の様子を予想し、ノートに描かせる。お腹の袋の中に小さな人間を描く児童もいれば、「逆子」という言葉を聞いたことがあるぞ、と頭を下にして描く児童もいる。また「へその緒」とつぶやきながら胎児のへそから細長い管を描く児童もいる。

年の離れた弟や妹がいる児童は、「逆子」「へその緒」「羊水」などのキーワードを知っていることが多い。

ノートに描かせた後は、黒板に絵を描かせる。なかなかイメージがつかめず、描けない児童もいる。黒板の絵を参考に考えさせる。

様々な絵が描かれたところで、次の発問をする。

> あきらかにおかしいと思うものはありますか。

この発問をすることによって、児童は黒板のお互いの絵をよく見るようになる。

【予想される児童の考え】

①赤ちゃんは頭から生まれると聞いたことがある。だから直立しているのはおかしい。

②いや､『逆子』という言葉を聞いたことがある。だから直立している場合もあると思う。

思い思いに意見を出させる。様々な意見が出ると、児童は「本当はどうなっているのだろう」と正解を知りたがる。

児童の疑問をそのまま学習の動機につなげることができる。

調べ学習

NHK for School「ふしぎがいっぱい」は、教材用の動画が豊富である。１～２分程度の動画を目的に応じてピンポイントで見せることができる。

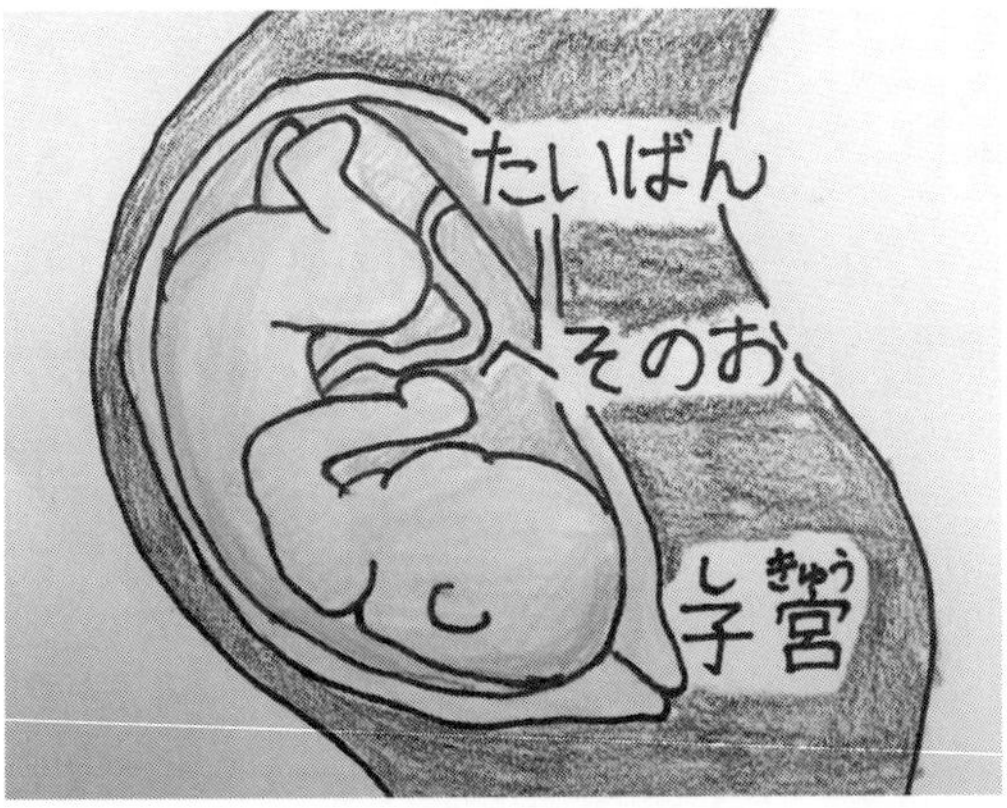

【動画　母体内の赤ちゃんの成長（イメージ)】

> 動画を見て、分かったこと、思ったこと、気が付いたことをたくさん書きなさい。

書くことによって、子どもたちは集中して動画を見る。視聴後は書いたことを発表させる。

【予想される児童の考え】

①赤ちゃんは、頭を下にしている。

②お母さんのたいばんと赤ちゃんが、へその緒でつながっている。

発表することによって、自分だけでは気付けなかったことに気付かせることができる。

（松本菜月）

10月

音楽 曲想を味わおう 「威風堂々第一番」・「キリマンジャロ」

曲想とは……

低中学年では「様子を思い浮かべて」や「旋律の特徴を感じて」などと表現されてきたが、その曲が持つ独特の雰囲気、曲の感じ（例：元気な曲、明るい曲、なめらかな感じがする、寂しく悲しい感じがする）のことを指す。

「威風堂々第一番」を鑑賞で

（１）音色に限定して聴く

指示「聴こえてきた音色をすべて書きます」

冒頭10秒程度聴かせる。「アイネクライネナハトムジーク」（弦楽合奏６月実施）での学習を生かす。力強い弦楽合奏のひびき（バイオリン・ビオラ・チェロ・コントラバスなど）を聴き取らせる。擬音語（ウワァンワァンワァンなど）でも良い。書き出したものをすべて指名なしで発表させる。出し尽くす。

説明「答え合わせです」

YouTubeなどの動画を見せる。曲の冒頭部分は弦楽合奏であることが一目でわかる。

指示「ほかの音色が聴こえたら手を挙げます」

15秒あたりで、太鼓の音が聴こえる。動画で確認すると、ティンパニ・トロンボーンなど、また、木管楽器が入ってくることもわかる。

説明「威風堂々第一番です」

説明「エルガーさんが作曲しました」

最初から１分41秒まで聴かせる。

（２）曲想ががらっと変わるところ

指示「感じが変わったら、手を挙げます」

１分41秒あたりで曲想ががらっと変わる。

説明「感じががらっと変わりました」

指示「どう変わったか、ノートに書きます」

速さ：速い→ゆっくり、リズム：細かくはずむ→のんびりなめらか、ゆったり、旋律：激しい動き→ゆったりゆるやかな動きなど、共通事項に関連付けてまとめる。

分かりづらいようなら、曲に合わせてお手合わせをさせる。速さの変化が瞬時にわかる。

説明「曲の感じのことを曲想と言います」

最後まで通して聴いて、感想を書かせる。発表して意見交流をする。

「威風堂々」をリコーダーで吹く

教科書には、合奏曲『威風堂々』が掲載されている。リコーダー運指１点嬰ヘ音（ファ♯）が新出。３種類のファ（１点ヘ音・１点嬰ヘ音・２点ヘ音）を攻略すれば、あとは簡単に吹ける。

合奏「キリマンジャロ」

１点嬰ト音とその運指（リコーダー・鍵盤）、イ短調を教える。華やかで堂々とした『威風堂々』（長調）に対して、心をぎゅっとつかんで離さない魅力的な短調の感じを味わう。途中でがらっと変化する曲想を感じ取り、表現を工夫する。

（１）主旋律だけでもおもしろい

リコーダーと鍵盤で交互に演奏する。それぞれの音色の特徴を生かし、よく聴き合って交互に吹き合うところが楽しい。

（２）主旋律＋リズム伴奏

主旋律がある程度できるようになったら、リズム伴奏をつける。リズムの練習をしているグループ以外は主旋律を担当する。リズム練習と主旋律の習熟が同時にできる。

（３）リズム伴奏の工夫

１回目の演奏から２回目繰り返しに移る直前部分（８拍分）や、エンディングのリズム伴奏を工夫する。即興で思うがままに大太鼓、小太鼓を打ち鳴らすのがかっこいい。 （中越正美）

図画・工作　狙え!!モンスターアタック!!

10月31日。ハロウィンは、日本でも大きな盛り上がりを見せている。そんな季節に教室いっぱいに子供たちの思い思いのモンスターが溢れたらとっても素敵である。10月に取り組ませたい佐藤式工作指導法（以下、佐藤式）は、「モンスターアタック」である。

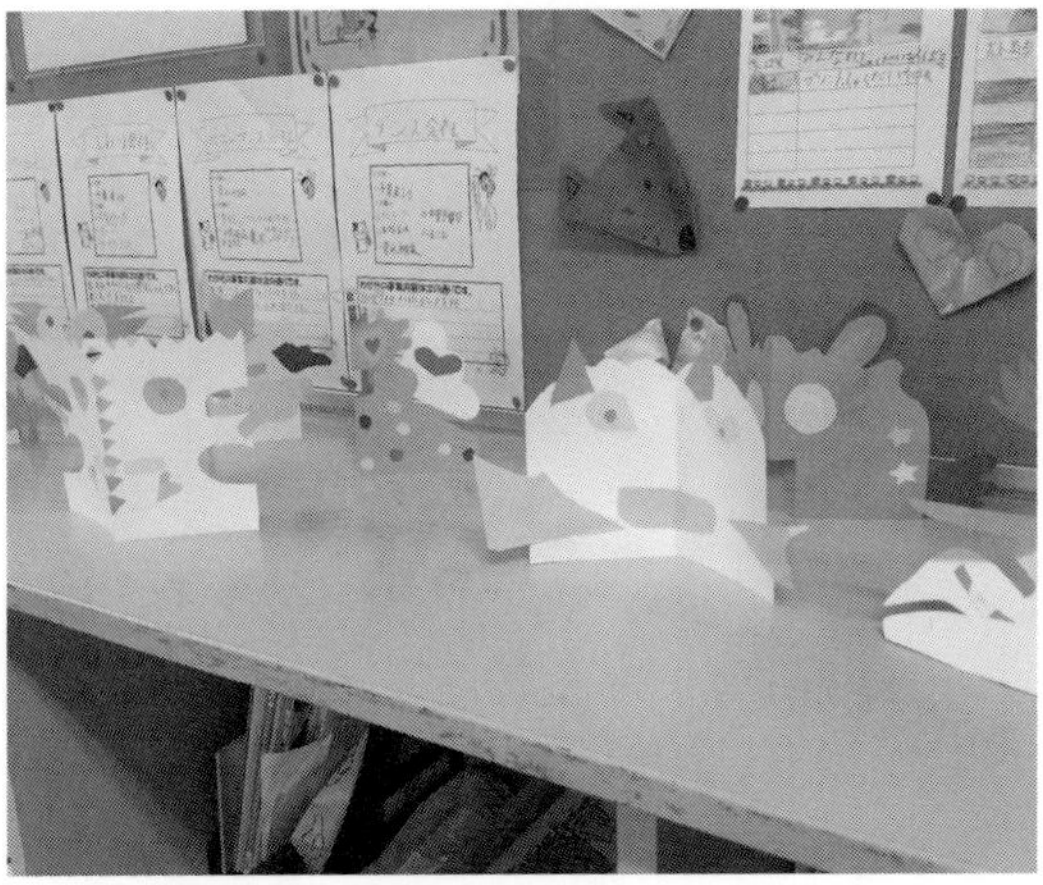

なお、この実践を行うにあたってはTOSS空知、大沼靖治氏のFlashがとても有効である。
(http://www10.plala.or.jp/Ohnuma02/sat16/sat16.html)

準備物

・色画用紙（8つ切りの4分の1の大きさが2～3枚、これ以外に飾り付け用の色画用紙）・ストロー（太さが異なるものが2種）・はさみ・のり

1　第一時　しくみを作る

画用紙を半分折り、モンスターの形を切る。

どんな形でもよいが必ず「立つ」ようにすることが大切である。また、先に形を切ってから半分に折ることで立たせることもできる（写真2）。

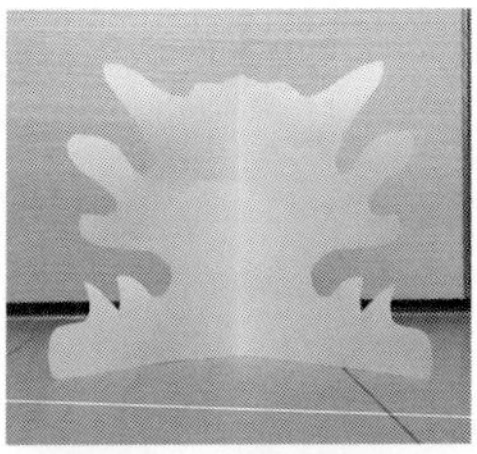

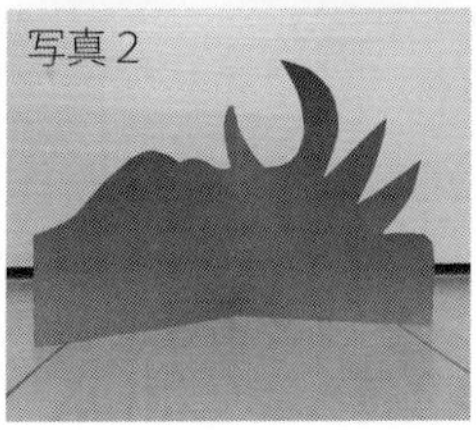

写真2

しかし、中には、モンスターの形を切り始めることのできない子がいる。そんな子供には、

「どんな形になっても大丈夫」

と話してあげることで安心して取り組むことができる。

2　第二時　飾り付け

モンスターは誰も見たことがない空想上の生物である。しかし、それでも飾り付けを発想できずに困っている子供がいる。そんなときは、とりあえず切ってみる。切った形から、発想を広げる。

「どんな形に見える？」

「尖っていて角みたい」

形から発想を広げてあげることで子供たちは楽しみながらオリジナルのモンスターを作り上げることができる。

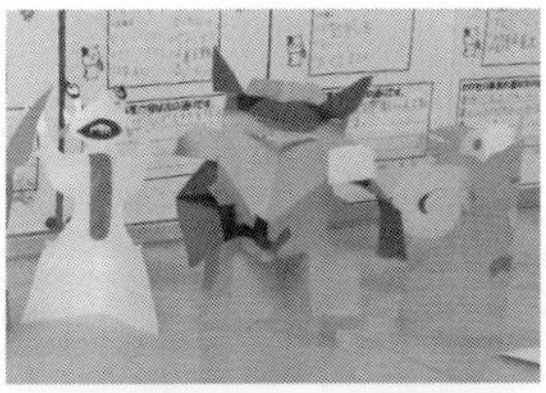

3　第三時　遊ぶ

作ったあとに思いっきり遊ぶことができる。それが佐藤式の醍醐味の1つである。吹き矢を作り、思いっきり遊ばせることで子供たちは大満足である。

（直江一平）

10月

家庭科　ミシン縫いができるためには、まずミシンと仲良くなること

1. ミシンはマシン。男子こそ、お得意分野だとやる気を起こさせる

　ミシンは 1854 年、ペリーの２回目の来航の時に日本に伝わりました。160 年くらい前のことです。英語ではソーイングマシン。日本ではミシンと言います。もとはといえば「マシン＝機械」。特に男子は、このマシンを使いこなしてください。皆、ミシンと仲良しになってください。

2. 「手縫い」と「ミシン縫い」の違いを考えさせる。身の回りを見渡し、比較して考えさせる

「手縫い」と「ミシン縫い」の長所と短所は、それぞれ何ですか。

3. 「上糸通し」ができたらしめたもの。以下の①から③をおさえる

①ミシンの持ち運びの際は、必ずミシンの下を両手で持って運ぶこと。
【趣意説明】カバーの取手を持つと、外れたらミシンが自分の足の上に落ちることになる。
②各部の名前を覚える（はずみ車・コントローラー・糸立て棒・上糸糸案内・天びん・糸掛け等）。
③上糸をかける順番を覚える（教科書参照）。

ミシンを机の上に運び、上糸通しまでを５分以内にできるように練習します。

　これを１分以内に縮めるための工夫を子ども達自身に考えさせる。「上糸通し」は、繰り返し練習し、慣れさせる。ミシンと仲良くなればトラブルも減り、このあとの学習がスムーズに進んでいく。

4. 「安全第一」を約束させる

　ミシンを使っているときは、立ち歩きません。以前、立ち歩きをしていた人がミシンを動かしている人にぶつかってしまい、ぶつかられた人はミシンの針が自分の親指の爪を貫通してしまいました。ミシンは安全に使います。最初に約束をしてください。

　この語りを授業の最初にし、常に「安全第一」を心掛けることを約束する。　（白石和子）

10月

体育　仲間と楽しく関わる体ほぐし運動

体ほぐしの運動では、「仲間と関わり合ったりすること」を目的の1つとしている。そこでお勧めの運動は「チャレンジ運動」である。

その中でも、「ジャイアントウォール」は自然とクラス全体がお互いを認め合えるようになる楽しい運動である。『チャレンジ運動による仲間づくり』（高橋健夫監訳、大修館書店）に詳しい。協力し合った瞬間を見逃さずに、

> A班は素晴らしいね！　しっかりと協力しているね。

とほめることで、子ども同士の助け合いが自然に生まれるようになる。当然、主体的・対話的な活動になる。

①体育館のステージ上に壁に見立てて積み重ねたマットに、グループの子がよじ登る。

②全員がよじ登ったら、マットを一枚重ねて高くする。

③先に登った子は、ステージの下に降りて手を貸すことはできないが、上からなら、助けることができる。

この指示によって、グループで登る順番を考えなければなかなか達成できないことを、暗に示すことになる。

幾つかのグループを作り、取り組ませると良い。1グループ8名ほどの人数が適切だ。

はじめはマットの枚数が少ないので、1人1人が別々に登っていく。しかし、マットが4～5枚と積み重なっていくと、自分だけの力では達成できないことに、子どもたちは気づき始める。

教師は、場を設定し、協力している子を見つけほめていく。目標枚数を設定し、最終的にその数のマットを全員で登った時には感動に包まれる。ドラマが起こる、非常に優れた運動である。

また、マットが高くなると、落下の危険性も増す。下にマットやセーフティーマットを敷く等、安全面に留意する。

他にもチャレンジ運動はある。

「跳び箱の上に何人乗れるか」。シンプルに、跳び箱の上に1人1人乗っていく。支え合ったり、しがみついたり工夫し始める。中心に「木の幹」のようになるとか、おんぶするとか、思考して楽しめる。

さらに、ターザンロープを活用して、ぶら下がりから、跳び箱に飛び乗るという発展技も楽しい。

「ブリッジのトンネルを何人でつくって崩さずに潜り抜けられるか」。長くブリッジをつくるほど腕支持が長くなる。悲鳴があがり出し、大変盛り上がる。

（桑原和彦）

10月

道徳　宿泊学習に備える

10月の道徳のポイント

10月の道徳のポイントは、5年生最大の行事である宿泊学習に備えることである。勤務校では、10月に宿泊学習が行われる。子ども達も大変楽しみにしている行事であり、そして大きく成長できるチャンスでもある。

そこで、10月は道徳に限らず、様々な教科で最大限の効果が得られるよう実りのある宿泊学習にしていかなければならない。

新学習指導要領においても道徳教育を進めるに当たって次のように述べている。

> 教師と生徒及び生徒相互の人間関係を深めるとともに、生徒が道徳的価値に基づいた人間としての生き方についての自覚を深め、家庭や地域社会との連携を図りながら、職場体験活動やボランティア活動、自然体験活動などの豊かな体験を通して生徒の内面に根ざした道徳性の育成が図られるよう配慮しなければならない。

ここでは、様々な徳目についての指導が可能である。

10月のオススメ資料

ここでは、せっかくの大自然を体験する機会があるため、自然の尊さを育めるような教材を扱いたい。

「世界初のトンボ保護区づくり」という資料がある。徳目は、「自然愛」である。内容は、高知県四万十市にある「トンボ自然公園」の設立に尽力した杉村光俊さんの実話である。

杉村さんは、小学2年生のときからトンボを追いかけ、「トンボ博士」と呼ばれるほどであった。そして、いつかトンボが安心して住める場所を、絶対に作ってみせると決意する。全国からの寄付金や世界自然保護基金の協力で休耕田を買い上げ、人力だけで1か月半をかけて池を作って水生植物を植え、トンボが安心して住める場所を作った。

宿泊学習は、普段自然に接する機会が少なくなった子ども達にとっては、自然の美しさや素晴らしさに感動する良い機会である。

そういった気持ちを想起できる教材である。

対話指導のポイント

自然の素晴らしさや偉大さ、宿泊学習の意義を理解できるような指導が望ましい。

初めに宿泊学習の大自然で何を学びたいのかを考えさせる。

勤務校では、カルスト台地で有名な秋吉台が宿泊学習の舞台となる。そこで、秋吉台の写真を子ども達に提示する。子ども達からは、「きれいな場所」「岩がたくさんある」などの表面的な意見が出されるだろう。その上で、教材文を読み、自然を守るためにどれだけの困難があるのかを考えさせる。

> 杉村さんが、トンボの保護区をつくるためには、一番苦労したことは何だと思いますか。

自然を守るために、多くの苦労や人々の協力があることに気づける。最後に、子ども達に秋吉台の自然から何を学びたいかを問う。自然がどう守られているのか考え、自然を守ろうとする意欲を高めることができる。

（吉谷亮）

英語 出会いを演出する教具

Unit5 “She can run fast. He can jump high.”

本ユニットでは３人称（he, she）を初めて扱うことになる。しかし、それに伴う動詞変化は子供達にとっては難しい。そこで “can” を用いて、動詞に変化がないようにしていることをまずはおさえておきたい。その上で、楽しい教具を使った導入は子供達の心を一気に引き付ける。また、英単語を書写する活動も始まる。それらのことを踏まえ、単元計画を作成したい。

ユニット５　単元計画（８時間扱い・例）

時	主な学習内容またはダイアローグ
1	A: Can you jump? B: Yes, I can. No, I can’t.
2	A: I can jump. I can’t swim. A: Who am I? B: You are kangaroo.
3	speak, play, sing 等の表現に慣れ親しむ
4	A: Can he (she) play soccer? B: Yes, he can. ※３人１組で友達を紹介し合う
5	形容詞（fast, well, high 等）に慣れ親しむ
6	例を参考に “He can play baseball.” 等を書き写す（毎時間行う）
7	クラスの友達にできること、できないことをインタビューする
8	クラスの友だちを紹介する

以下、井戸砂織氏が考案した「状況設定フラッシュカード」（正進社）を使った１時間目の授業を紹介する。

「Can you jump?」（１時間目）

「状況設定フラッシュカード」は、正しく使えば、子供達が会話できるようになる。

〈活動の流れ〉

（１）単語練習（２回→１回→０回）

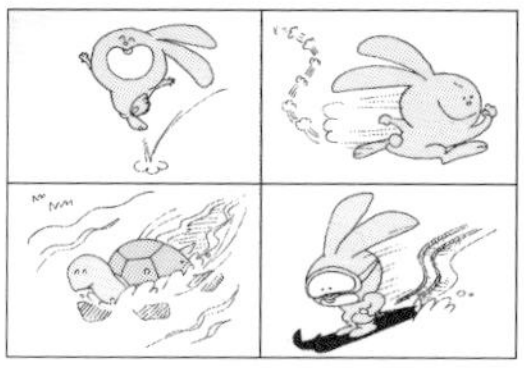

右図を見せ、指さしながら、“jump” “run” “swim” “skiing” を教師の後に続いてリピートする。

（２）聞く

①“Can you jump?”

②“No, I can’ t.”

③“Can you run.”

④“No, I can’ t.”

⑤“Oh!”

⑥“Can you swim?”

⑦“Yes, I can.”

⑧“Thank you.” “You’ re welcome.”

（３）教師に続いて、発話する。（２回→１回→０回）

（４）Ａパート（教師）Ｂパート（子供全員）で発話する。

※カードをめくりながら行う。

（５）パートを交換して発話する。

（６）教師と子供１人

※話せそうな子供を指名し、パートを分けて発話する。

（７）子供対子供

（８）子供１人対子供１人

「状況設定フラッシュカード」は、笑顔でテンポよくカードをめくることが大切である。ぜひ、練習して授業に臨んでいただきたい。（笹原大輔）

10月

総合　地域の伝統芸能を伝承しよう

地域の伝統芸能を調べる

学習発表会で、真剣な眼差しで和太鼓を叩く子供達の姿は、保護者、地域の方に大きな感動を与える。

地域の伝統芸能体験に、子供同士や外部講師の方との対話学習を取り入れることで、体験活動から、より深い学びへ発展させることが可能になる。

まず、地域の伝統芸能、文化を調べる。例えば、次のようにする。

①インターネットを活用して、地域の伝統芸能の歴史など大まかなことを調べる。
②保存会と連携し、講師をお願いする（毎年継続している場合が多い）。
③前の学年の資料（映像や作成した新聞など）から学ぶ。

等の方法がある。

伝統芸能体験計画を立てる

和太鼓を例に挙げる。和太鼓の先生を招いて和太鼓の叩き方を教えてもらう。

例えば、次のような指導計画を立てる。

①和太鼓について調べる。	1時間
②和太鼓の練習をする。	15時間
③学習発表会で発表する。	
④お礼の手紙を書く。	1時間
⑤体験を新聞にまとめる。	2時間

対話活動を取り入れた和太鼓練習

和太鼓の練習は、（踊りなどの伝統芸能も同じ）まとまった時間が必要であり、数ヶ月かけて、練習に取り組むことが多い。講師の先生に学校に来ていただき、子供達と対話をしながら和太鼓の叩き方を教えていただく。

授業の最初は、基本姿勢、基本の叩き方の練習を毎時間、練習する。次に、曲をパート毎に、少しずつ練習し、数時間かけて1曲を覚える。

和太鼓は、いくつかのグループに分かれて、異なるパートを合わせて演奏する。そのため、グループ毎に練習をする場面がある。その中で、グループで教え合いながら練習したり、講師の先生に質問したりする時間を確保して練習に対話を取り入れる。

また、グループの演奏を聴き合い、それぞれのグループの叩き方について、意見を交流する場面を作る。

学習発表会での発表・新聞作り

学習発表会で和太鼓演奏を行なう。保護者、地域の方に練習の成果を発表することで、子供達は、学んで来たことを表現し、達成感を味わうことができる。

学習発表会後、講師の先生に、お礼の手紙を書かせる。さらに写真やイラストを活用して新聞に表現させ、体験をより深い学びへ発展させることができる。

（今井豊）

11月

国語　「グラフや表を用いて書こう」資料を活用した意見文の書き方を指導する

教材解釈のポイントと指導計画

本単元のポイントは

・グラフや表を用いた意見文が書けるようになること

である。次の指導計画で行う（全6時間）。第3時の段階で対話を中心とした指導を行う。

第1時　音読　課題を知る
第2時　意見文の例文を視写する
第3時　「平日の生活時間」の表を読み取り、交流する
第4・5時　書く内容を整理し、意見文を書く
第6時　文章を読み合う

授業の流れのアウトライン

第3時の授業例。

指示　教科書の表を見て、分かったこと、気がついたこと、思ったことをノートに書きなさい。

・睡眠時間が減っている
・食事の時間が増えている

などの読み取りが出来る。

発問　睡眠時間が減っているという点から、暮らしはどう変化していると考えられますか。

・忙しくなってきている
・余裕がなくなってきている

などが考えられる。しかし、

・生活が充実してきている

とも考えられる。読み取った事実から様々な見方が出来ることを対話する中で理解させる。第4時の授業では、ワークシートを配布し、書くことを決めさせる。

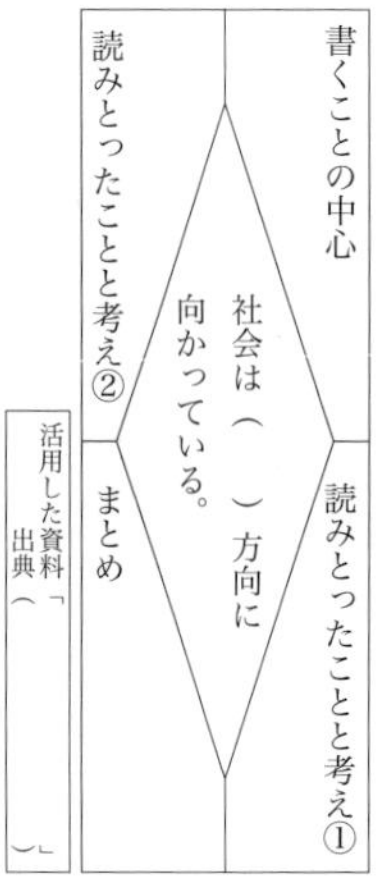

社会は暮らしやすい方向に向かっている
山田　太郎

私は、日本の社会は暮らしやすい方向に向かっていると思います。なぜなら、生活が充実してきていると考えられるからです。私の周りでも「忙しい」と言いながらやりたいことを見つけ、頑張っている人がたくさんいます。

上のグラフは、平日の生活時間（平均）を示したものです。平成13年と23年を比較し「生理的な活動」「自由時間」「社会的な活動」の3つの項目について報告しています。まず、生理的な活動についてです。ここから睡眠時間は減り食事時間は増えていることが分かります。睡眠時間が減っているということは……

学習困難状況への対応と予防の布石

例文の視写教材は、http://www.tos-land.net/teaching_material/contents/28374 で検索する。また、資料の読み取りが出来るようにしておく。社会科で「資料から分かったこと、気がついたこと、思ったこと」をノートに書かせる。慣れてきたら「～が書かれている。つまり～ということだ」など読み取ったことから解釈が出来るようにもさせる。

（保坂雅幸）

11月

社会　くらしを支える情報（放送）

「くらしを支える情報」「放送」の授業プラン。主にテレビ・ラジオ・新聞から選択して取り上げるが、ここでは児童に身近なテレビを取り上げる。

○情報探し「1週間の出来事から」

先週1週間の出来事を発表させる。

【発問】出来事の情報をどのように得ましたか。

テレビ・ラジオ・新聞・雑誌など、マスメディアについて確認する。

【発問】情報を得る手段でもっとも利用されているのは何ですか。

予想・理由を書かせてから話し合う。総務省「情報通信メディアの利用時間と情報行動に関する調査」などの資料から、圧倒的にテレビから情報を得ていることがわかる。

○テレビの情報について調べよう「朝のニュースから」

朝のニュースを見て、気づいたことを箇条書きさせる。

【発問】どんな情報がありましたか。

まず、「〜の情報」の形でノートに書かせると児童が自然にカテゴリー分けする。発表させた後、さらに分類する。黒板に板書させて考えさせてもよいし付箋などを利用してもよい。

分類項目としては、報道情報、CMなどの販売情報、気象情報、交通情報、娯楽情報などに分けられる。

【発問】もっとも利用されているのはどの情報ですか。

話し合うことでそれぞれの情報の特性をつかむことができる。

○ニュースはどうやって、私たちのもとへ届けられるのだろう

ニュース映像を1つ取り上げて見る。

事件発生↓□↓□↓放送↓私たちの形でどのように届けられるか予想をノートに書く。個人で書けたらグループで相談して、グループごとの意見にまとめる。

【発問】どれが一番正しそうですか。

教科書資料集など扱う資料によって違うが、取材↓編集↓会議↓加工↓放送のように必ず、編集と加工が入るようにする。

○ニュースを作る時に気を付けていることとは何だろう

教科書・資料集の資料から、取材・編集・放送など、それぞれの仕事で気を付けていることを見つけ、箇条書きさせる。

それぞれ仲間分けすると、「早く」「正確に」「わかりやすく」「その他」に分けられる。

【発問】もっとも気を付けていることはどれですか。

NHKは「正確に」、民放は「わかりやすく」など、マスメディアの種類によって気を付けていることは変化することに気づかせたい。

○もしもテレビがなかったら

もしもテレビの情報を手に入れることができなくなったらどんなことに困るか考えさせる。

実際に東日本大震災の時に停電により情報を得ることができなくなったこと、住民たちが非常に困ったことを扱いたい。

さらに、震災時に流れたデマゴギーにも触れ、情報を正しく受け取ることの重要性にも触れたい。

（小川幸一）

11月

算数 「図形の角」図解できれば説明できる

本時における対話とは、四角形の４つの角の大きさの和が何度になるか、図や式、言葉を使って説明することである。

例題を解く

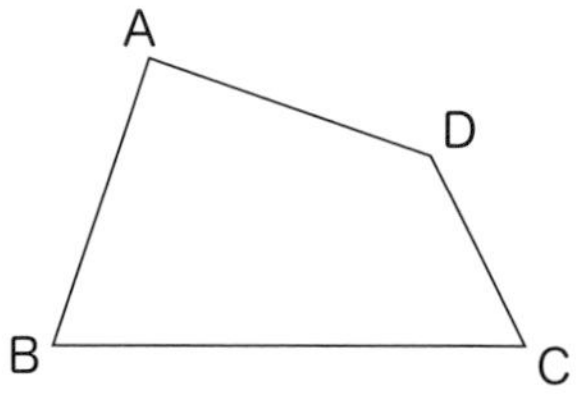

例題１　四角形の４つの角の大きさの和は、何度になりますか。

（１）自分の考えを図・式・答えと共に書かせる。

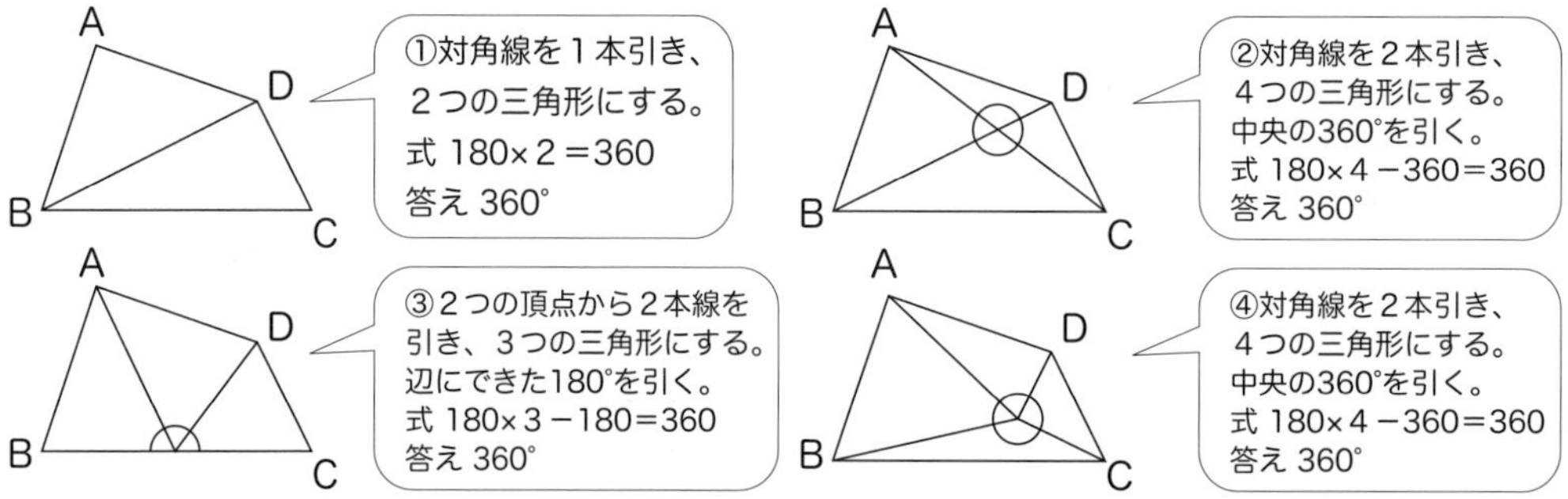

（２）１つできたら、別な方法で考えさせる。

（３）２つ以上考えた子に板書させる。

②や④の考え方は360°を引くこと、③の 考え方は180°引けるかどうかがポイントである。

考えをを説明する【本時の対話的な活動】

（１）板書した子に、考えを説明させる。

（２）自分なりの言い方で説明させる。教師が聞いていてわかりにくいと思った所は尋ね、答えさせることによってわかりやすい説明になるようにさせる。

①の説明　対角線を１本引き、２つの三角形にしました。三角形の３つの角の大きさの和は 180° です。２つの三角形なので、式 180×２＝360　答え 360°です。

（３）板書した子だけでなく、全員が考えをグループや隣同士で説明し合う。

適用問題を解く

（１）例題２として、五角形の角の大きさの和を工夫して求める。

（２）例題同様、自分の考えを図・式・言葉を使って求める。

（細井俊久）

11月

理科　流れる水の働き

流れる水には、土地を侵食したり、石や土などを運搬したり堆積させたりする働きがあることを、捉えるようにする。

写真から流れる水のはたらきを予想する

教科書の蛇行した川（四万十川）の写真を見せる（下図はトレースしたもの）。

この写真を見て、分かったこと、気付いたこと、思ったことをノートに書きなさい。

「川が曲がっている」「曲がったところの内側が白くなっている」などの意見が出る。

曲がっているころに注目させ、次の問いをする。

川の曲がっているところでは、どちらの地面がけずられやすいですか？
㋐外側　　㋑内側　　㋒ほぼ同じ
その理由も書きなさい。

挙手で確認する。理由も聞く。

「川がそのまままっすぐに行くと外側に当たるから」などの意見が出る。

土で山をつくり実験する

校庭に土で山をつくり、曲がったところのあるみぞを掘り、川のモデルとする。

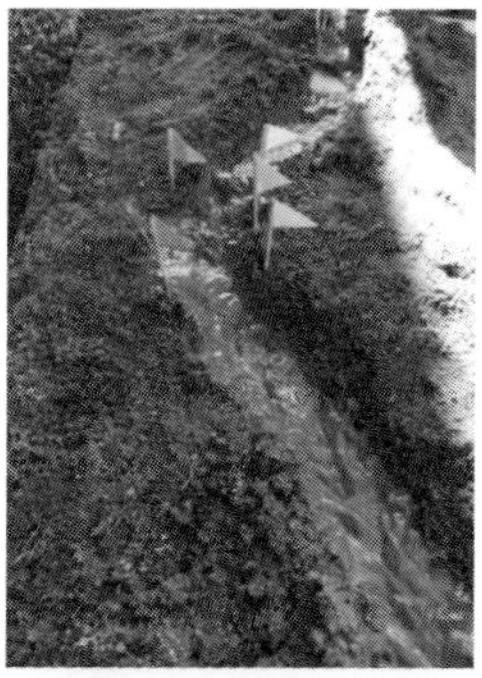

曲がった部分の両側に旗を立て、どちらの地面がよくけずられているかをわかりやすくする。

水を流すと、外側の地面がけずられ、旗が倒れることから、外側の方がけずられやすいことがわかる。その他に気付いたことを発表させる。

【予想される児童の気付き】

①流れが速くなっているところでは地面がよくけずられる。

②なだらかなところや流れがゆるやかなところでは土が積もっている。

③水の量を増やすと、地面が大きくけずられる。

これらのことから、地面を流れる水の働きを次のようにまとめる。

地面をけずる働き……………………しん食
土を運ぶ働き…………………………運ぱん
土を積もらせる働き…………………たい積

（山本芳幸）

音楽 曲想を味わおう 「まっかな秋」・「ちいさい秋みつけた」

「まっかな秋」曲想の変化を感じ取って歌う

（1）歌えるようになる

耳慣れた曲だ。題名だけならわからなくても、範唱 CD を聴かせると、ほとんどの子が「知ってる」と言って歌いだす。

歌詞が表す情景をとらえさせるには歌詞の朗読が効果的だが、耳慣れた曲の場合はついつい歌ってしまうので朗読し難いところがある。

（2）覚えて歌えるようになる

指示「3回で覚えて歌えるようにします」

回数を制限する。知っているからこそ、集中して聴こうとしないものだ。緊張感を持たせる。

指示「覚えた人は、教室の後ろから歌います」

覚えた、覚えていないを分ける。緊張感が増す。覚えた子の歌声は、まだ覚えていない子への応援歌となる。

（3）曲想が変わるところをさがす

発問「曲想が変わるところはどこですか？」

歌い込むうちにわかる。曲想については、「威風堂々」で学習済みだ。

指示「自分の意見を持って、5人と意見交換します」

楽譜で言えば何段目になるか、自分の意見を確定させる。例：「3段目から変わる」など。その後、誰と相談してもよい。次々と人を変えて意見交換させる。理由も言えるとなお良い。時間は3分間程度とする。

指示「何人と意見交換できましたか？」

3分で5人と意見交換できたことを評価する。

指示「発表します」

例：3段目。リズムがここから変化して、のびのびとした感じになる。

（4）歌い方を工夫する

①前半部分（6小節目まで）

発問「工夫して歌いたい言葉は何ですか？」

難しい質問だ。答えが出なかったら、4回繰り返している「まっかだな」を工夫させる。

例:「まっかだな」の「ま」を少しだけ強く歌う（「いつでもあの海は」での歌い方の工夫を応用)。

発問「まっかであることを強調されている物は、何ですか？」

つたのはっぱ、からすうり、ひがんばな、である。強弱をつけて歌うことで、強調させたい。

②後半部分（7小節目～最後まで）

指示「歌い方の工夫を話し合います」

前半部分での学び（言葉の頭を立てる、強弱をつける）を生かし、グループで話し合わせる。楽譜を手掛かりにさせても良い。のびのびとした声で、強弱をつけ表情豊かに歌わせたい。

（5）ちょこっとハモリ～合唱へ

ごく短いフレーズをハモるだけでも良い。是非ともハモリを体験させたい。最終2小節（♪かこまれている）ならすぐにできる。時間があるなら、後半部分 12 小節を全部通して合唱に取り組みたい曲だ。美しく仕上がる。

ちいさい秋見つけた

「まっかな秋」で学んだ「曲想の変化を感じ取って歌う」ことを生かして学習を進める。

（1）歌えるようになる

範唱 CD をかける。先の例に倣って、自分たちだけで進められるようにする。

（2）曲想が変わるところを見つける

①問いと答え。2小節ごとに歌い方を変える。

②歌い始め、終わりを工夫する。

（3）学びを生かす

例：言葉の頭を立てる、呼びかけに答えるように歌う、強弱をつけて歌うなど。

（中越正美）

11月

図画・工作　遠近のある風景「わたしの町」

ぜひ、挑戦させたい！

高学年の児童に挑戦させたいのが、遠近のある風景である。児童がこれまでに描いてきた風景画は、きっと奥行きが感じられない平板な作品だったと思われる。そこで、見本の作品を児童に見せると「うぉー！」「すごい！」という声が聞かれた。そこで、すかさず「みんなも、描けるよ」と言うと、目が輝き出したのである。

丁寧に取り組ませる

【準備物】・画用紙・絵の具セット・黒の油性サインペン・植物（花があってもなくても良い）植物は道ばたにあるもので、背の高いものが良い。

○植物を描く（近景）

画用紙は縦に置き、その上に用意してきた植物をのせる。その時、真ん中は避け、垂直にならないように傾けて置かせる。植物を描くときには、すぐ横に同じ大きさで絵を描かせる。油性マジックを使い、植物の下の部分から描いていく。描く時は、カタツムリの線で描いていく。

下から人差しの長さ分まで描いたらペンを下ろさせ、机間巡視をする。出来栄えを褒めていく。葉っぱは、ねじれて裏側が見えていたり、虫に食べられて穴があったりするので、そこも良く見てしっかりと描くように声を掛ける。そして、1本の植物を完成させる。その後、彩色させる。この時も、下から上へと絵の具を置いていくように色を着けていく。塗り終えたら、2本目を同じ手順で描かせる。その際、高さを変えたり、交差させたりするとよい。そして、植物が完成した所で、お互いの良さを発表する機会を作ると「葉っぱの描き方がいいね」「花の色がきれい」などといった感想が聞かれた。

○家並みを描く（遠景）

校庭から見えたり、教室の窓から見えたりする家並みを描くのがベストである。または、事前に町の風景を教師が撮ってきたものをプリントして配っても良い。家並みは、画面の半分より下に描かせる。その時、地平線は真っ直ぐには描かせない。少し斜めにしたり、少しうねったりさせる。家はできるだけ小さく描き、隣へ隣へと描いていかせる。彩色する時のポイントは、赤や朱色の屋根の家をところどころに入れることである。アクセントになってとても良くなる。細い絵筆で丁寧に1軒1軒塗らせていく。最後に、空の塗り方であるが、基本は薄くした色で塗らせる。

絵が完成したら、鑑賞会を行う。黒板に6人ずつ絵を掲示し、それぞれの絵の良さを発表させる。「どの絵にも必ず良い所があるから、みつけて下さい」と促すと、「葉っぱの色の塗り方が丁寧」「家が小さくて遠くにあるようだ」「空の塗り方が丁寧」などと、積極的に発表してくれる児童が多かった。

（菊地耕也）

11月

家庭科　5大栄養素は、給食の献立表で調べ学習をする

1．5大栄養素のはたらきを学習しよう

子どもにとって最も身近な、家庭の食事や給食の献立表を教材にして調べ学習をする（これは6年の学習でも有効）。まず、はじめに教科書を使って、

① 5大栄養素とそのはたらきをまとめる。
② 5大栄養素のそれぞれを多く含む食品を調べる。
③ 給食の献立表を配布し、1回の食事に含まれる食材は何か、その栄養素は何かを調べる。

給食に使われている食品を3つのグループに分けます。黄、赤、緑色の色鉛筆を用意します。
1　エネルギーのもとになる食品（米・油・じゃがいも等）は、黄色の色鉛筆で囲みます。
2　体をつくるもとになる食品（肉・魚・卵・豆腐・牛乳等）は、赤色の色鉛筆で囲みます。
3　体の調子を整えるもとになる食品（人参・玉葱・キャベツ・椎茸・トマト・みかん等）は、緑色の色鉛筆で囲みます。

グループで協力して調べてもよい。栄養素が分からないときは、栄養士さんに質問に行かせる。

栄養のバランスの良い食事とはどのようなものか、給食の献立表から分かったことを発表しよう。

2．ご飯と味噌汁を作ろう

昔から日本の主食であったお米の炊き方について考えさせる。

米に吸水させるのはどうしてだろうか。

水の分量は、米の重さの1.5倍、米の体積の1.2倍必要であることをおさえる。
①米をはかって洗う。②水をはかって吸水させる（30分）。③炊く。④蒸らす（約10分間）。

味噌汁の具について、栄養バランスをよくするために何を入れるか、組み合わせなどを班ごとに考えさせる。家庭でも「味噌汁作り」を実践させる。それをカード（理科の観察カードのようなもの）に書かせる。実践した子ども達のカードを掲示し、各々の工夫をクラス全体に広げる。

（白石和子）

11月

体育　魅力満載のターザンロープ

ターザンロープの授業は、「体の動きを高める運動」に位置づけられる。

5つに分類

A　ぶら下がる「コブを持ってぶらさがる」「コブにおしりで座ってぶらさがる」

B　ゆれる「コブを持ってゆれる」「コブにおしりで座ってゆれる」など

C　のぼる「両手両足でのぼる」など

D　わたる「隣のロープへ渡る」「助走をつけて数本先のロープへ渡る」など

E　飛び降りる「コブを持って飛び降りる」「コブにおしりで座って飛び降りる」

組み立てる

【触れる】ロープにタッチして戻る

まずは、ロープに慣れる。簡単に触ってみることで、苦手な子も取り組める。2回戦は、タッチの場所を変える。「高いところにタッチして戻る」とする。

【のぼる】のぼって10秒キープする

のぼる体験。初めなので高さは選択してよい。登れるところまでとして、10秒キープする。腕支持力をつける。手だけだと負荷がかかりすぎるので、足をつかってよい。

【のぼる】2人組追いかけっこ

「のぼる」をゲーム化する。ヨーイドンで登る人は登って上に逃げて、追いかける人が離れた所からタッチをしに走る（登っている人の手にタッチする）。鬼ごっこのゲーム性によって、必死に（全力で）登ることになる。腕の力がつく。

2回戦は「距離を長く（短く）する」。相手の能力を知ったので、いかに逃げられるか、距離を変化させる。

調整力である。このようなゲームはたいてい2回戦は行う。慣れてきてダイナミックになる。

【自由遊び】グループで動きを開発する

ここまでの動きで、ターザンロープに慣れてきている。頭の中には、「こんな登り方ができるな」「こんなゆれ方があるな」「こんな姿勢でぶら下がれるな」と、思考が生まれている。その場面を逃さずに、自由遊びを入れる。ただし、完全に自由にすると危険な行動に発展しやすいので注意が必要。

そこで、「グループで、技の動きを10個考えます」と指示する。

これならば、自由に時間を過ごすのと違って目的が生じるため、集中する。開発時間の後、1班ずつ発表の機会を作る。

教師が意図した動きが出たら、それを他のグループにも真似をさせて体験させる。

【ゆれる・降りる】マットに飛び降りる

スタート位置からぶら下がって体を振り戻ってくる。タイミングよくマットに着地する。腕支持力と調整力が身につく。

着地も、ふわっと飛び降りることで、安全にできる。このふわっと感が心地よい。子供は何度も挑戦する。マットの距離を遠くしたりする。

（桑原和彦）

11月

道徳　討論の授業に挑戦

11月の道徳のポイント

11月の道徳のポイントは、討論の授業に挑戦することである。今まで、対話指導に向けた授業を意識していたが、2学期は子ども達が積極的に意見を交わす討論の授業を充実させていきたい。文科省では、「考える」「議論する」道徳について次のように発信している。

このことにより、「特定の価値観を押し付けたり、主体性をもたず言われるままに行動するよう指導したりすることは、道徳教育が目指す方向の対極にあるものと言わなければならない」、「多様な価値観の、時に対立がある場合を含めて、誠実にそれらの価値に向き合い、道徳としての問題を考え続ける姿勢こそ道徳教育で養うべき基本的資質である」との中央教育審議会答申を踏まえ、発達の段階に応じ、答えが一つではない道徳的な課題を一人一人の生徒が自分自身の問題と捉え向き合う「考える道徳」、「議論する道徳」へと転換を図るものである。

（平成27年7月　小学校学習指導要領解説　総則編（抄））33

そこで、子供たちにとって、判断や価値感が分かれる教材を使って、主体性をもって行動できるようにしていきたい。

11月のオススメ資料

以上のことから、11月は「考える」「議論する」道徳を通して、日常生活の中の決まりや規則、約束を守り、改善していこうという意識を高められるようにする。

「シンガポールの思い出」という資料（文溪堂）がある。徳目は、「規則尊重・公徳心・権利義務」である。

シンガポールから帰国した私は、日本の町の汚れが気になって仕方がなかった。シンガポールは罰金制によって町の美しさを保っている。しかし、友人にそのことを話すと、否定的な反応を示す。私は当たり前だと思っていたが、友人の反応に課題意識をもつようになるという内容である。思春期のこの時期だからこそ、自分で考えて行動に移そうとする気持ちを高めるために適切な教材である。

対話指導のポイント

授業の流れを示す。

①教材文を読む。②登場人物やあらすじについて確認する。③罰金制についての感想をノートに書く。④罰金制に賛成か反対かで討論を行う。

対話的な指導を心がけていれば、自分なりの意見をもって、相手に伝えようとする意欲も醸成されていると考えられる。そこで、私の学級では、以下のような意見が出た。

賛成派

・実際にごみを捨てる人がいる。罰金などで取り締まらないときりがなくなる。

・捨てない心が大切だと言うが、このクラスでも実際にごみが床に落ちていても放っておく人がいる。

反対派

・罰金はやりすぎだと思う。

・罰金では意味がない。みんながごみを捨ててはいけないという気持ちになることが大切だ。

普段の生活についての発言が出てくれば、子供たちは他人事ではなく自分事として考えられるようになる。（吉谷亮）

11月

英語　外国の良さを伝えよう!

Unit6 “I want to go to Italy.”

本ユニットでは、これまで学んできた世界の国々の様子に加え、世界遺産や食習慣の情報を交えて、自分が「～したい」(want to ~) と思いを伝える表現を学ぶ。

また、自分の意見を発表するために情報を整理し、語順を意識しながら書き写すといった指導も始まる。そのようなことを考慮しながら、単元計画を作成したい。

ユニット６　単元計画（８時間扱い・例）

時	主な学習内容またはダイアローグ
1	世界の国々について、映像を見たり聞いたりすることで理解を深める。
2	A: Where do you want to go? B: I want to go to (Italy).
3	A: Why? B: Because, I want to eat pizza. Because, I want to see colosseo. Because, I want to buy chocolates.
4	A: How is it? B: It’s (exciting, beautiful, fun 等).
5	2～4時間目をつなげて会話する
6	A: What can I do in Italy? B: You can see (eat, buy) ～.
7	自分の行きたい国について、理由も含めて書き写し、発表練習を行う
8	自分の思いを伝える発表会を開く

「外国の良さを伝えよう」６時間目

〈活動の流れ〉

（1）単語練習（2回→1回→0回）

（固有）名詞 pizza, colosseo, chocolates

（2）状況設定

ALT が観光案内所の受付となり、客の担任から質問を受け、答える設定。　H: 担任 A:ALT

H: I want to go to Italy.
H: What can I do in Italy?
A: You can eat pizza.
H: How is it?
A: It’s delicious.
H: Oh! It’s good!

（3）答え方の練習　T：教師　C：子供

（画像を見せながら発話，回数は実態に応じて）

T：You can eat pizza.
C：You can eat pizza
T：You can see colosseo.
C：You can see colosseo.
T：You can buy chocolates.
C：You can buy chocolates.

（4）尋ね方の練習

教師に続いてリピートする。

（5）アクティビティ１

①デモンストレーションを見せる

②ペアでイタリアのことだけでやりとりする

（6）アクティビティ２

以下のようカードを配り、各国の良さをやりとりする。１人１人がカードを作成しても良い。

（笹原大輔）

11月

総合　小さい子供達に役立とう

小さい子のために役立とう

「保育所の子と遊んであげよう」と5年生の子供達に伝えると、子供達は喜ぶ。保育所・幼稚園の乳幼児は、小学校のお兄さん、お姉さんが大好きだ。だからこそ、5年生に小さい子のために役に立つ経験をさせたい。そこで、保育所・幼稚園の訪問に向けて、グループ対話を取り入れることで体験活動からより深い学びに繋げることができる。

教師は事前に保育所・幼稚園と連携をしておく。連携の主な内容は次の通りである。

①日時の決定　保育所は、給食があり、午後からはお昼寝の時間となるので、11時頃までの訪問が望ましい。また、保育所の行事が入っていない日を選ばなければならない。

幼稚園の場合も午前中が望ましい。

②交流する内容　保育所の場合は、0歳児～5歳児までいる。年齢によって交流の内容を考える必要がある。

遅くとも1か月以上前に、保育所・幼稚園と連携をとっておきたい。

対話を取り入れた保育所・幼稚園訪問の計画

保育所・幼稚園の訪問計画を立てる。

①保育所の組によるグループ分け
②保育所での礼儀・態度の確認
③遊びの準備（年齢によって遊び方が異なる。グループ内で対話を行い、遊びを複数用意する。雨天の場合も想定して室内遊びも考えておく）。
④交流後、お礼の手紙を書く。
⑤体験を新聞にまとめる。

学習の流れを確認したら、グループ分けをする。グループで対話をしながら遊びの内容を決定させる。

この時、幼児に遊びを合わせることを伝える。

可能ならば、保育所の先生に学校に来て頂く。子供達と対話をしながら保育所での生活や幼児が好む遊びを教えていただく。

子供達は、段ボール、ペットボトルなどを使って遊び道具を作ったり、紙芝居の読み聞かせの練習をしたりする。

幼児を喜ばせるために訪問の準備に取り組む。

保育所訪問当日の様子

保育所訪問当日である。予め決めておいた組の子供と用意した遊びをする。

学級の中には、やんちゃな子がいる。やんちゃな子の膝の間に幼児が入り、絵本を読んであげる場面が生まれる。

また、1歳の子に手遊びを教えたり、遊具で遊ぶのを手伝ったりする場面や遊びのルールを乳幼児に合わせて工夫する場面が生まれたりする。やんちゃな子を活躍させることができる。

最後に、訪問のお礼にリコーダー、歌など学校で取り組んでいるものを発表する。

子供達に人に役立つことの喜びを体験させることができる。

体験を手紙と新聞にまとめ発信する

体験を通して学んだことをお礼の手紙と新聞にまとめる。子供達に感謝の気持ちを育て、体験したことをより深い学びにつなげることができる。

（今井豊）

12月

国語　「百年後のふるさとを守る」伝記の読み取り方を指導する

教材解釈のポイントと指導計画

伝記の学習では

・人物の生涯を読み取る
・人物の生き方を考える
・生き方に対する自分の考えをもつ

この３つが指導のポイントである。第４時で討論を中心とした授業を展開する。

第１・２時　音読　感想　意味調べ
第３時　年表作りをする
第４時　一番の業績を検討する
第５時　浜口儀兵衛の生き方を考え、意見文を書く
第６・７時　伝記を読み意見文を書く

授業の流れのアウトライン

第３・４時の指導例。まず年表作りをする。次のようになる。

年	年れい	出来事
1820	0	紀州藩広村に生まれる。 マグニチュード８・４の大地震が起きる。
1854	34	積みわらに火をつけ、村人の命を救う。 自らのお金を出して、村人を助ける。
1855	35	大堤防作りの工事を開始する。
1855	35	江戸を大地震がおそう。銚子の店で働きながら、大堤防を完成させる決断をする。
1857	37	広村にもどる。松の木を堤防に沿って植えさせる。
1859	39	大堤防が完成する。
	39〜	かたむきかけた家業を盛り返すことに集中する。
1885	65	一生を終える。
1946		和歌山で再び大地震が起きる。堤防が村の大部分の浸水を防ぐ。
2011		東日本大震災が起こる。

年表から儀兵衛の業績として、

・積みわらに火をつけ、村人の命を救ったこと
・お金を出して、村人を助けたこと
・大堤防を完成させたこと
・大堤防に松の木を植えたさせたこと
・傾きかけた家業を盛り返したこと

が読み取れる。

発問　儀兵衛の一番の業績はどれでしょうか。

１つ選ばせて、意見文を書かせる。以下、作文例。

私は、大堤防を完成させたことが一番の業績だと考える。なぜか。第１に、津波から村を守れるようになったからである。再び大地震が来たとき、堤防が浸水を防いだのだ。第２に、堤防を作ることによって、村人が広村に残れるようにしたからである。儀兵衛は材料費や賃金を自ら出した。それにより、村人が村のために働く環境を作ったのである。（以下略）

意見文を元に討論する。

学習困難状況への対応と予防の布石

年表作りを次のステップで行う。

①「１８２０年」など年を表す言葉に赤鉛筆で丸を付けさせる。
②その年に何が起きたのか。儀兵衛が何をしたのか線を引かせる。
③グループになって見せ合わせる。
④表にまとめさせる。

表にまとめさせる前にグループ活動を入れる。何年のどんな出来事を書けば良いのか分かる。実態によっては、出来事をまとめる際もグループで相談させながら進める方法もある。

（保坂雅幸）

12月

社会　くらしを支える情報（インターネット）

「くらしを支える情報」「インターネット」の授業プラン。

【発問】地震、情報を集めるために有効な方法は何ですか。

熊本地震でのデータを示す。

1位　携帯電話（家族の安否確認）
2位　テレビ放送（災害の状況）
3位　スマートフォン（ＬＩＮＥなどのインターネット掲示板）

ここで携帯電話・スマホが基地局を経由してサーバーから情報を得るための、簡単な原理を図で理解する。

【発問】インターネット掲示板を使うことの良さは何ですか。

「いつでも見ることができる」「遠くにいる家族と連絡できる」などの良さが出されるので、分類していく。

すると、「時間を気にしない」「空間を気にしない」の2つに分けられる。

【発問】どちらが重要ですか。

時間情報と空間情報の特性を押さえることができる。

【説明】それぞれの良さを、災害時もっと利用することができるはずです。地震にあった時、どんな情報が知りたいですか。

①地震の被害の大きさ
②家族の安否
③ライフラインの確保
④地震の予知

などが出される。

【発問】それぞれの情報をサーバーにためておきます。もっとも利用できそうなのはどの情報ですか。

地震の被害については、復旧の優先順位に生かされる。家族の安否確認については、救急救命の優先順位に生かされる。ライフラインの確保については、どこで物資を得ることができるかだけでなく、外部団体がどこに物資を補給すればよいかに生かすことができる。

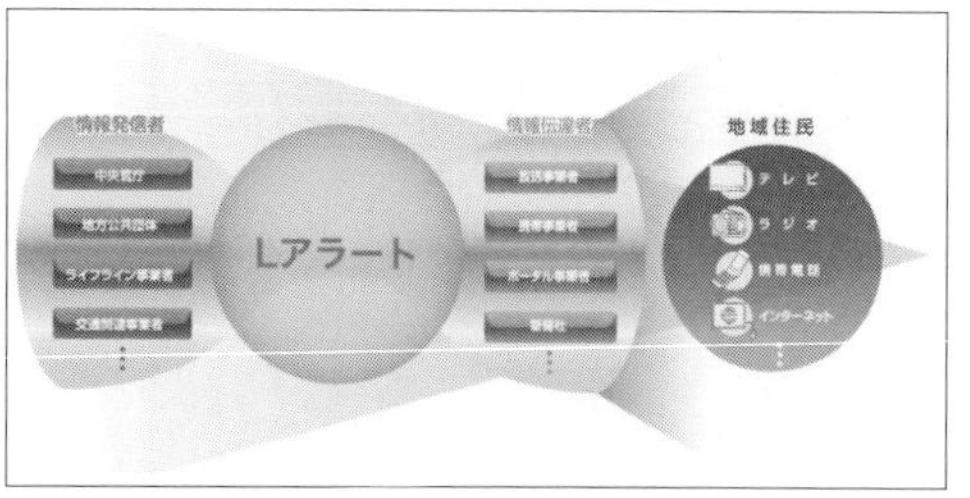

ここで災害時情報流通基盤、Ｌアラートを紹介する（上の概念図を参照）。

熊本地震では東日本大震災の教訓から、ＩＴの利用がいかんなく発揮されたことを写真などで具体的に示す。

【発問】地震の予知は可能ですか。

Ｊアラートの仕組みを押さえる。完全な予知はできないが、地震波より光ケーブルの情報の方が早いことを生かして、減災に結び付けることができる。

【発問】もしも自分の携帯会社が通信できなくなったらどうしますか。

東日本大震災時、通信契約の問題で接続できない機種があった。災害時、どんな方法で情報を得るか簡単に予想させる。

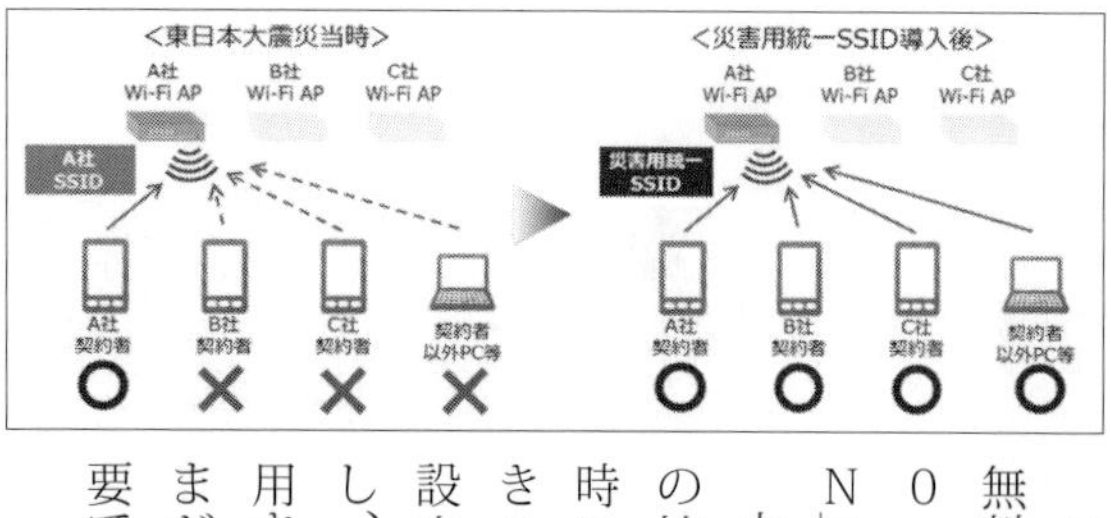

ここで、災害時無料無線ＬＡＮ「０００００ＪＡＰＡＮ」を紹介する。

大手通信事業者の協力により災害時に無料で利用できる無線ＬＡＮが設定された。ただし、熊本地震で利用されたのは23%。まだまだ周知が必要である。

（小川幸一）

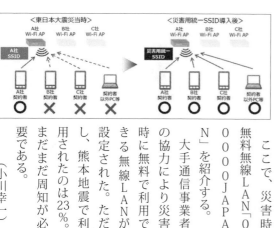

12月

算数　「四角形と三角形の面積」面積を求める様々な方法

本時における対話とは、平行四辺形の面積の求め方を何通りか考え、図に表し、計算して答えを出し、その考え方を説明することである。

例題を解く

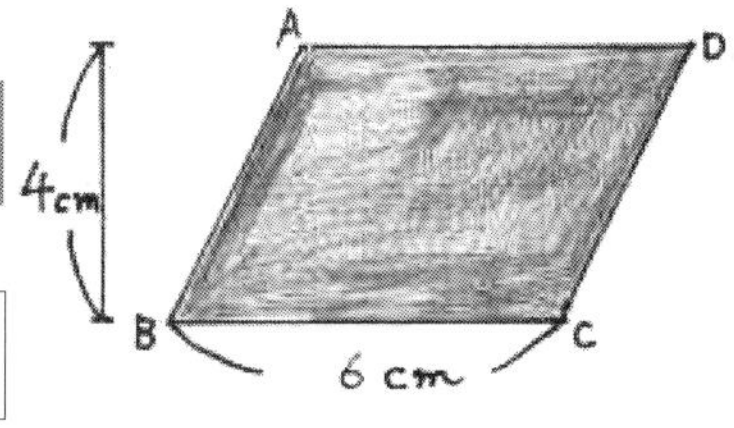

例題１　右の平行四辺形ＡＢＣＤの面積の求め方を考えよう。

（１）考えがわかるように線をひいたり、図をかきたさせる。
（２）１つ書けたら丸をもらい、別な方法を考えさせる。
（３）１つだけでなく何通りも考えるようにさせる。
（４）２つ以上考えた子に板書させる。

１つ考えてきたら「すごい」といってほめる。どんな考えも認め思いついたことを賞賛する。 計算ミス、答え間違いは指摘し修正させる。

考えを説明する【本時の対話的な学び】

（１）図を使って説明させる。式、答えも言わせる。

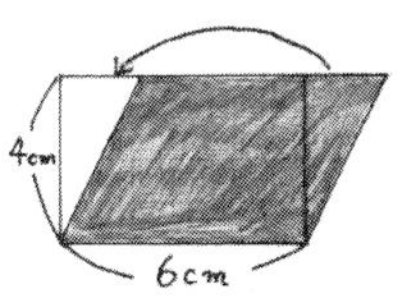 ①右の三角形になる部分を反対側に移動して長方形にして面積を求めます。 式　４×６＝24 答え　24㎠	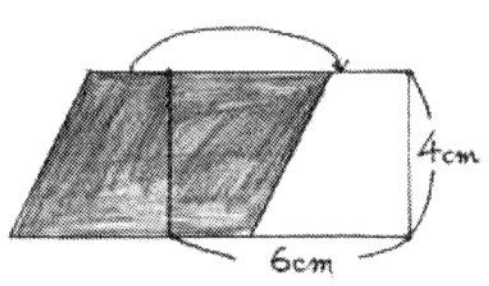 ②半分を裏返して反対側にくっつけ長方形にして面積を求めます。 式　４×６＝24 答え　24㎠
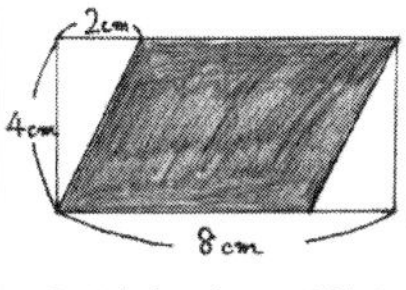 ③周りを囲んで大きな長方形にする。その後、三角形２つ分を長方形として考え、大きな長方形の面積から小さな長方形の面積を引きます。　式４×８－４×２＝24　答え　24㎠	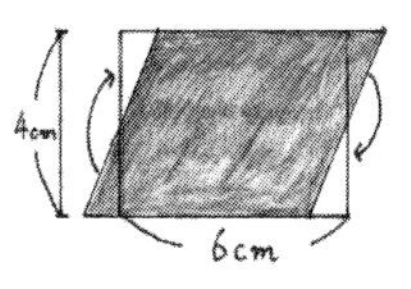 ④三角形になる部分を半分移動し、長方形にして面積を求めます。 式　４×６＝24 答え　24㎠

（２）板書した子だけでなく、全員がグループや隣の子に自分の考えを説明する。
（３）どの考えも、面積は変えずに形だけを変えて面積を求めていることを確認する。
（４）平行四辺形の底辺、高さを教え、公式「平行四辺形の面積＝底辺 × 高さ」を教える。

参考文献『向山型算数教え方教室』2006 年 11 月号（明治図書）

（細井俊久）

理科　川の流水による自然災害

雨の降り方によって、水の速さや量が増し地面を大きく浸食したり、石や土を多量に運搬したり堆積させたりして、地面の様子が大きく変化する場合があることを捉えるようにする。

川の水が増えると

流れる水のはたらきの実験で水の量を増やすと、蛇行したところの外側の地面が決壊し、水がまっすぐに流れた。

このことから、川が蛇行しているところでは、どこが危険なのかがわかる。

流れる水による災害を防ぐには何をしたらいいですか？

【予想される児童の考え】
①堤防を作る。
②水の流れを変える。

児童に小石や木片などを使わせ、水の災害を防ぐ方法を自由に試行させる。共働的な活動になる。

実際に護岸工事をしているところや堤防、砂防ダムなどが近くにあれば、見学する。

川の災害を防ぐ工夫

流れる水のはたらきで起こる災害を防ぐために、どのような工夫がされていますか？

これまでに見てきたものを発表させる。堤防、ブロックなどの意見が出る。

教科書にある堤防、護岸ブロック、遊水の地下池、砂防ダムなどの写真を見せ、河川が氾濫しないようにしていることを教える。

埼玉県春日部市には地下に巨大水槽があり、大雨で増水した水を一時的に集めるはたらきをし、洪水を防いでいることを紹介するとよい。

もし川の流水による自然災害に遭遇したら

大雨で川の水位が上昇し、洪水の危険が迫ってきたとします。何をしますか？

【予想される児童の考え】
①懐中電灯やラジオなどをリュックに入れる。
②２階に逃げる。
③テレビやラジオから情報を得る。
④できるだけ早めに避難場所に避難する。

いざというときにあわてないよう、日ごろから防災グッズを準備して持ち出せるようにしておくことが必要であることに気付かせる。

なお、浸水が始まってからの避難は危険を伴う。近くの丈夫な建物の２階以上に逃げた方がよい。ただし、浸水が３ｍを超えるようだと２階の床まで水がきてしまうので、２階建ての住宅は危険である。

市町村が発表しているハザードマップで、想定浸水深を事前に調べておく必要がある。各自の家から避難場所までの安全な避難経路を家族で確認するように呼びかけるとよい。

地域で起こった過去の水害の事例を調べる活動などを通し、防災意識を高めるようにしたい。

（山本芳幸）

12月

音楽　詩と音楽を味わおう　「待ちぼうけ」ほか

山田耕筰の歌曲から「待ちぼうけ」

（1）身体活動をして聴く

指示「まねします。チャ〜ラッチャ　チャッチャラチャチャ　チャチャチャチャチャチャ」

特徴的な前奏を歌ってみせてまねさせる。ここだけで笑いが起こるが、つられて笑ってしまわない。まじめな表情で、どの子も歌うまで繰り返す。だいたい歌えるようになったら、両手を頭上に掲げうさぎの耳のようにする。歌い続けながら、右図のようなポーズを取りまねさせる。続けて、１回転。

指示「チャ〜ラッチャ　チャッチャラチャチャ　ピョーンピョーン」

１回転のあと、ピョーンピョーンで２回ジャンプ。うさぎをイメージさせる。

指示「チャ〜ラッチャ　チャッチャラチャチャ　チャチャチャチャチャチャ、が聴こえたら、立ち上がって今のおどりをします」

『待ちぼうけ』（北原白秋作詞 / 山田耕筰作曲）を聴かせる。いきなり前奏で立ち上がって踊る。有無を言わさず躊躇させずに取り組める。５年生でも楽しんでやる。

（2）変化をつけて、複数回聴く

発問「何回踊りましたか？」

案外覚えていない。適当な回数を言う。

発問「どうしたらわかりますか？」

「もう一度聴く」方法を確認する。正解は６回。

発問「待ちぼうけは、何回言ってましたか？」

２回聴いているので、だいたい想像がつく。歌は５題まであるので、１題で２回言っているから２×５で 10 回という答えが最多。たまに、11 回と正解を出す子もいる。

指示「では数えましょう」

３回目を聴く（小室亜希子氏実践追試）。

（3）感想をまとめる

「待ちぼうけ」のもとになった中国の昔話を読む。感想を書いて発表。意見交流する。

（4）作詞・作曲者について

北原白秋と山田耕筰については、教科書で簡単に触れられている。本やインターネットで調べさせるのも楽しい活動になる。

（5）声の種類・歌声による演奏形態（新出）

「待ちぼうけ」、「赤とんぼ」、「この道」の３曲を聴いて、大人の声の種類（女声：ソプラノ・メッゾソプラノ・アルト、男声：テノール・バリトン・バス）や、演奏形態（独唱・せい唱・重唱・合唱）について知る。

「冬げしき」（文部省唱歌）

（1）素読

指示「先生のあとに続いて読みます」

100 年以上前に作られた曲だ。詩は文語体で書かれている。歌詞の意味がすんなりとわかり、歌詞に描き出されている情景までもとらえてしまえるのが、「素読」である。すらすらと読めるようにする。

（2）歌えるようになる

指示「まねします」

情景が浮かんでくるような歌い方をさせたいときは、アカペラで歌ってみせてまねさせて、歌えるようにする。短いフレーズを扱う。留意点は２つ。言葉の頭を立てて歌ってみせる。旋律の動きに合わせ、強弱をつけて歌って見せる。

このあと、範唱 CD に合わせて覚えて歌えるようにする。歌い始め、曲の山、歌い終わりの工夫をさせる。（中越正美）

図画・工作　いろいろな顔のあるコースター

作って遊ぼう！

たまには、こんな作品を作ってみてはどうだろう。自分が作ったもので、友達と一緒に遊ぶのである。子供の頃、牛乳のふたを使って、机の端から手のひらで押して、だれのふたが一番遠くまで行ったかという遊びをしたことがある。その遊びのための道具を作るのである。

思い付かなくても大丈夫！

【準備物】・紙のコースター（100円ショップで購入可）・水性サインペン（100円ショップで購入可）・下書き用紙（A4サイズに円が6つ程度）・黒の油性サインペン・筆記用具

最初に、紙のコースターを配って、遊び方を教えて、十分に遊んだ後で顔を描かせても良いし、すぐに、顔を描かせる作業に入っても構わない。そこはクラスの児童の実態に合わせて行って欲しい。

まずは、左のような下書き用紙を配り、次のように言う。「今までに1度も見たことのない、世界でたった1つの顔をつくります」。

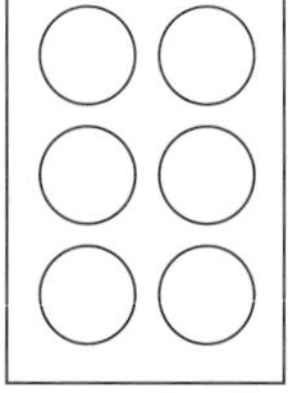

そして、顔を描く最低条件として、目、鼻、口は必ず描くことにする。円の1つに、下書きをさせる。描く順番は①「鼻」②「目」③「口」である。

児童の中には、どんな顔にすればいいのか分からない児童がいる。そんな時は、まず鼻を描いてみることである。どんな鼻でも良いから描いてみるのである。この時間は、色々なアイデアを試す時間なのである。教師も黒板に色々な形や大きさの鼻や目、口を描いて見せることが大切である。そして、教師は、児童が描いたものを見て褒める。そこから発想が膨らんで行くことがある。

目、鼻、口が描けたら、ひげ、まゆ、かみの毛などを描いてもいいことを伝える。1つ目が完成したら、2つ目、3つ目と描かせる。この時も、机間巡視をしながら褒めていくことを忘れずに行う。

いよいよ本番であるが、その前にコースターにはすべる方とすべらない方があるので、すべらせて調べさせる。そして、すべらない方に顔を描かせる。描く時は、いきなりサインペンで描く。まずは、黒色のサインペンで線を描かせ、その後、色を塗らせる。ここまで進むと自然に隣同士や同じ班の中で「こんな目にした」「面白い顔ができた」「その口、面白い形だね」という声が聞かれる。

色塗りが終わり完成したら、もう1枚作らせる。1人2枚作ったら、作った顔のあるコースターで遊ばせる。ここでも遊びながら自分のコースターの出来栄えを、お互いに話す姿が見られる。「かっこいい目だね」「すごい顔ができたね」「かわいい顔だね」と言いながら、楽しく遊ぶ姿が見られる。児童が喜んで作って遊ぶこと、間違いなしの題材である。

（菊地耕也）

12月

家庭科　我が家の「雑煮」を調べよう

1.雑煮はさまざま!　我が家の雑煮は?

「和食」はユネスコの無形文化遺産に登録されているが、その理由の１つとして、正月などの年中行事と食との密接な関わりがあげられている。

正月に食べる「雑煮」は、地域や家庭によりさまざまな特徴がある。ご飯とみそ汁の学習を終えた12 月に、これらの学習の発展として雑煮を取り上げることで、餅は米からできていること、雑煮の味付けにみそが使われる地域があることを知り、また正月に食べる際に、自分の家の雑煮に興味を持てるようにしたい。

まず、全国にはさまざまな種類の雑煮があることを知らせる。

開隆堂の教科書には、くるみ雑煮（岩手県）・関東風雑煮（関東地方）・京風雑煮（関西地方）・あんもち雑煮（香川県）・具雑煮（長崎県）の５つが掲載されている。

教科書を見ながら、自分の家の雑煮はどれに近いか選ばせておくと、その後に自分の家の雑煮を予想する際に、考えやすくなるだろう。

次に下記の４点について、自分の家の雑煮を思い出しながら、予想させる。

①	もちの形	丸・四角
②	もちの調理法	焼く・煮る
③	味付け	しょうゆ・みそ・あずき
④	具	（例）とり肉・にんじん・だいこん　など自分で記入

地域によっては、これ以外にもさまざまな特徴があるが、子どもたちは普段意識せずに食べていると思われるので、ここでは大まかな違いだけをおさえるようにする。

自分で予想を書いた後に、グループ内で発表し合う。

同じ学区に住んでいても、雑煮は両親の出身地によって変わってくるので、その地域以外のものも出てくるだろう。発表し合う中で、地域だけではなく家庭ごとにも違いがあることに気付き、自分の家の雑煮を実際に見て確かめたいと思えればよい。

2.調べよう!我が家の雑煮

あとは宿題にして、予想した４点について、家の人に聞いてくるようにする。

ここまでを 12 月中に学習しておき、正月に実際に食べた後に感想を書かせる。

できれば冬休みの宿題として写真を撮っておくようにし、休み明けに掲示したり発表したりすると違いがよくわかって面白い。

（柏木麻理子）

12月

体育

緊張場面が力を引っ張り出す二重跳びリレー

向山氏のなわとび指導に「二重跳びリレー」がある。

①男子チームと、女子チームでチームを作らせる。
②それぞれのチームを1列で並ばせる。
③前から、順番に跳ばせる。
④自分の番が来たら、その場で跳ぶ（教師の前や列の先頭まで来させない）。
⑤周りの子には、応援をさせる。
⑥勝負がついてしまっても、最後まで全員跳ばせる。

2チーム対抗で行う。4チームではなく、2チームで戦うからこそ子ども達は熱中する。勝ちか負けがはっきりとするからである。これを男女対決にするのがミソである。男子はプライドがあるから負けることに異常に抵抗感を感じる。

しかし、二重跳びに関しては女子の方が跳べるものだ。大抵、女子が勝利することが多い。よって、男子はどうするか？「勝ちたい！　みんなの前で跳びたい」といった理由から、必死に二重跳びの練習をするようになる。

勝負がついた時点で対決を止めないのもポイントだ。ややもすると片方のチームが全員跳び終わった時点で勝敗をついたから止めてしまいがちである。しかしこれは体育の授業である。基本線は運動量を確保し体力や技を向上させることだ。だからこそ勝敗がついても全員が跳ぶシステムが必要であった。それが最後まで運動量を確保することにつながる。

私のクラスではドラマが起きた。その日のアンカーの女の子は、二重跳びがまだできなかった。それが、何と2回連続で跳び女子が勝ったのである。他にも1回しか跳べなかった子が2回連続で跳べたりした。大きな歓声と拍手が校庭に響いた。それはみんなの前で跳ぶ緊張感・チームが負けたくないという責任感など多様な事が相まって突破したのだ。そうして全員が二重跳びができた。

その年の最後の体育の頃には、平均回数が8回までアップした。優れたシステムが二重跳び達人・名人を生み出すのだ。

それでも二重跳びが、1回もできない子のためには、次のような指示をする。

「1回二重跳びをしたら、しゃがみ込んじゃいなさい」。これで1回できる。あとは「二重跳び1回→前跳び→二重跳び1回→前跳び……」の練習をさせた上で、連続2回にチャレンジさせる。

向山氏は、なわとびの回数を次のようにとらえている。「二重まわしなら、まずは「1回」だけがテーマとなる。次は、「連続2回」がテーマとなる。あとは、（粗く言えば）「それ以上」でいい。このような活動を組み合わせ、楽しみながら力をつける二重跳びリレーはお薦めだ。

（桑原和彦）

12月

道徳　支えてくれる人に感謝の気持ちをもつ

12月の道徳のポイント

冬休み直前である。長期休みであると共に、クリスマスやお正月の等のイベントや行事がある冬休みは子ども達にとって、とても待ち遠しいものであろう。

遠くに住んでいるおじいちゃん、おばあちゃん、普段会うことのない親戚やいとこに会うこともあるだろう。クリスマスプレゼントやお年玉を楽しみにしている子も多いだろう。

そんな時期だからこそ、自分のこれまでの成長や日々の生活が、そうした多くの人たちの支えや励ましによって成り立っていることを実感し、感謝の気持ちをもって具体的な行動を起こせるようにしたい。

『小学校学習指導要領　特別の教科　道徳編』に次のように書いてある。

> 身近な人々から見えないところで日々の生活を支えてくれる人々まで、成長とともに、尊敬と感謝の念が広がっていくよう指導することが大切になる。自分たちの生活が、多くの人々に支えられ助けられて成り立っていることへの気付きが、自分も人々や公共のために役に立とうとする心情や態度につながるよう指導を深めていくことが大切になる。

12月のオススメ資料

「一人じゃない―長友佑都」という資料(文溪堂)がある。徳目は、「尊敬・感謝」である。世界的なプロサッカー選手である長友佑都選手を題材とした話である。

海外の有名チームでプレイする長友選手であるが、そうなるためには、様々な人々の支えがあった。この資料では、中学校時代の恩師である井上先生、母親、ファン、ホペイロ（用具係）である。

そんな人たちに、長友選手はサッカーのプレイで報いたいと考えている。

そこで、日々の生活が人々の支え合いや助け合いで成り立っていることを感謝し、それに応えようとする心情を育てることをねらいとしてこの資料を活用したい。

対話指導のポイント

長友選手を支えた人たちは、それぞれの思いをもっている。その思いに気づかせたい。そこでまず、井上先生、母親、ホペイロが長友選手を支える理由を考えさせる。その時、自分を支えてくれている人は誰なのかを問う。おそらく、多くの人々が上がるだろう。

ここでは、このように資料と自分を往復させるようにする。次は、長友選手と自分自身を往復させる。

> 長友選手にとって、みんなの思いにどう応えることが一番の恩返しですか。

全力のプレイという答えが返ってくるだろう。そして、自分の場合を考える。

> みんなは、支えてくれている人にどんな恩返しをしますか？

ここでは、様々な具体的な行動が出てくるかもしれないが、「自分にできることを全力で頑張る」「一生懸命にやれることをする」などに集約されるだろう。

人は、全力で頑張る人を応援したくなるのである。

（吉谷亮）

12月

英語　スモールステップを意識する

Unit7 "Where is the treasure?"

本ユニットでは、前半に位置関係を示す前置詞（on, in, under, by）を扱い、後半に前置詞を含む道案内の学習を行う。また、最後の見開き２ページは、見つけた宝物を表す単語から１文字を書き写していき、宝物の謎を解いていくという構成になっている。この地図を使い、子供同士で道案内をさせるなどの工夫もできる。

ユニット７　単元計画（８時間扱い・例）

時	主な学習内容またはダイアローグ
1	A: Where is the pencil? B: It's on the desk.
2	ある人が探しているものを聞き取る
3	語句や表現を絵本の中から識別し推測しながら読む
4	A: Where is the hospital? B: Go straight. Turn right. Go straight. You can it on your left.
5	道案内を聞いて，目的地を探す
6	（見開き２ページを見ながら） A: Where is your treasure? B: Turn left. You can see it on your right. A: Your treasure is rabbit? B: Yes, it is.
7	６時間目で見つけたモノを書き写し、宝物の謎を解く
8	教室内に自分の宝物（カードに書く）を隠し、やりとりを通して見つけ合う

「道案内をしよう！」４時間目

〈活動の流れ〉

（１）単語練習（２回→１回→０回）

建物　school, hospital, park

（２）状況設定

風邪をひいてしまった人（担任）が近くの人（ALT）に病院の場所を尋ねるという設定。

H：担任　A：ALT

H: I have a cold.（咳をしながら……）
H: Excuse me.
A: Yes?
H: Where is the hospital?
A: Go straight. Turn right. Go straight.
　You can see it on your left.
H: Thank you!

（３）答え方の練習　　T：教師　C：子供

（画像を見せながら発話、回数は実態に応じて）

T：Go straight.　C：Go straight.
T：Turn right.　C：Turn right.
T：Turn left.　C：Turn left.
T：You can see it on your left (right, ahead).
C：You can see it on your left (right, ahead).

（４）尋ね方の練習

教師に続いてリピートする。

（５）アクティビティ

"We Can! 1" には、より複雑な地図が掲載されているので、最初は教師が右図のような簡単な地図を提示して会話させるとよい。スモールステップになるよう配慮することで、子供達も話せるようになる。

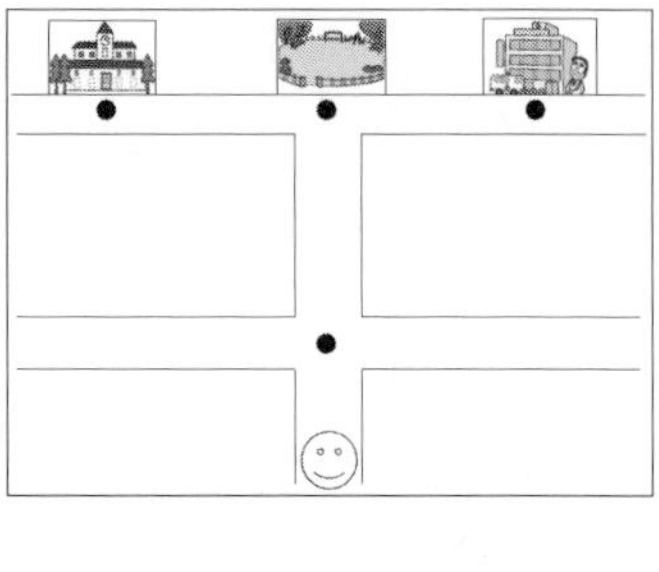

（笹原大輔）

12月

総合　老人ホーム訪問

老人ホーム訪問の計画を立てる

「子供達は、お年寄りを笑顔にする魔法をもっている」と高齢者介護施設で働く方から聞いたことがある。老人ホームで暮らすお年寄りは、子供達が訪問するだけで喜ばれる。そこで、子供達がお年寄りに役立つ経験をさせることを計画する。

まず、指導することは、訪問の際の態度である。訪問の礼儀として次のことなどを事前に指導しておく。

・元気な声で挨拶をする。
・お礼を言う。
・静かに見学する。
・履物を揃える。

次に、子供達に老人ホームを訪問してお年寄りを喜ばせるためにしたいことを、グループでの対話を通して話し合わせる。

例えば、子供達からは、音楽発表（合唱やリコーダー演奏）、けん玉などの技の発表、暗唱、クイズなどが出てくる。

子供達がお年寄りを喜ばせるためにしたいことが決まったら、グループ分けをして準備に入る。ここでも対話を取り入れ、具体的なことを決定していく。

例えば小道具を作る、発表の内容を決める、司会の練習をするなど、準備の時間を確保する。

準備で最も大切なことは、お年寄りとの交流についての指導である。お年寄りとの対話の中で、色々な話を引き出せるように話したいことを相談させておく。例えば、次のようなことである。

・子供の頃の思い出
・若い頃、得意だったこと
・戦争中の思い出
・仕事の思い出　など

お年寄りと対話

老人ホーム訪問の当日、お年寄りは、子供達に会えることを何日も前から楽しみにして下さっている。

子供達に自己紹介をさせた後、準備してきた発表をする。お年寄りの中には、耳が聞こえにくく反応がない方もおられる。そのような中で発表することで、子供達は伝えることの難しさを体験する。

最も重要なのは、お年寄りとの対話である。お年寄りと手を触れ合い、「どんなお仕事をされていましたか」「小学校の頃の思い出は何ですか」など、笑顔でお年寄りと対話をさせる。

そうすることで、お年寄りを笑顔にすることができる。中には、嬉しくて子供の手を握って離さないお年寄りもおられる。

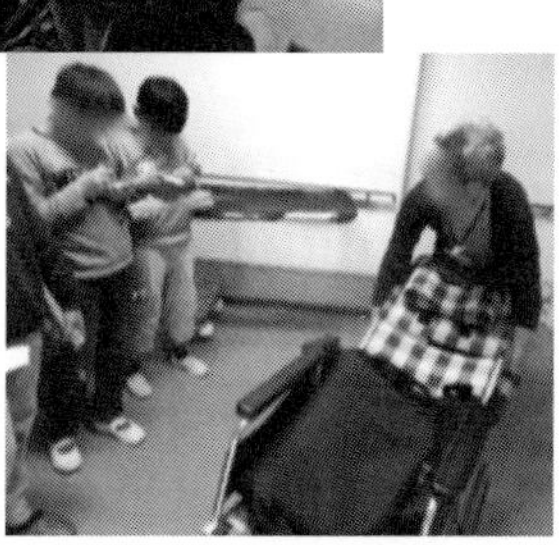

最後にお年寄りが子供の頃に歌っていた歌を歌う。すると、一緒に歌う人、涙を流す方がおられる。そんなお年寄りの姿を見て子供達も感動する。

お年寄りとの交流は、子供達にとって人に役立つことの素晴らしさを実感する貴重な経験となる。

（今井豊）

1月

国語　「想像力のスイッチを入れよう」事例と意見の関係を指導する

教材解釈のポイントと指導計画

本単元では、

・事例と意見の関係を読み取る
・筆者の意見に対して自分の考えを書く

この2点が指導のポイントである。第3時では全体で討論、第4時ではグループによる確認という対話を中心とした授業を行う（全6時間）。

第1・2時　音読　感想　意味調べ
第3時　文章構成を検討する
第4時　まとまり毎に文章を事例と意見に分け、表にまとめる
第5時　要旨をまとめる
第6時　筆者の考えに対し、共感点疑問点などを意見文に書く

授業の流れのアウトライン

第3時・4時の授業例。

指示　16段落ある本文を3つのまとまりに分けなさい。

本文は、①〜⑥／⑦〜⑭／⑮⑯に分けることができる。意見が分かれたら理由を書かせ討論する。次に、まとまりごとに事例と意見の関係性をまとめていく。

発問　1つ目のまとまりの中の事例は、何と何ですか。

・マラソン大会と図形の見方

指示　マラソン大会の事例について、筆者の考えが書かれている部分に線を引きなさい。

3段落「このように、同じ出来事〜」だ。同じく、図形の見方についても問う。6段落「このような〜」である。同じようにサッカー新監督就任の例も扱い、表にまとめる。次のようになる。

まとまり	段落	事例	筆者の意見
1	①〜⑥	マラソン大会 図形の見え方	③このように、同〜 ⑥このような思い〜
2	⑦〜⑭	サッカーチームの新監督就任報道	⑧ここでまず大切〜 ⑪次に大切なのは〜 ⑫最後に一番大切〜
3	⑮⑯		⑮そんな思い込み〜 ⑯あなたの努力は〜

まとまり2は表に書いた部分以外にも筆者の意見が書かれている。個人作業の後、グループにして確認する。これをすべて表に書くと何が大切なのか分かりにくくなる。「線を引いた中で、**特に重要な文を3つ選びなさい**」と指示し、検討していく中で表の3文に絞り込む。

学習困難状況への対応と予防の布石

文章をまとまりに分けることは難しい。そこで「3つのまとまりに分けなさい」と数を指定することが大切だ。さらに、複数の考えが出ることが予想される。

A　①〜⑥／⑦〜⑭／⑮⑯
B　①〜③／④〜⑭／⑮⑯
C　①〜⑥／⑦〜⑮／⑯
D　①〜⑥／⑦〜⑫／⑬〜⑯

などと出されたとする。このような時は

明らかにおかしいと思うのはA〜Dのどれですか。

と発問し、論点を絞って1つ1つ討論していく。

（保坂雅幸）

1月

社会　国土の自然とともに生きる（林業）

小単元「森林を守る人々」（4時間扱い）の授業プランである。

【第1時】森林を身近に感じるくらし

> 日本は森林が多い国だと思いますか、それとも少ない国だと思いますか。

まず、日本の国土のうち森林が占める割合について考える。国土の3分の2が森林であることを面積図で示したり、その割合が世界で上位であることを資料で示したりして、日本が世界有数の森林国であることが理解できる。

> 身のまわりにある木製品を探して箇条書きしましょう。

鉛筆、机、椅子、黒板、床などが見つかる。次に、同じように「木製品ではない物」を探す。時計、窓、電気、ロッカー、壁などが見つかる。

> 世界有数の森林国日本には、木製品の方が多くある。この考えに賛成か。

世界有数の森林国であるにもかかわらず、木製品の数が少ないことに気づく。

【第2時】森林のはたらき

「森林のある場合」と「森林のない場合」の2枚のイラストを比較し、違いを発表する。次に、「森林がない場合に起きる困ること」を発表する。そして、困ることの反対を「森林のはたらき」と言い換える作業を行う。「土砂崩れが起きる」↓「災害を防ぐ」のようになる。

> 「木材を生産する」「自然災害を防ぐ」「緑のダム」の中で、一番優れた「森林のはたらき」はどれか。

話し合う中で、最後にはどれも大切なはたらきであることを確認する。

【第3時】森林を守り育てる人々

「木を育てて出荷するまで」の資料から「わかったこと・気づいたこと・思ったこと」を箇条書きする。木を育てて木材を生産する仕事には長い年月がかかることが理解できる。

> どの作業が最も大変な作業でしょう。

話し合うことで下草がりや枝打ち、間伐には多くの人手が必要なこと、そして林業が抱える課題に気づくことができる。

【第4時】森林を守り、地球を守る

「森林保全にたずさわるボランティア団体の数の変化（林野庁）」のグラフを読み、「森林を大切に守っていこうと考える人」が増えていることが分かる。

> 森林を守るためにどのような取り組みが行われていますか。

教科書や資料集の資料から調べ、発表する。「植林活動」「ナショナルトラスト運動」「間伐材の活用」等の意見が出される。

> これから森林を守っていくために、どのような取り組みが大切ですか。

自分の考えをノートに書かせる。その際、第2時で学習した「森林のはたらき」や第3時で学習した「森林を守る人々」の内容も取り入れて書くように助言する。意見発表後、クラスで1つだけ取り組みをするとしたら誰の考えに賛成するかを話し合うと盛り上がる

（金子明弘）

1月

算数　「差や和に目をつけて」表を使って解き方を考える

本時における対話とは、表を使って規則性を見つけ、答えの求め方を説明することである。

例題を解く

例題1　なつよさんは、昨年1200円貯金して、今年の1月から毎月300円ずつ貯金しています。

ひろしくんは、昨年貯金は0円で、今年の1月から毎月500円ずつ貯金を始めました。

何月になると、2人の貯金額が同じになりますか。

（1）教師が問題文を読み、その後子供に読ませる。

（2）黒板に書いた表に3月まで貯金額を記入し、気がついたことを発表させる。
（2人の貯金額がだんだん近づいてきた）

（3）ひろしの下の欄に差・和のどちらを記入するか考えさせる（差）。

（4）ノートに差を入れて、0になるまで表に記入させ、2人の貯金額が同じになるのは何月か確かめさせる（6月）。

	昨年	1月	2月	3月	4月	5月	6月
なつよ(円)	1200	1500	1800	2100	2400	2700	3000
ひろし(円)	0	500	1000	1500	2000	2500	3000
差　(円)	1200	1000	800	600	400	200	0

（5）差が毎月200円ずつ縮まっていることから式を出して答えを求めさせる。

ひろし(円)	0	500	1000	1500	2000	2500	3000
差　(円)	1200	1000	800	600	400	200	0

200円ずつちぢまる。

式　1200÷200＝6　　答え　6月

説明する【本時の対話的活動】

（1）子供に自由に表を使って説明させる。

（2）説明の型を使って説明させる。
様々な説明の仕方を良しとするが、短くわかりやすい説明が良いことを伝え、「まず・次に・だから」の言葉を使って説明させる。以下の言い方を説明の基本とする。


まず、最初の差は1200円です。次に毎月200円ずつ縮まっているので1200を200で割ります。

だから1200÷200＝6なので、6月ということがわかります。

（3）隣同士で互いに説明し合い、上手に説明できるようにさせる。
全員が説明することを目標とし、教師は全員が説明できたか確認する。

（4）最後に数名にみんなの前で説明をさせ、上手にできるか確認する。

（細井俊久）

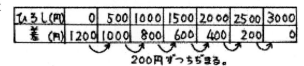

1月

理科　水に溶ける物の量

水の温度や量といった条件を制御し、水に物を溶かしたときの溶ける量を調べ、物が一定量の水に溶ける量には限度があることを捉えるようにする。

食塩は、水に限りなく溶けるか予想する

前時までに、食塩が水に溶けると非常に小さい粒になることを指導している。

しかし、消えたように見えた児童もいる。そこで、問題を作る。

食塩は、水に限りなく溶けるだろうか。

自分の体験や今までの授業を元に予想させる。予想させたら、理由を書かせる。

中には、予想できない児童もいる。その場合は周りの児童の予想を聞き、自分の考えに近いものを選ばせる。

【予想される児童の考え】

①溶ける。理由は、授業で溶けるときのもやもやを見たとき、消えたように見えたからだ。限りなく溶けると思う。

②溶けない。理由は、家でココアを飲んだとき、溶け残りが出たことがあるからだ。

③溶けない。友達の意見を聞いて、食塩は溶かしても消えないことを思い出したからだ。

実験で確かめる

実験方法、メスシリンダーの使い方、すりきり１杯のはかり取り方を確認し実験をする。

①メスシリンダーで 50mL の水をはかり取り、ビーカーに入れる。

②食塩をさじですりきり１杯ずつ水に入れて溶かし、何杯まで溶けるか調べて、記録する。

③溶け残りが出た場合、溶かすのをやめる。

ミョウバンでも実験をする

児童は食塩と同じように、ミョウバンでも実験をする。

食塩とミョウバンの溶け残りを比べ、物によって、溶ける量に違いがあることを知る。

溶け残りを溶かす方法を考え実験する

水の量を増やす実験と水の温度を上げる実験をする。

食塩、ミョウバンの溶ける量を調べる。

水の量を増やすと両方とも溶ける量が増え、水の温度を上げると、ミョウバンだけ溶ける量が増えることを知る。

この２つの実験は児童に考えさせたい。

結果と考察を共有する

黒板にグループで実験した結果を書かせる。結果を共有させることで共通点、差異点がわかる。

結果や考察を発表したり、質問したり、答えたりすることで、議論が活発になり、物が一定量の水に溶ける量には限度があることを理解する。

（髙木順一）

1月

音楽 和楽器のひびきと旋律の美しさ　鑑賞「春の海」

【第1時】箏の音色・尺八の音色

発問「どんな音が聴こえてきましたか？」

冒頭部分（8秒間）を聴かせる。擬音語（トゥーン、ツンツクツクツクツーンなど）でも良い。楽器名（弦楽器、ギターなど）でも良い。

説明「箏の音色です」

写真（実物）を提示。長さ（180cm）、各部の名前（龍額・龍尾など）、弦（13本）、柱《じ》、爪について説明。奈良時代に中国から伝わった。

※実物を体験させるのが良い。爪をつける、柱《じ》を立てる、弦を弾くなど、実物に勝るものはない。一面あれば、全員体験は可能だ。

指示「違う音が聴こえてきたら手を挙げます」

箏の音色を確認しながら、始まりから18秒までを聴く。「尺八」の音色に気づかせる。

説明「『ひや～～ら～りらりらり～～ん』って」

指示「聴こえた人？」

挙手で確認。

説明「尺八と言う楽器の音です」

長さが一尺八寸で「尺八」と言うこと、竹製、穴は5つ開いている。中国から伝わった。

説明「『春の海』という曲です」

説明「宮城道雄さんが作曲しました」

教科書にある宮城道雄の紹介文を読む。

指示「箏と尺八の音色を楽しみます」

1分37秒（曲前半部分）まで聴かせる。

【第2時】曲の仕組み

指示「曲の感じが変わったら手を挙げます」

1分40秒ごろに、曲想が変化することに気づかせる。気づいたことを褒める。

発問「どう変わりましたか」

速さが変化した、旋律の動きがなめらかな感じからはずむ感じに変化したなど、言葉に変えて言えたことを褒める。

指示「もう一度詳しく聴いてみましょう」

友達が気づいた変化に気をつけて聴かせる。（最初から4分32秒まで）聴いて思い浮かんだこと、気づいたこと、思ったことをノートに書かせる。発表。互いの思いを共有する。

> 【前半部分例】ゆったり、遅い、のんびり、癒される、尺八の音色が小鳥の鳴き声みたい
> 【後半部分例】尺八と箏がおしゃべりしている、楽しそう、尺八が歌っているのを箏が応援している、尺八が突然叫んでいるようだ

発問「この続きは、どうなると思いますか」

前半と同じ旋律が出てくる、全く違う旋律になる、これでおしまい、などさまざま予想をさせてから続き（4分33秒から最後まで）を聴かせる。箏の音色（ツンツクツクツクツーン）が聴こえたところで一旦止めて答えを聞くと、案外、前半と同じ旋律であることに気づいていない。

【第3時】発展　調べ学習

（1）宮城道雄について

箏曲を五線譜に表した功績、日本音楽の近代化に貢献した功績など、興味深いエピソードがたくさんある。

（2）箏と琴、外国のこと

箏は中国からの輸入楽器。琴は日本古来の楽器。調べるとおもしろい。韓国のカヤグム、ミャンマーのサウンガウなどと比較する。

（3）箏にまつわる2人の姉妹の物語。

箏は、「竹かんむりに争う」という漢字があてられている。その理由は、美しい音色に魅せられた姉妹が楽器を取り合ったからというエピソードについて調べる。　（中越正美）

1月

図画・工作

５年生の今を多色刷りで描く「鏡の中の私（描く～彫る）」

最高学年を目前にしたこの時期、1年間を振り返る意味で、じっくり版画に取り組ませたい。

1版多色刷り版画「鏡の中の私」で目指すのは、版画の最高傑作である。

絵を描く、彫刻刀で彫る、絵の具で刷るという3つの工程ゆえに時間も必要とするが、時数をかけるだけの価値のある題材といえる。

版木に描く

まずは鏡の前であれこれポーズを試させてみる。ポーズを決めるにあたって気を付けるべきはこの1点。

> 主張のはっきりしたものにすること

歯磨きをしているところと髪を触っているところでは、歯磨きの方が断然分かりやすい。歯ブラシやコップを持つことで主張がはっきりするからである。

ポーズが決まったらラフスケッチを数枚描かせる。友達にポーズをとってもらったり描いた絵を見せ合ったり、こうした対話により鏡の中の自分も生き生きとしてくる。

絵を描く順序は次のとおり。

> ①鏡の中の自分の顔と手
> ②自分の後頭部　③鏡の縁
> ④鏡の中の自分の仕上げ

版木に直接マジックペンで描かせる。かたつむりが進むように、ゆっくりじっくりと描かせる。顔と比べて手は小さくなりがちなので、大きめに描かせる。

自分の後頭部を描く際は、髪型の似ている友達をモデルにさせる。似ている友達がいない場合は、撮影した画像をもとに描かせる。また、鏡の中の自分と重ねるようにすると、遠近感が出て良い。

鏡の縁の模様は複雑なほど見映えもよくなるが、彫刻刀で彫るのも難しくなる。自分の技術に合った模様にさせる。

最後は、鏡の中の自分に首や服を付け足して完成である。余裕があれば、窓や時計などを付け加えてもよい。

彫刻刀で彫る

顔や手は小丸刀で、髪の毛や眉毛は三角刀で彫る。また、彫刻刀は横向きに使わず板を回すようにすると安全に彫り進めることができる。

彫るポイントはこの1点。

> 米粒くらいのカスが出るように彫る

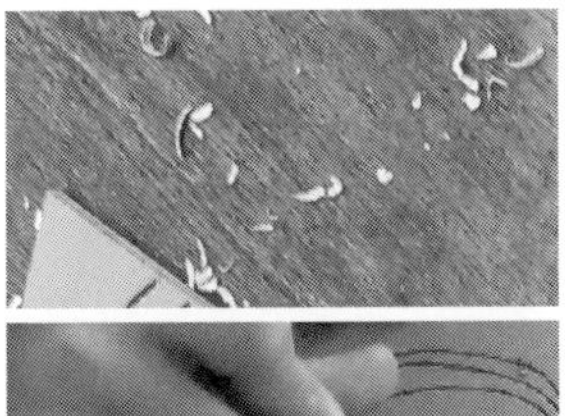

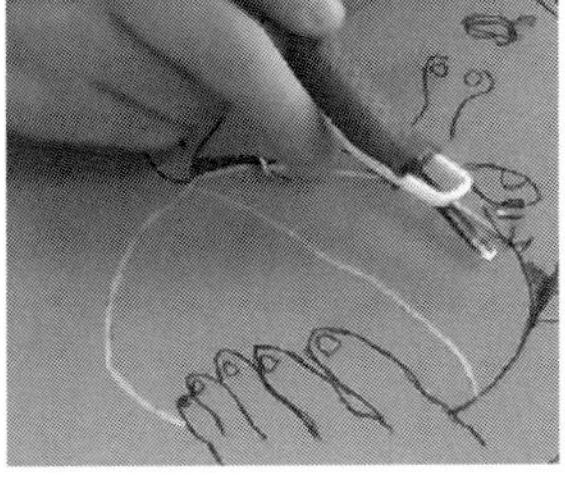

長い削りカスが出る彫り方は効率的で仕上がりも美しく見えるが、彫った線は無機質で冷たい印象がする。米粒くらいのカスが出る彫り方の方が、あたたかみを感じる味わい深い作品に仕上がる。

（熊谷一彦）

1月

家庭科　討論で考える買い物のポイント

1. 買い物の経験を話し合う

おつかいで頼まれた物を買ったり、自分のおこづかいの範囲でなるべく良い物を買おうと思ったりすると、買い物は意外と難しい。まずは子どもたちが買い物をする時に困った経験、あとから「失敗した」と思った経験を出させる。

・同じ品物がいっぱいあって、どれを買おうか迷った（数や値段）。
・賞味期限が短いものを買ってしまって、家の人に怒られた。
・買い物をして帰ったら、家に同じ物があった。
・違う店に行ったら、買った物と同じ物がもっと安く売っていた。
・すぐに壊れてしまった。　　　　　　　　　　　　　　――など

子どもたちの中には、買い物の失敗経験がない子ももちろんいると思うが、このように失敗経験を共有していくことで、より良く買い物をしようという意識を持たせていく。

その後に、買い物前に考えておくこと（何を、どこで、いくらくらいの物を、いくつ買うか）、また実際に買う際に参考になる食品表示や品質表示の見方を教えていく。

2.《討論》自分ならこれを買う!

最後に、自分がお金を出して買うことを前提に、どのノートを買うか話し合う。

①【1冊150円】

②【3冊400円】

③【3冊500円】

・1冊当たりの値段が一番安いから②を買う。
・3冊も使わないし、今は要らないから、①を買う。
・キャラクターがついているとかわいいから、少し高くても③を買う。
・②は安いけれど、その分品質が悪いかもしれない。
・ノートは、たくさん買っておいてもそのうち使うものだから、まとめて買った方が得だと思う。

ここで選ぶノートは、どれでも良い。何を重視して買うかは、人それぞれで良いからだ。ただし、それを選んだ理由を言えることが重要である。

話し合いを通して、他の人の商品選びのポイントを知り選択肢が増えることで、より良い買い物ができるようになるだろう。

（柏木麻理子）

1月

体育　体育は学級経営。1分間で100回〜連続長縄跳び

長縄跳びは学級づくりに直結する。

①趣意説明をする

「引っかかる原因は、引っかかった人が原因だけではありません。その前の人のタイミングが遅かったり、回し手がミスをしたりと様々な原因が絡み合って引っかかります。それはみんなでは分からないことが多いので、先生が指導します。みんなはドンマイとか励まして下さい」

「もう1つ、先生が受け持った5年生は、1分間で120回跳びました。みんなもその記録に近づく様な体力をこの1年でつけてきました。この記録を超えたら、パーティーをやりましょう」

②縄に入るタイミングを習熟する

> 2回空回しの後に、縄を通り抜ける。

全員が成功するまで行うことが肝だ。8の字なので、右側と左側の両方を全員がノーミスになるまで続ける。2回空回しの後に、縄に入る。全員成功するまで行う。「縄に無理なく自然に入るタイミングを覚えることが大切です。この調子でまた練習しましょう」。ポイントは、縄に入る習熟を図るには、縄の長さをうんと長くして、しかも2秒1回旋位のゆっくりしたスピードで行うことである。

次に、1回空回しで縄抜け。やはり全員成功するまで続ける。さらに、1回回しで縄に入って跳ぶ。「みんな上手に入れる様になったね。次回はいよいよ0回、連続に挑戦です」ポイントは、

> 「2→1→0の法則」

1回あけたら入るという決まりがあるから入ろうとする。決まりがないと何度も入ることを躊躇して待ってしまう。踏ん切りをつけさせるのに有効である。

③縄に入るタイミングを覚える

歩くスピードで縄に入っても間に合うことを繰り返し教える事が必要である。空回し無しで縄に入って跳ぶ。連続跳びが完成。1秒1回旋のスピードで連続跳びができるようになるまでは、丁寧に指導することが必要である。

④フォームの習熟を図る（1秒1回旋のスピードで）

まず跳ぶコースを覚える。「コーンと回し手の間から入り、回し手と先生の間から抜けます」。長縄の重要なコース取りを習熟させる。出口に教師が立つことで、緊張感が出る。

次に跳びすぎている（力んでいる）人を指導する。「縄の太さは、ほんの数センチしかありません。だから、幅跳びや高跳びの様にこんなにジャンプする必要はないのです。力を抜いて、軽く「あっ、縄があるな」という気持ちでピョンと跳びます」。最後に「はい、はい」と声を出させる。縄が床につくタイミングに合わせて、はいはいと声を出させる。

⑤フォームの習熟を図る（1秒1回旋のスピードで）

まず、並んでいるときの姿勢指導。「前の人の右肩に自分の右手をのせます」。前の人と離れていることで縄に入るタイミングが遅れる事を防止する。跳んだ後の集中力とぎれを防止するために、手を置かせる。そして縄のスピードを上げていく。このようなステップで指導していると、休み時間に子ども達同士での教え合いなどが始まる。

主体的・対話的で深い学びの場となる。1分間で100回を超える成功体験につながる。

（桑原和彦）

道徳　ネットトラブルに備える

1月の道徳のポイント

いよいよ6年生に向けての準備を始める時期である。6年生で多いトラブルは、SNSなどのスマートフォンに関することである。よく言われる。スマホ依存による生活習慣の乱れ、SNSでのいじめ、有害サイトへのアクセストラブル、個人情報の流出などである。同様のトラブルは、ゲーム機や音楽プレーヤーでも発生している。事前に具体的な指導が必要となる。

「小学校学習指導要領　特別の教科道徳編」に次のように書いてある。

> 親切や思いやり、礼儀に関わる指導の際に、インターネット上の書き込みのすれ違いなどについて触れたり、規則の尊重に関わる指導の際に、インターネット上のルールや著作権など法やきまりに触れたりすることが考えられる。また、情報機器を使用する際には、使い方によっては相手を傷つけるなど、人間関係に負の影響を及ぼすこともあることなどについても、指導上の配慮を行う必要がある。

1月のオススメ資料

以上のことから、ネットトラブルについて、具体的な事例を用いて指導を行う。自分の行動には責任が伴うため、よく考え、判断して行動しようとする心情をねらいとする。「だれも知らないニュース」という資料(文溪堂)がある。徳目は、「自由・自律」である。

高度情報化社会の現代は、誰もが情報の発信者、受信者になれる。この時期から的確な判断力を身につけ、自律した行動がとれるようになることが大切である。

資料は、インターネットの掲示板を楽しんでいた美夏が、真偽を確かめずにあるタレントがテレビ番組撮影のために近くの商店街にやってくるという情報を掲示板に書き込んでしまう。当日別の用事で出かけた美夏は、商店街を通りかかったときにタレントを見に来たという人々に出会うという内容である。善意で行ったことが、結果的に迷惑をかけてしまうというのは日常生活でもよくあることである。世界中につながるネットであれば、その影響力は格段に大きくなるだろう。

対話指導のポイント

まず、美夏の行動を整理する。

①普段から全国のファンと掲示板でやり取りをする美夏。
②タレントのうわさを公園前で聞く美夏。
③そのことを掲示板に流す美夏。
④事実ではないことを知る美夏。
⑤当日、うわさを聞いてたくさんの人が集まって青ざめる美夏。

> 自分が美香なら、どこに気をつけて行動しますか。

多く出るのは、③の掲示板に流すことをやめればよかったという意見だろう。その他にも、掲示板でのやり取り自体をやめるという意見や、うわさの段階で確認するという意見も出るだろう。さまざまな観点から考えさせ、その行動がどんなことにつながるのかよく考え、判断するということに気づかせたい。この時期に自分の言動についての考えを深め、責任のある言動を取ろうとする気持ちを高めていくことが大切である。　（吉谷亮）

1月

英語　映像、画像、カードを効果的に使う

Unit8 "What would you like?"

本ユニットでは、レストランで料理を注文する場面を設定し、英語にも丁寧な表現があることを学ぶ。そのために、初めはこれまでに学んできた "What do you want ~?" "I want to ~." の表現で会話を楽しむ。その後、レストランで料理を頼む場面を設定し、丁寧な表現に気付かせたい。

また、アルファベット 26 文字を含む "Foods Jingle" を何度も聞いたり言ったりする活動等を通して、最終的に小文字を見れば、その音を頼りに 26 の食べ物が言えるようにしたい。

全体的に、料理や場面設定など、子供にとっては、分かりにくいところもあるので、映像や画像、カードを場面に応じて用いると効果的である。

ユニット８　単元計画（８時間扱い・例）

時	主な学習内容またはダイアローグ
1	映像を視聴し、世界の料理を知る　等
2	A: What do you want? B: I want Fish and Chips.
3	A: What would you like? B: I'd like Fish and Chips.
4	B: How is it? A: It's delicious. (spicy, sweet, healthy)
5	A: How much? B: The Fish and Chips is 500 yen.
6	映像を視聴し、どんな料理を頼み、代金はいくらなのかを聞き取る。
7	見開き２ページのメニューから、自分だけのスペシャルメニューを作る。
8	A: What's your special menu? B: ○○,○○・・・. This is my special menu.

「スペシャルメニューを作ろう！」７時間目

〈活動の流れ〉

（１）単語練習（２回→１回→０回）

料理 beefsteak, pizza, ice cream

（２）状況設定

お客（担任）がレストランに行って、ウェイターに料理を注文して、スペシャルメニューを作る。

H：担任　A：ALT

H: I'm hungry.（レストランに入り、座る）
A: What would you like?
H: I'd like beefsteak, pizza and ice cream.
（ALT は料理カードを取りに行く）
A: Here you are.（カードを渡す）
H: Thank you.（食べる真似をする）

（３）答え方の練習　　　T：教師　C：子供

複数注文する時の答え方を "and" に注意して発話させる。

T：I'd like beefsteak, pizza and ice cream.
C：I'd like beefsteak, pizza and ice cream.
T：I'd like ramen, salad, rice and coffee.
C：I'd like ramen, salad, rice and coffee.

※上のような画像があると、理解しやすい。

（４）尋ね方の練習

教師に続いてリピートする。

（５）アクティビティ

"We Can! 1" の後ろのページに料理カードがあるので、あらかじめ切り取っておくと良い。"How much?" "It's ~ yen." の会話をさせたい場合は、カードの後ろに値段を書いておくと、会話に役立つ。

（笹原大輔）

総合　新1年生歓迎会　新1年生を喜ばせよう

新1年生との交流を計画する

3学期、新1年生の子供達は、目をキラキラさせて、「早く学校に行きたい」と思って体験入学にやって来る。この時に活躍するのが5年生である。5年生は、4月から6年生となり、新1年生のお世話をする立場となる。

新1年生の入学前に5年生に、新6年生として「1年生のお世話をしたい」という意識を育てたい。

そこで、新1年生との交流会を計画させる。

例えば、次のような学習計画を立てる。

①新1年生歓迎会の内容を決定
②歓迎会の進行、役割分担の決定
③新1年生へのプレゼントの作成
④新1年生歓迎会当日
⑤体験のフォトコラージュ作り

対話を通して歓迎会の内容を決める

新1年生歓迎会の計画・内容をグループでの対話を取り入れ子供達に考えさせる。

その時に意識することは以下のことである。

①新1年生が楽しめること

主役は勿論、新1年生。新1年生が楽しめることを計画させる。そこで、教師は、保育所・幼稚園でしている集団遊びや幼児が好きな遊びを調べ、5年生に伝え、子供達に新1年生を楽しませる遊びについて対話をさせる。5年生に新6年生としての自覚を持たせ、相手意識を育てるよい機会である。

②企画を複数用意する

歓迎会での遊びは1、2つだけでは時間を持て余す場合がある（1つの遊びは5分~10分程度と考えておく）。だから、遊びや発表を複数、用意させる。

新1年生が喜ぶ内容もあれば、喜ばない内容もある。いろいろな事態に対応できるよう、予め複数用意させておく方がよい。

③新1年生にすごいと思わせる

歓迎会の最後に、5年生の実力を新1年生に紹介する。

例えば、暗唱、リコーダー演奏、和太鼓演奏、合唱、縄跳び、長縄など、継続して取り組んでいることを新1年生の前で発表し、憧れの気持ちを持たせることにつなげたい。

このようなことを新1年生に見せてあげると、「5年生は、すごいなあ」と喜んでくれる。そして、5年生の子供達にとっても校長先生や保護者の方に取り組んできたことを評価していただく良い機会となり、5年生の自己肯定感を高めることにつながる。

体験をフォトコラージュにまとめ活用する

新1年生の歓迎会終了後、歓迎会の様子をフォトコラージュ（B4サイズの画用紙がよい）にまとめさせる。

フォトコラージュは、宿泊体験学習や社会見学などで経験させておくと短時間で作ることができる。教師は準備や歓迎会の様子をデジタル画像に大量に残しておく。

準備や歓迎会の様子を写真と感想で表現する。子供達は活動を振り返り、楽しく学習のまとめができる。

フォトコラージュの完成後は、参観日の掲示物として活用する。さらに、新年度の入学式の掲示物として再利用することも可能である。

（今井豊）

2月

国語　「すいせんします」スピーチの話し方を指導する

教材解釈のポイントと指導計画

本単元では、

・説得力のある推薦文を書くこと
・スピーチの技術を身につけること

がポイントである。「紹介」ではなく「推薦」することが重要になる。良さを伝え、相手に興味をもたせることが出来れば良いスピーチになったといえる。より児童に身近な内容するため、クラブ活動を3年生に推薦するスピーチを行う。1年間自分の所属したクラブを推薦し、来年度入ってもらうことを目的とする。第3時で対話を中心とした授業を行う。

第1時　音読　課題を知る
第2時　スピーチ原稿例を視写する
第3時　スピーチ内容を考える
第4時　スピーチ原稿を作る
第5時　スピーチの練習をする
第6時　3年生にスピーチをする

授業の流れのアウトライン

第3時の授業例。ワークシートを配布する。

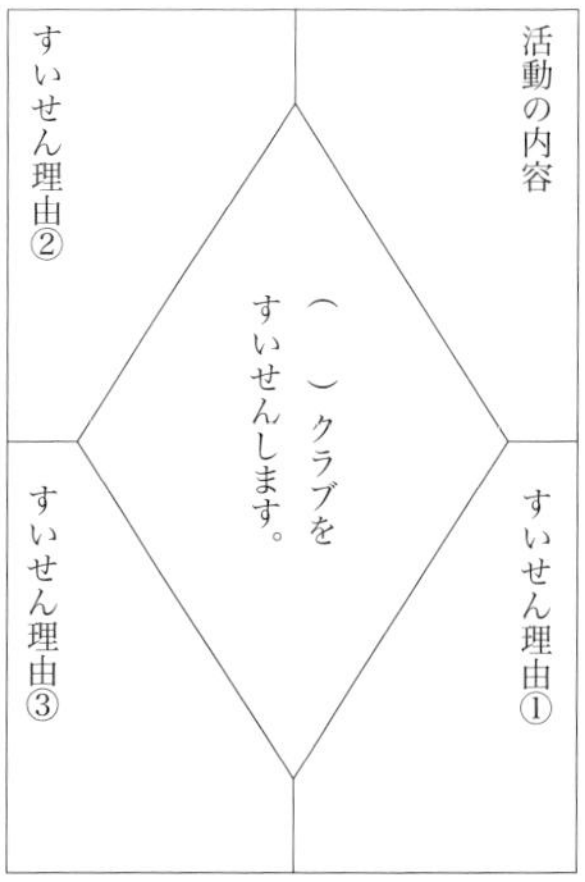

指示　同じクラブの人で集まります。スピーチ内容を考え、ワークシートに書きましょう。

このシートと視写した文章を参考にスピーチ原稿を書かせる。

第5時の授業例。スピーチの練習をする。「声の強弱や話す速さ、間の取り方などに気をつけ」と教科書に書かれている。まず教師が手本を見せ、イメージをもたせる。その後、1人1人に10点満点で点数をつけていく。「声の強弱と速さ3点・間の取り方3点・目線3点　その他の工夫（資料がある、ジェスチャーがあるなど）1点」の基準で行う。スピーチさせその場で点数を付け、一言コメントをする。「声2点、速さ1点、目線1点、合計4点。声は良く出ていました。聞いている人の目を見て話すとさらに良くなります」などである。

第6時の授業例。5年生が順にスピーチをするだけでは3年生が飽きてしまう。

右図のような場を作る。3年生は興味のあるクラブのスピーチが聞ける。5年生は目の前の3年生が入れ替わるので、何度もスピーチが出来る利点がある。

学習困難状況への対応と予防の布石

http://www.tos-land.net/teaching_material/contents/28377 で視写教材をダウンロードする。推薦文の書き方を指導する。また、人前で話すことに慣れさせておく必要がある。その日の目標や授業の感想など1日に何度も発表させる機会をつくる。「授業中に発言した人はノートにAと書きなさい。頑張りました」など評価することも大切である。（保坂雅幸）

2月

社会　国土の自然とともに生きる①

小単元「生活環境を守る人々」(5時間扱い)の授業プランである。

具体的な事例を1つ取り上げて、授業する。本稿では、教科書の事例に即して北九州市を取り上げる。

【第1時】問いを提示する

まず、北九州市の過去と現在の写真を比較させる。2枚の写真を比較させる時の定番の発問がある。

【発問】2枚の写真を比べて、気づいたり考えたりしたことを、ノートに箇条書きにしなさい。

写真から多くの情報を読み取ることが、「社会的な見方・考え方」を育てる第一歩だ。1年を通じて育てたい力だ。

子どもからは、次のような意見が出る。

「昔の空はけむりであふれているのに対して、今の空はすんでいる」

「昔の海は赤い色をしているのに、今の海は青くてきれい」

2枚の写真を比較するからこそ、過去と現在のちがいがはっきりする。意見が一通り出た後、次のように問う。

【発問】北九州市の空と海をきれいにする上で、一番貢献したのは誰か?

本単元の学習問題につながる問いである。市・企業・市民という枠を示した上で、調べ学習に入る。社会科における「対話」は、「実社会で働く人々が連携・協働して課題を解決する姿を調べる」ことも含まれるので、人を対象にした調べ学習は大切にしたい。

【第2時・第3時】調べさせる

本やインターネットで調べさせる際、観点を示さないと、這い回ってしまう。次の2つは示しておきたい。

①過去の市・企業・市民の取り組み
②現在の北九州市の取り組み

箇条書きでどんどん書かせていく。作業が始まると、子どもによって調べる量やスピードにバラつきが出る。そこで、作業中に小さな確認を入れる。

「もう3つ書けた人?」
「もう2ページ目に入った人?」

この小さな詰めが、子どもの調べ学習の密度を高める。

最後に、調べた情報をもとに、第一時の発問に対する意見を書かせておく。

【第4時】話し合わせる(討論)

意見をグループで発表させ、討論に持ち込みたい。資料を根拠にした話し合いこそが、社会科における「対話」である。

【発問】北九州市の空と海をきれいにする上で、一番貢献したのは誰か?

という問いなので、答えを確定する必要はない。だが、最終的な意見は書かせる。その際、自分と違う立場の意見を踏まえて書くように伝える。すると、学びの深まりを測る1つの指標になる。

【第5時】まとめる

私はしばしば、見開き2ページでノートにまとめさせる。1ページ目上端に、学習問題を書かせ、それに対応する資料や意見を書かせていく。2ページに限定されているから、必要な情報や意見を選び、まとめる技能が身に付く。(水本和希)

2月

算数　「正多角形と円周の長さ」定義は往復して理解させる

本時における対話とは、定義を使って多角形が正多角形と言えるか説明することである。

定義を理解する

辺の長さが等しく、角の大きさもすべて等しい多角形を正多角形といいます。

（1）定義を発問して答えさせる。
　①辺の長さが等しく、角の大きさもすべて等しい多角形を何といいますか。（正多角形です）
　②正多角形とはどんな多角形ですか。
（辺の長さが等しく、角の大きさもすべて等しい多角形です）

例題を解く

例題１　次の多角形は正多角形といえますか。そのわけも説明しましょう。

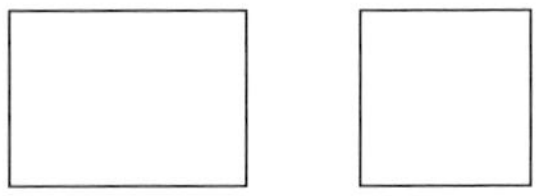

長方形　　正方形

（1）自分の考えをノートに書かせる。
　長方形……正多角形といえる。理由：辺の長さが等しくないから。

　正方形……正多角形といえない。理由：辺の長さが等しく、角の大きさもすべて等しいから。
（2）定義をもとに、正多角形といえるかいえないか確かめる。

説明する【本時の対話的活動１】

長方形は、正多角形とはいえません。辺の長さが等しくないからです。

正方形は、正多角形といえます。辺の長さが等しく、角の大きさもすべて等しいからです。

適用問題を解く【本時の対話的活動２】

例題２　正三角形、ひし形は正多角形といえますか。わけも説明しましょう。

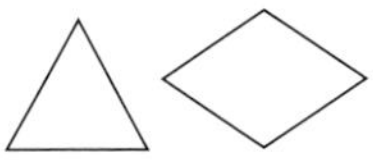

正三角形　ひし形

正三角形……正多角形といえます。辺の長さが等しく、角の大きさがすべて等しいからです。

ひし形……正多角形とはいえません。辺の長さは等しいですが角の大きさがすべて等しくないからです。


（細井俊久）

2月

理科　電流がつくりだす磁力

電流がつくる磁力の強さに関係する条件を制御しながら調べ、電流の流れているコイルは、鉄心を磁化する働きがあることを捉えるようにする。

電磁石の導入

まず、「コイルに鉄芯を入れ電流を流すと鉄心が磁石のようになる」ということを確かめる。３年生で習った磁石の性質を思い出させて、「磁石なら鉄を引き付ける」「磁石なら異極は引き合い、同極は退け合う」というように対話の中から仮説を立てさせる。

そして、電磁石を作り、クリップや方位磁針で電磁石の性質を確かめる実験を行わせる。

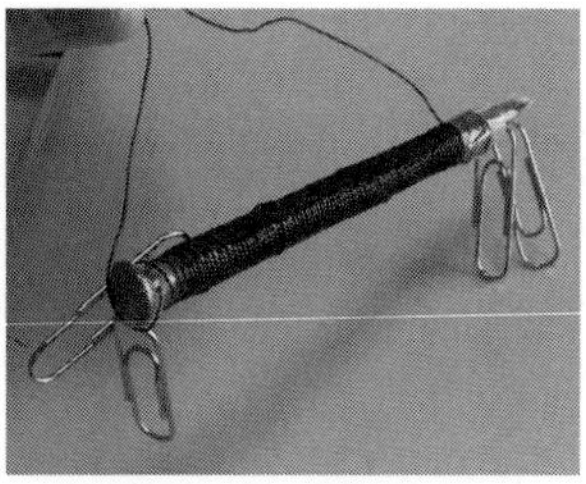

電磁石を作るときのコツは、TOSS ランドNo.1772013「電磁石を作ろう」（関澤陽子氏）が参考になる。

電磁石を強くする方法を考える

「電磁石を強くして、より多くのクリップをつけるにはどうすればよいかグループで実験計画を立てます。『比べる条件』と『そろえる条件』を考えなさい」

電流の強さを調べるなら、「比べる条件」は乾電池の数が１個と２個で、「そろえる条件」はコイルの巻き数になる。このとき、電流の強さを確かめるために、電流計を使用するよう指示する。

コイルの巻き数を調べるなら、「比べる条件」はコイルの巻き数が100回と200回で、「そろえる条件」は乾電池の数となる（50回と100回で比べてもよい）。

ここでも、電流計を使って、電流の強さが同じになっているかどうかを確かめながら実験を行う。

乾電池は使っているうちに減ってしまい電流の強さが同じにならないことがある。替えの新しい乾電池を用意しておくか、電源装置を使うとよい。

実験で確かめる

条件が制御された計画を立てることができたら、結果の予想とその理由を考えさせる。

電流の強さを変えて調べるとき、コイルの巻き数を変えて調べるとき、どちらの実験の結果にも、「電流の強さ」と「クリップの数」を書かせる。表にまとめると比べやすい。

コイルの巻き数	乾電池の数	電流の強さ	クリップの数
100回	1個	1．8A	14個
100回	2個直列	2．8A	28個
200回	1個	1．8A	20個

乾電池１つ

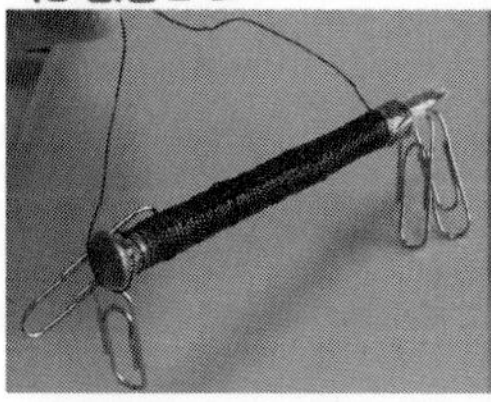

乾電池２つ（直列）

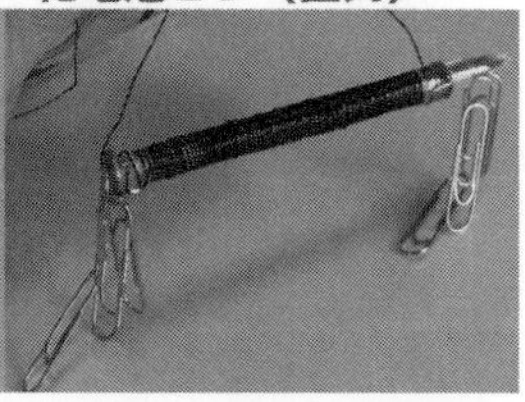

結果から分かったことを、「電流の強さを変えると……」「電流の強さが同じでも……」という書き出しで書かせる。

各グループの結果と考察から、電磁石の性質をまとめる。

（上木朋子）

（図版提供：関澤陽子）

２月

音楽　日本と世界の音楽に親しもう　「子もり歌」ほか

日本の歌「子もり歌」

律音階（ドレファソラド）と都節《みやこぶし》音階（陰旋法とも言う。ド レ♭ファ ソ ラ♭ド）、２種類の歌い方で比べる。

発問「どちらが好きですか？」

２種類の歌い方で、「子もり歌」を聴かせる。どちらかを選び、その理由をノートに書かせる。律音階、都節音階については教えない。聴いた感覚で、律音階と比べ都節音階の方が寂しそうな感じ暗い感じがするなどが分かればよい。子もり歌やわらべ歌、民謡など、古くから伝わる日本の歌は、人から人へ歌い継がれてきたものなので、少しずつ旋律や歌詞が違っていることを知らせる。

指示「歌えるようになります」

短いフレーズを歌って聴かせてまねさせて、両方の歌い方とも歌えるようにする。

歌ううちに、都節音階の歌い方の方が、音が下がっていることに気づく。楽譜で確認させる。

指示「歌い方の工夫をします」

歌いだし、歌い終わり、速さ、強弱のつけかた、声の出し方など、「子もり歌」に合った歌い方の工夫をさせる。フォーマットを示すと分かり易い（『　』に工夫することを入れる）。

- 「私は、『強弱』に気をつけて歌います。強く歌ったら、赤ちゃんが眠れないからです」
- 「私は、『歌いだし』に気をつけて歌います。赤ちゃんにお話をするように、静かに優しい声で歌いだします」
- 「私は、『速さ』に気をつけて歌います。速く歌ってしまうと赤ちゃんを眠らせることができません。眠気を誘うようにゆっくりとした速さで歌います」

声による世界の国々の音楽

「５分間音楽」（関根朋子氏追試）で進める。

曲を聴いて、「大好き◎　好き○　あまり好きじゃない△」の３段階で評定。その理由を簡単に書き、指名無しで発表。意見交流をする。めあては、１曲を深く掘り下げて聴くのではなく、世界には様々な音楽があることを知り、たくさん聴いて楽しむことだ。

指導計画例（@10分間）

【第１時】ケチャ（インドネシア）
【第２時】ヨーデル（スイス）
【第３時】ゴスペル（アメリカ）
【第４時】ホーミー（モンゴル）
【第５時】フラメンコ（スペイン）
【第６時】アロハオエ（ハワイ）
【第７時】まつり花（中国）
【第８時】アリラン（韓国）

「ゴスペル」エピソード指導例

説明「ゴスペル誕生の話をします。」

①1600年代。日本では江戸時代のお話です。②アフリカからアメリカ大陸へ、奴隷として買われていった人たちがおりました。③綿花畑やコーヒー農園で働くのです。④その人たちには、自分の家も土地もお金もありません。⑤奴隷同士が話をすることも許されませんでした。⑥奴隷となった人たちは、来る日も来る日も働き続けました。⑦そんな中、夜中にこっそりと主人の家を抜け出し、みんなで集まりだしました。⑧「幸せになりたい」、そう願って神に祈り歌いおどりました。⑨そうして生まれたのが、ゴスペル」です。

この後、再度聴かせ感想を書かせても良い。ネットや本で調べるとおもしろい。　　（中越正美）

2月

図画・工作

５年生の今を多色刷りで描く「鏡の中の私（刷る）」

1月（183ページ）には絵を描き、彫刻刀で彫った、残るは絵の具で刷る工程のみである。一版多色刷りに限らず、版画は「刷り」によって決まると言っても大げさではない。だからこそ、刷る前に子どもたちに伝えておきたい。

「どうでもいいや」という気持ちでやると、見事に「どうでもいいや作品」になってしまいます。最高傑作を作る気持ちでやりなさい。

絵の具で刷る

刷る際のポイントは次の2点。

①絵の具の水は心持ち程度
②必ず白を入れること

水加減は難しい。「心持ち程度」「マヨネーズの濃さ」など、イメージしやすい言葉が良い。刷った時に黒いポチポチが残るくらいが丁度いい水加減である。

白を入れるのは、発色を良くさせるためである。何といっても、黒画用紙に一番映える色は白である。できれば1人に1本ずつ配り、ケチケチせず使わせたい。

もちろん、水加減や白絵の具を入れるポイントも含めて実演して見せる。

塗ったら黒画用紙をかぶせ、バレンで刷る。ゆっくりめくると、「おおーっ！」と、思わず歓声が上がる。すでに、子どもたちのやる気メーターは最高潮である。

いよいよ刷りのスタート。

まずはうすだいだい色を作り、目立たない指先などで試してみる。はみ出さないよう丁寧に色を置き、絵の具が乾かないうちに紙をかぶせ、バレンで刷る。

ドキドキしながら紙をめくる、その瞬間の表情がたまらない。どの子も一様に、嬉しさを隠しきれない笑顔である。

友だちの様子を見に行く子や、お互いに見せ合っている子もいる。

「うん、いい感じだね！」

「肌の色がきれいだね！」

自然と対話も生まれてくる。

ここから先は、この繰り返しである。髪や洋服、鏡の縁など、色を重ねては紙をかぶせていく。完成までの積み重ねが目に見えるため、子どもたちの集中力は、どんどん増していく。

ようやく完成した作品を手に取り、嬉しそうに見つめる子どもたち。

「ぼくの最高傑作だ！」

鑑賞する

完成した作品をズラッと並べ、互いの作品を鑑賞し合う。

「〇〇ちゃんに似てるよね！」

「髪を結ぶ感じがよく出ているね！」

新たな対話も生まれ、友達の良さに目を向ける子がしだいに増えてくる。

（熊谷一彦）

2月

家庭科　暖かい服・暖かい着方を体験しよう

暑ければ冷房をつけ、寒ければ暖房をつける。どこの家にも冷暖房が普及している現代の子どもたちにとっては、これが普通の感覚だろう。冷暖房はもちろん便利なのだが、エネルギーのことを考えるとそれらに頼るだけでなく、多少の温度変化ならば着方を工夫して対応できるようにさせたい。

1．実態を把握し知識を補う

（発問）毎日自分の着る服を、自分で選んでいる人？

この質問をすると、クラスの実態がわかる。必ず数名は、自分で服選びをしていない子がいる。

（発問）どんなことに気を付けて、服を選んでいますか？

「天気予報を見て、寒くなりそうならば厚着をしていく」という子がいる一方、暑くても寒くても気にしないという子もいる。意識して服選びをしている子どもたちに意見を出させた上で、足りない部分を補って教えていけば良い。天気や気温に合わせる以外に、その日の予定に合わせて服を選ぶということもある。遠足に行く日は歩きやすい服装、卒業式は改まった服装、というようにだ。このようなことも服選びのポイントとして教えていきたい。

2．実験：暖かい服、暖かい着方を体験する

事前に、コートやジャンパー以外で自分が暖かいと思う服（洗濯してある清潔なもの）を１枚持って来るように連絡しておく。そして持って来た服を見せながら、なぜその服が暖かいと思うのか、理由を発表させる。

【子どもたちが持ってきそうな服】　フリース、セーター、裏起毛になっている服、ハイネック、など
【持って来た理由】　・生地が厚いから　・もこもこしていて暖かそうだから
・ぴったりしているから　・風を通しにくそうだから

体操服の上に、持ってきた服だけを着て、本当に暖かいかを実験する。暖房を切り、窓を開け、用意できれば扇風機を回す（体調不良の児童は無理に行わない）。できれば途中で友だちと服を交換してみると、服による暖かさの違いがわかるだろう。

さらに、体操服の上に自分がその日に着てきた服を１枚ずつ重ね着していき、着れば着るほど暖かくなることを実感させる。だいたい何枚着たら暖かくなるかもつかませたい。

実験後に、衣服の形・布の種類に注目させて暖かい服をまとめるとともに、重ね着による効果を確認する。セーターや風を通しにくい素材の服は、それだけではあまり暖かくはなくても、重ね着することで暖かく着ることができることも知らせたい。　（柏木麻理子）

2月

体育　ボール運動が苦手な子も活躍するタグラグビー

2019年のラグビーワールドカップ日本開催を控えてタグラグビーが注目されている。多くの子どもに体験させたい。

必要な用具

楕円ボールとタグが人数分。タグが全員分用意できなければ、はちまちで代用できる。はちまきを2本ズボンの横に入れさせれば良い。

ルール

実際の試合中に教える。初めての学習でルールなどがわかりにくい場合がある。その時に有効なのが練習試合である。実際に児童にゲームを行わせ、途中動きを止めながらルールを確認していく。

コツは、「全員を参加させること。止まれの合図を決めておくこと。止まれの合図で動きを止めて教師が説明すること」である。具体的な場面がイメージできる。ルールの理解も早くなる。

【攻撃側】①パスは自分より後ろか真横に出す。②ジャンケンでボールと場所を選ぶ。③ボールを選んだチームが味方にパスをしてゲーム開始。④ボールを持った人は、敵にタグを取られないように逃げたり、味方にパスをしたりして相手陣地に攻める。⑤ボールを持っている時に敵にタグを抜かれたら、その場で味方にパス。取られたらタグを返してもらうまではゲームに参加できない。⑥ボールを、自分より後ろの仲間にパスしたり、ステップやフェイントを使って相手ゴールにボールを持ち込み、トライ(地面にボールをつける)したら得点になる。

【守備側】①ボールを持つ相手のタグを引き抜く。その時、大きな声で「タグ!」と言う。②引き抜いたタグは、必ず取った相手に手渡しで返す。その間はゲームに参加できない。

場作り

シンプルに、4つのコートを作り全員を活動させる(目安は縦20~30m、横15~25m)。つまり8チームが同時にゲームをすることになる。Aコートの勝者はそのままAコートに残る。Aコートの敗者はBコートに移る。Bコートの勝者はAコートに移る。Bコートの敗者はCコートに移る。Cコート、Dコートも同様に動き、常に試合をしている状態を作り、運動量を確保する。

負けが込んでいるチームには、具体的なアドバイスなどをして励ます。

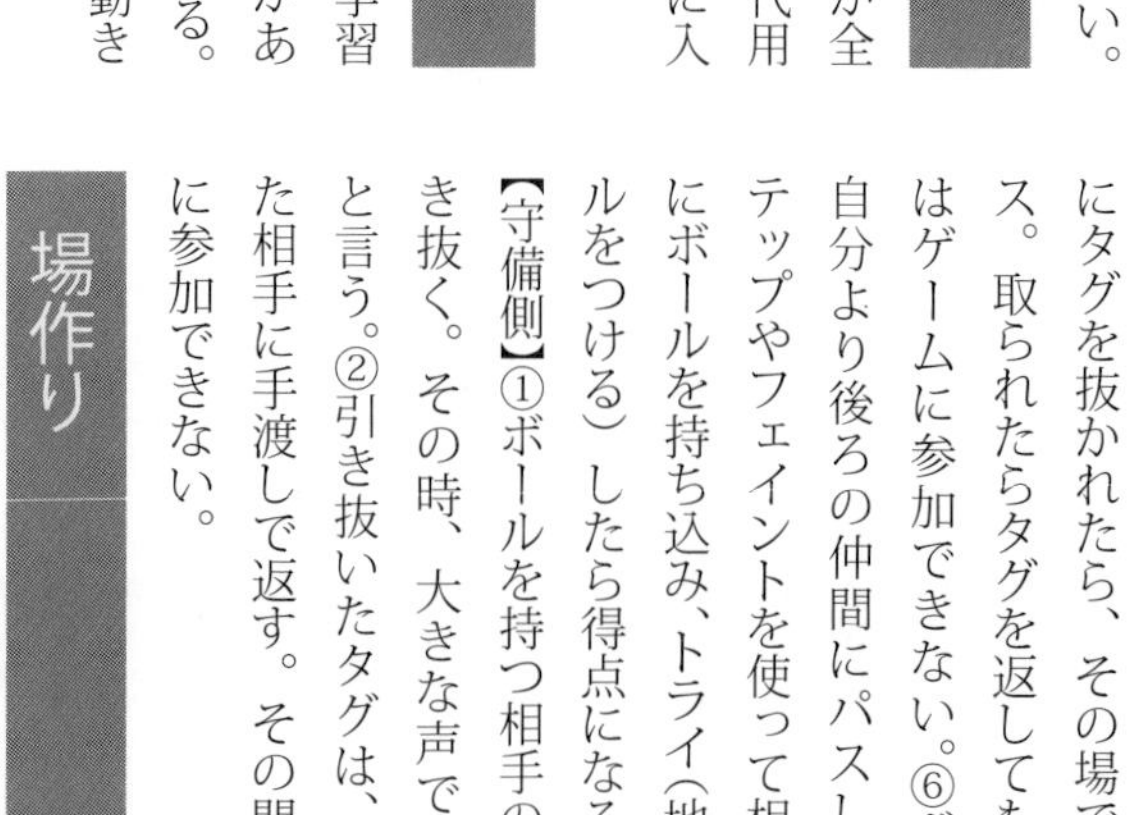

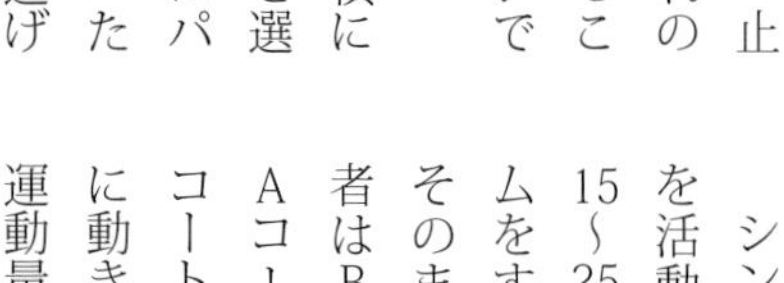

子ども達は「できるようになりたい」と強く思うようになるから自主的になる。お互いにアドバイスをするので対話的になる。ゲームを通して、どのようにポジショニングしたらよいかなど思考することで深い学びとなる。

（桑原和彦）

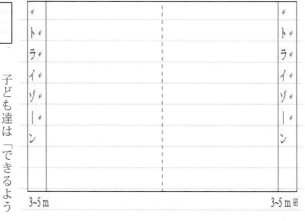

2月

道徳　相手を思いやる礼儀

2月の道徳のポイント

まもなく6年生である。最上級生として、下級生や友達などの相手を気遣う意識が問われる。しかし、「恥ずかしい」「面倒」などの理由が先にたってしまい、その裏返しとして、乱暴な言葉遣いになってしまう児童もいる。

『小学校学習指導要領　特別の教科　道徳編』に次のように書いてある。

> 「礼儀」の「時と場をわきまえて、礼儀正しく真心をもって接すること」のためには、「親切、思いやり」の「誰に対しても思いやりの心をもち、相手の立場に立って親切にすること」が必要であるし、また、「勤労、公共の精神」の「働くことや社会に奉仕することの充実感を味わうとともに、その意義を理解し、公共のために役に立つことをすること」は、「感謝」の「日々の生活が家族や過去からの多くの人々の支え合いや助け合いで成り立っていることに感謝し、それに応えること」と密接に関わっている。

「感謝」の心をもって、相手に礼儀正しく接することのできる6年生を目指したい。

2月のオススメ資料

「私たちの道徳」（文科省）に「江戸しぐさに学ぼう」という項目がある。

三百年もの長い間、平和が続いた江戸時代に生まれたしぐさである。例えば、「かた引き」というしぐさがある。道で人とすれ違うとき、相手にぶつからないように互いに右の肩を後ろに引くという動作である。当時の江戸の町には、全国から文化や習慣の違う人々が集まってきた。その中で、無用なトラブルを起こさず、人間関係を大切にしようとする意識が伺える。

人々が互いに気持ち良く暮らしていくための知恵がこめられた江戸しぐさから、相手を思いやる行動の大切さを考え、礼儀正しく行動することの意味について考えさせたい。

対話指導のポイント

江戸しぐさの授業は、実際に「私たちの道徳」に掲載されている江戸しぐさをやらせてみると楽しい。「かた引き」を実際にやってみると、動作だけでなく、「どうぞ」などの声を掛け合う姿も見られ、温かい雰囲気になる。江戸しぐさの良さに気づくことができるだろう。

そして、「うかつあやまり」について考えさせたい。足を踏んだほうと、踏まれた方の両方の姿を黒板に書く。そして、お互いになんと言っているのかを問う。踏んだ方に対しては、多くの子が「すみません」と答えていると考えた。そこで、次のように問う。

> 踏まれた方はなんと言っているでしょう。

相手を非難すると考える子供と、謝るという子供に分かれるだろう。ここでは、しばらくそれぞれの考えた理由を発表させる。江戸しぐさとしては、「とっさによけられなかった私もうかつでした。すみません」が正しい。最後に感想を発表させ、礼儀正しさや相手を思いやる気持ちの大切さに触れている児童を取り上げる。6年生の心構えについても触れさせたい。

（吉谷亮）

2月

英語　読むために、書く活動を取り入れる

Unit9 “Who is your hero?”

本ユニットでは、3人称を使って他者について話すことができることが目標である。4月には1人称でしか話せなかったことを考えても、自分の成長を実感できるユニットである。

また、読むことに関して2つのことを目指している。1つは自分の伝えたい内容を書き写し、その原稿を使って発表内容を確認すること。もう1つは、各ユニットの巻末に掲載されている絵本の読みの指導である。自分達で声に出して音読する活動は初めてである。ペアやグループなど，様々な読み方を取り入れながら、読みの楽しさを体験させたい。

ユニット9　単元計画（8時間扱い・例）

時	主な学習内容またはダイアローグ
1	A: What are you good at? B: I’m good at playing baseball.
2	映像を視聴し、“be good at ~.” の表現を聞いたり、今後の見通しを持ったりする。
3	A: What can he (she) do? B: He can play soccer well.
4	A: Who is your hero? B: My hero is OO. He can play soccer. He is good at cooking.
5	ペアに「できること」「得意なこと」を尋ね、友達にペアのことを紹介する 。
6	自分のヒーローについて英文を書き、それを読みながら練習する。
7	自分のヒーローを紹介する。
8	巻末の絵本を読む。

「自分のヒーローを紹介しよう①」6時間目

〈ワークシートの準備〉

以下のような【例文】を自分で作成するために、ヒントとなる【ワークシート】を準備する。

【例文】

This is my hero.
She is my sister.
She can play the flute well.
She is good at playing the piano, too.
She is cool.
She is my hero.

【ワークシート】

This is my hero.
○○ is my ○○.

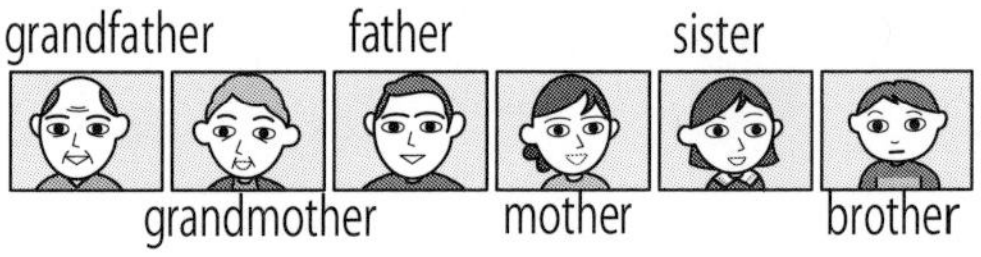

○○can play the ○○.
○○is good at ○○.

上記は、“We Can! 1” のイラストをもとに作成している。この他にもたくさんの表現があるが、まずはヒントとして提示したい。その他の表現を用いたい子供には、別紙を配付したり、掲示を見ながら書いたりできるよう教室内の環境を整備する。このような活動が6年生での書く・読むの学習につながっていくであろう。　（笹原大輔）

2月

総合　わが町発見　地元の良さを発見しよう

自分が調べたいことを選択する

「○○市の魅力って何だろう」と聞くと子供達は、地元の良さを意外と知らない。だからこそ、「自分たちの町は素晴らしい」と思える子供達にしたい。

学習は、まず自分の町の良さを集めるところから始める。そこで「○○市の魅力」について子供達にグループで対話させる。グループ内で「□□祭りだよ」「□□料理が有名だよ」と意見が出て来る。

そこで、家の人に聞いたり、インターネットで調べたりして地元の情報を集める。この時、実際に調べてきた子の事例を取り上げ褒める。子供達からは、

①神社、お寺、城跡、桜並木等の観光スポット
②花火大会　お祭りなどのイベント
③人気のお好み焼き屋さん、地元銘菓店などのグルメスポット
④郷土料理

などの意見が出る。ここは、拡散的にたくさんの意見が出る方がよい。意外な意見が出る可能性がある。選択肢が多い方が、いろいろな視点から調べ学習が可能となり、地元のたくさんの情報を共有できる。

次に、出て来た意見の中から調べたい項目を選択させる。私が以前、担任した学級では次のようになった。

①踊りの歴史について
②祭りの歴史について
③郷土料理について
④地元の銘菓について
⑤城跡について
⑥地元の神社について　など

町によって、「生産量日本一」「日本最大の○○」というような日本一のものが地元にある場合がある。そのようなものを取り上げることで、さらに地元の素晴らしさを知る機会になる。

選択したものを調べ、新聞にまとめさせる

調べることが決まったら、インターネットを使って調べさせる。

まず、調べさせたいのが地元の観光サイトである。

■観光協会のホームページ
■市役所の観光情報のホームページ

これらのホームページから関連するホームページへ発展させる。

調べていると、いろいろな情報を手に入れることができる。欲しいページを印刷させ、必要なことを選ぶ。

選んだ情報、写真、自分で描くイラスト、感想などを使って新聞にまとめさせる。

この時に、複数の子が同じ内容を調べる場合がある。同じ内容を調べても子供が変わると新聞の仕上がりは違ってくる。

対話を通して新聞をまとめる

類似した内容のグループを作る。「○○の味の工夫を入れよう」「□□城の石垣について紹介しよう」と情報を共有し、対話をしながら新聞をまとめさせる。すると、新聞を書くのが苦手な子も新聞を書きやすくなる。

新聞完成後、4年生の前で発表させる。そうすることで、相手に伝わりやすい伝え方を学ばせることができる。（今井豊）

3月

国語

「わらぐつの中の神様」主題を指導する③（登場人物の交流）

教材解釈のポイントと指導計画

この単元も様々な観点から主題を考えることがポイントである。おみつさんと大工さんの交流からも主題を考える。第4・5・7・9時で討論の授業を行う（全11時間）。

第1・2時　音読　感想　意味調べ
第3時　場面設定（時、人、場所）
第4時　主役の検討
第5時　おみつさんが変化した1文を考える
第6時　変化した1文から主題を考える
第7時　マサエが変化した1文を考える
第8時　変化した1文から主題を考える
第9時　大工さんはいつおみつさんと結婚しようと思ったのか検討する
第10時　好きになった理由から主題を考える
第11時　作品にふさわしい主題を選ぶ

授業の流れのアウトライン

第5・6時の授業展開例。

発問　おみつさんの大工さんに対する気持ちが変わった1文はどこですか。

・おみつさんは、いつの間にか、～
・おみつさんは、こっくりこっくり～
・そして、しばらくして、それが～

理由を書かせて討論する。

発問　おみつさんの気持ちが変わった理由は何ですか。

・自分の仕事が認めてもらえた
・結婚を申し込まれた

などが考えられる。ここから

・人は認めらえると相手を尊敬する

などの主題につなげる。

第9・10時の授業展開例。

大工さんがおみつさんのわら靴を買う場面は5つある。

1回目　やがて、お昼近くになって～
2回目　おみつさんが、わらぐつを持～
3回目　その次の日にも、またあの大～
4、5回目　その次も、またその次も～
最後　おみつさんは、いつのまにか、～

伴一孝氏はここで「大工さんがおみつさんと結婚しようと思ったのはいつでしょうか」と発問し、意見を書かせて討論する。ここから主題につなげる。

発問　なぜ大工さんはおみつさんと結婚しようと思ったのでしょうか。

・わらぐつを見て、おみつさんの人柄が分かったから

などの理由が挙げられる。主題は、

・心を込めて作った物は人の心を動かす
・物には作った人の人柄が表れる

などが考えられる。

学習困難状況への対応と予防の布石

主題の考え方、意見文の書き方などは年間を通して指導し、習熟させていく。

変化した1文を考えさせる時は「誰（何）に対して変化したのか」を明確にする。

「大工さんに対して気持ちが変わった文はどこか」と発問することで対象が明確になり考えやすくなる。

（保坂雅幸）

3月

社会　国土の自然とともに生きる②

　５年生の学習は、農業・漁業・工業・情報産業・国土・環境と多岐にわたる「学習内容」がある。

　最後に、１年間育てた「資料の読み取り能力」などを試したい。そこで環境の単元の後、２時間授業をした。

　テーマは「再生可能エネルギー」と「鬼怒川の大洪水」についてだ。


【１時間目】「再生可能エネルギー」について知る

　現在の日本の発電割合のグラフを読み取らせる。

> 「このグラフを見て、分かったこと、気づいたこと、思ったことを、できるだけたくさんノートに箇条書きしなさい」

　「火力が多い」「原子力がこれから減っていくだろう」などの意見が出る。

　その上で、この割合はどんなバランスになるべきかについて意見発表。「再生可能エネルギー（太陽光、地熱、風力など）」や「水力」など、環境にやさしいエネルギーによる発電を増やすべきだという意見が多く出た。


【２時間目】「鬼怒川の大洪水」について知る

　鬼怒川の大洪水に関する写真や絵から情報を読み取らせた。

　鬼怒川の付近は、太陽光発電（再生可能エネルギー）の開発が行われていた。

　開発を行うために、民間の業者は、山を切り開いている。その山は、もともと自然の堤防になっていた。

　しかし、山を切り開いたことによって、自然の堤防は失われた。大洪水の時に、自然の堤防が残っていれば……という見方はある。

　だが、太陽光発電によって、環境にやさしい発電ができるという見方もある。

　「人間の力」と「自然の力」のバランス。このことの大切さと難しさを感じ、自分なりの見方・考え方をもつことをねらった。

　以下、子ども達が書いた感想である。

> きぬ川の大洪水は、人間の力と自然の力がバランスをとれずにいたから起きてしまったのだと分かった。太陽光発電も確かにいいことだ。しかしそれが人々にめいわくをかけていることにはちがいない。もちろんていぼうがないことに心配している人はまだいるだろう。だから人間は考えて行動しなければいけないとあらためて思った。

> ……どのエネルギーもすばらしいばかりでも、よくないばかりでもない。けれど自分が大変な目にあったのに原因のエネルギーをなくせと言うのは大変だ。でも、そんな時こそ、どのエネルギーも公平に使うことこそ本当に大事だ。どうなっても正義を通せる未来をつくることも、とてもとても大事だ。

　「学習内容」としての知識と「学習技能」としての資料の読み取り能力。１年間の学習を踏まえ、両者を試す場となった。現在の社会の問題に向き合わせ、自分なりの見方・考え方をもたせる。５年生最後のしめくくりとしたい。

（水本和希）

3月

算数　「難問」対話する楽しさは難問にあり

本時における対話とは、自分が解いた難問を他の子にわかりやすく説明することである。

難問の授業システム

「1回につき5問の難問を提出する。問題は5問のうち1問だけを解かせる。早くできた子は、次を解かせてもよいが、1問解けても2問解けても100点（100点＋100点＝100点）である。また、2問目を間違えたら0点(100点＋0点＝0点)である。教師は○か × をつけてやればいい。「惜しい」「なるほど」「よく考えている」などの励ましの言葉をそえる（向山洋一氏『教室ツーウェイ』No. 109)。

難問は雑誌『向山型算数教え方教室』、または、『教室熱中！向山型算数難問一問選択システム』の書籍（共に明治図書出版）に掲載されている。

難問の一例

問題を選んで解かせる。

①5を7でわった時、小数第100位はいくつですか。(解：2）

②○の中に当てはまる数字を入れなさい。

○3○	（解：2 3 6
×　○7	×4 7
1 6○2	1 6 5 2
○○○	9 3 4
○○○9 2	1 1 0 9 2

③下の図の中に正方形はいくつありますか。

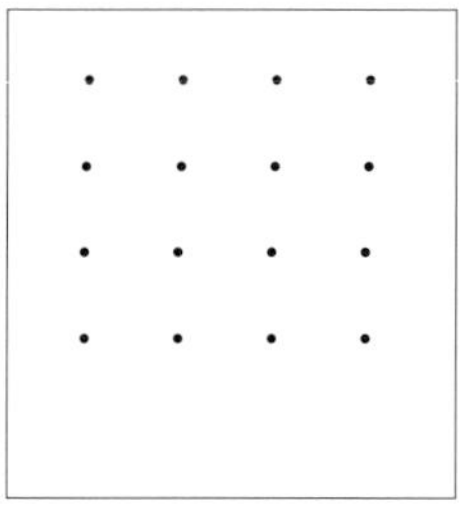

※正方形をたて4マス横4マスに等分割した形

（解：20個）

④鶴と亀が合わせて20匹います。足の数は全部で58本です。鶴と亀は何匹ずついますか。

（解:鶴11匹、亀9匹）

⑤1から1000までの整数の和を求めなさい。

1＋2＋3＋・・・・・・・・・・・998+999+1000＝？　　（解：500500）

解き方を説明させる【本時の対話的活動】

私は①を解きました。5÷7を計算すると7 1 4 2 8 5の6つの数字が繰り返されます。そこで100÷6＝16あまり4として7 1 4 2 8 5を16回繰り返した4番目の数字「2」となります。

このやり方を「頭脳派」とする。小数第100位まで全て計算して求める「体力派」もほめる。

（細井俊久）

3月

理科　ふりこの運動

ふりこが１往復する時間に着目して、おもりの重さ、ふりこの長さ、振れ幅などの条件を制御しながら、ふりこが１往復する時間を変化させる条件を調べ、ふりこの長さによって変わることを捉えるようにする。

正確に1往復の時間を計るには

糸の長さが同じでおもりが１つのふりこを使い、ストップウォッチでふりこが１往復する時間を計らせる。

結果にばらつきが生じる。１往復の時間が同じにならなかった原因を考えさせ、発表させる。

【予想される児童の考え】

①手を離す位置や高さが人によって違う。

②そっと離したり、少し押したりしている。

③ストップウォッチで１往復の時間を正確に測れていない。

④何回か繰り返して平均を出す方が正しい測定になる。

⑤糸を持つ場所が人によって違うのでふりこの長さが違っていた。

このように実験方法を検討し、正確に１往復の時間を計る方法を考えさせた後で教科書を確認すると、10回往復させて10で割る意義や条件をそろえて実験する意義を理解できるようになる。

なお、おもりを縦に複数つなぐと重心の位置が変わり、ふりこの長さが異なってしまう。おもりの重さを変えて実験する際は、横につなぐ必要がある。このことについても、実験で確かめさせると児童が納得する。

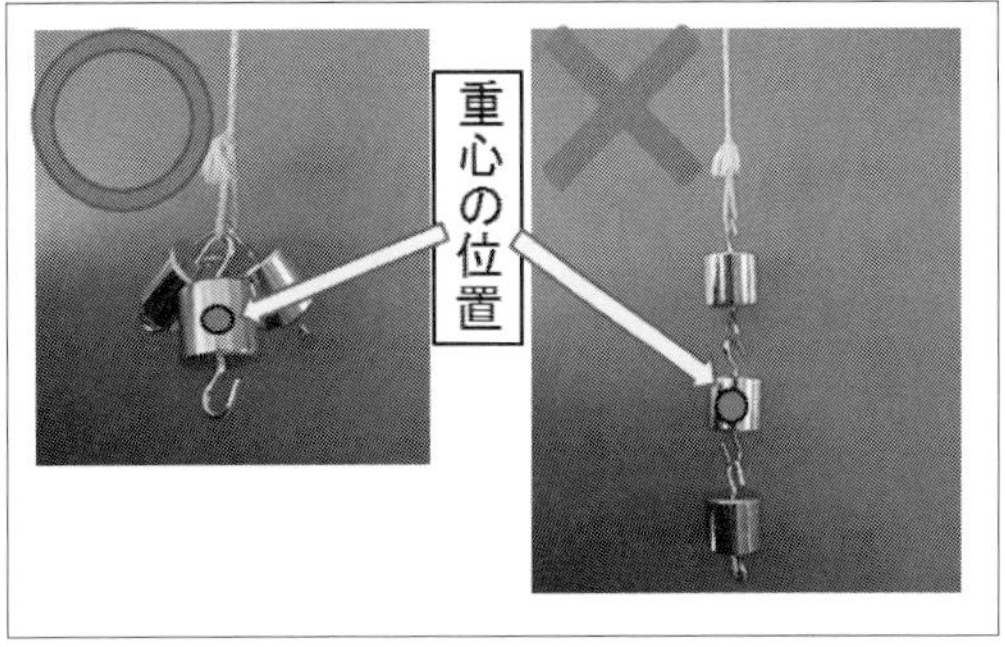

1往復する時間は何によって変わるのか

ふりこが１往復する時間は、何と関係しているのでしょうか。

【予想される児童の考え】

① ふりこの振れ幅が関係している。振れ幅が大きいほど、１往復の時間が長い。

② ふりこの重さが関係している。重いほど１往復する時間は短い。

③ ふりこの長さが関係している。長いほど１往復の時間が長い。

これらを検証するためには、他の条件は統一し、１つだけ変えて実験することを確認する。

振れ幅は、極端に大きくしないで実験する必要がある（片側30度以内で変化させる）。

実験すると、１往復する時間はふりこの長さによって変化することが確かめられる。

そのあとで次のような課題を出す。

1往復が1秒ぴったりになるふりこを作る

ふりこの長さを変化させて何度も実験し、１秒ぴったりにこだわり、正確に計ろうと集中して実験する。

（関澤陽子）

音楽　在校生代表の心意気を示す　6年生へ心を込めて

在校生代表5年生の心構え

3月。6年生からバトンを託される時がやってきた。6年生を送る会や卒業式は、「後を引き継ぐ者」として5年生の気概を見せる場である。

6年生からは「後を託すことができる」と安心してもらいたい。4年生からは、来年の自分たちの姿と重ね合わせ「かっこいい」と憧れられる存在でありたい。

卒業式で歌うオススメ曲

（1）短時間で仕上がり、効果抜群の曲

『きみに会えて』（佐藤進作詞・作曲）は、後半部分がパートナーソングになっている。クラス毎に、それぞれ担当を決めて練習を進めておけば、合同練習でいきなり歌い合わせても迫力のある合唱が出来上がる。それぞれのパートを力一杯歌うだけで良い。メッセージ性の強い歌詞が卒業生の心に響く。

※中学生向けの混成3部合唱の曲である。小学生が歌うので、前半部分は主旋律だけを使う。

（2）変声期を迎えた子に対応した曲

『大空がむかえる朝』（あだちやえ作詞・浦田健次郎作曲：教芸5年）は、変声期を迎えた子供たちが歌える曲だ。音域が狭い（1点ニ音～2点ハ音）。どの子も歌えるので、声量が下がらない。旋律の動きに沿って強弱をつければ、ドラマチックに歌い上げることができる。比較的短時間で仕上がる（@15分×4コマ）合唱パートがついている。

（3）6年生に共感をよぶ曲

『Smile Again』（中山真理作詞・作曲）は、歌詞に強いメッセージが込められている。6年生に贈る歌というよりも、6年生が共感して聴ける歌である。合唱の部分が多いので、十分に歌い上げる力を備えた5年生にお勧めの曲だ。練習時間はかかるが、かけただけの価値はある。

国歌「君が代」

卒業式で歌う。素読から入り、歌詞の意味を理解した上で心を込めて歌えるようにする。「君が代は、宮中歌会始《きゅうちゅううたかいはじめ》の和《わ》歌《か》披《ひ》講《こう》で歌われていたおめでたい歌である」などのエピソードを調べるのも良い。

6年生を送る会

（1）6年生入場

5年生の合奏に合わせて入場する。『威風堂々』（エルガー作曲 / 長谷部匡俊編曲：教芸5年）は、荘厳な雰囲気で、会場全体が引き締まる曲だ。リコーダーで主旋律を演奏し、和音パートをオルガンや木琴などでつける。3学期から取り組んで十分に間に合う。

（2）5年生出し物

『ありがとうの花』（坂田おさむ作詞・作曲：教芸5年）は、卒業生へ感謝の気持ちを素直に表現し、歌い上げることができる。耳慣れた曲だ。すぐに歌えるようになる（@5分×3コマ）。

サビの部分に3度のハモリを入れると、高学年らしさが出る。簡単に、短時間で取り組める。

（3）ダンスパフォーマンス

6年生を送る会は、全員合唱で締める。『また会える日まで』（ゆず作詞作曲）が良い。サビの部分『♪また会える日まで』を、1年から6年まで順番に歌い重ねていくところが、最高に楽しい。歌に合わせて、ダンスパフォーマンスを入れる。4年生が担当する。振り付けは5年生がする。リズム伴奏も5年生が担当する。会場が1つになって盛り上がる。

（中越正美）

3月

図画・工作　生き生きとした場面が生まれる「スチレン版画」

3月、学年最後の月に取り組ませたいのが、スチレン版画である。酒井式描画指導法（以下、酒井式）から生まれたスチレン版画に取り組ませる。

この作品は、次のようなよさがある。

> 生き生きとした表情を描かせることができる。

また、これまでのスチレン版画と違い白と黒のコントラストが楽しめる。

対話で題材を決める

スチレン版画は、木版画と違い素材が柔らかいので簡単に跡を付けることができる。また、刷りも木版画より簡単にできる。制作時間も短い。

その利点を生かして、題材を複数の中から決めさせる。

子どもたちには、1年間を振り返らせ、思い出に残った場面を発表させる。音楽発表会での合唱や合奏、理科実験の様子など、いろいろと発表させる。その中から一目で様子が分かるものに絞っていき、絵に表したい題材を決めさせる。

スチレン版画の描かせ方

【準備物】・スチレン板・刷紙（白）・へら、ボールペン・スチレンカッター・カッター・カッターマット

酒井式の手順で描いていくと、どの題材も生き生きとなる。

> ①鼻、②口、③目とまゆ毛、④輪郭、⑤髪の毛、⑥体、⑦手、⑧足、⑨つなぐ、⑩服を着せる

スチレン板にこの手順で描いていく。子どもの実態によっては、コピー用紙に描かせてから取り組ませてもよい。

ボールペンで描いたら、背景の部分をスチレンカッターやカッターを使って切り取る。また、へらなどを使って洋服などに模様を付ける。

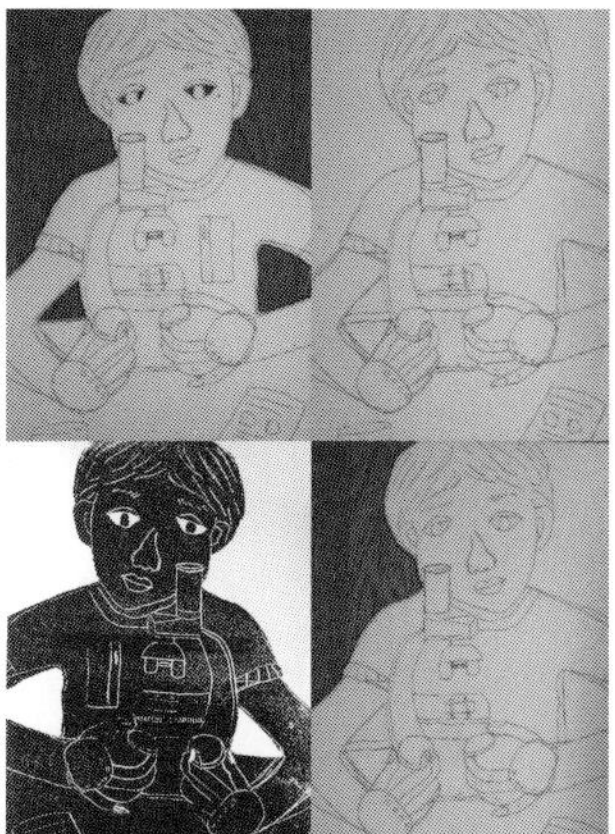

できあがったら刷ってみる。薄いところがあれば、へらでもう一度跡を付ける。

最後に、絵の具で彩色してもよい。

（末永賢行）

3月

家庭科　家族との触れ合いや団らんを楽しくする工夫を共有する

1. 学校での調理実習を生かして、家族との団らんの時間を作る

T:「家族といっしょにいる時間に何をしていますか」

C:「ご飯を食べています」「ショッピングに行きます」「テレビを見ています」

「トランプをしています」「バトミントンをしています」

「家族との触れ合いや団らんの時間を楽しく過ごしてほしい」と願って、おやつ作りの調理実習をする。緑茶を入れ、りんごの皮むきをし、白玉団子を作る。始めは、「おもちは嫌い」「あんこは食べたことがない」と言う子ども達も、自分たちで作ってみると、大喜びで試食する。

グループで楽しく食べた後は、「家に帰って家族にもごちそうする」ことを宿題にする。授業で学習したことを家で実践し、より良い家庭生活をめざす子どもを育てたい。

2. 家族との団らんの時間を作った子ども達

家族にごちそうするおやつは、家族の好み、材料費、時間などを考慮して、必ずしも白玉団子でなくてもよいことにする。自分が中心になって作り、団らんを進めることとする。

家で実践した子どもたちは次のような話をする。

「『おいしい』と家族が喜んでくれた」「『1人で作れてすごい』と言われた」「白玉団子とりんごを混ぜてフルーツポンチにした」「おかあさんといっしょに、ホットケーキを作った」「たくさん話して楽しかった」

団らんによって家族との会話が多くなる。

3. 家族との触れ合いや団らんを楽しくするためのアイデア

同じ食べ物を食べ、いっしょに過ごす時間は、会話がはずみ「楽しかった」という思いが生まれやすい。しかし家族の形態や生活時間はさまざまで、「おやつ」だけではない、触れ合いや団らんもある。

家族との触れ合いや団らんを楽しくするためのアイデアを出し合います。

先にノートに書かせ、発表させる。1 つアイデアが出たら、「同じように考えた人?」「付け足しがある人?」と投げかける。「お父さんが野球少年団のコーチなので、休みの日はいつもいっしょにいる」「お母さんは、私が休みの日も仕事なので、携帯電話でメッセージを送っている」「お父さんは単身赴任をしているので、電話で話す。家に帰ってきたときはいっしょに遊ぶ」という子もいる。

お互いの話を聞き合うことで、子ども達は「家族の形は1つではないこと」「他の家庭は自分の家族とは違うこと」「年によっても家族の形が変わっていくこと」「家族の触れ合いや団らんの工夫はいろいろあること」を知ったり、想像したりできる。

（川津知佳子）

3月

体育　子どもの表現力を引っ張り出す個別評定

表現運動の指導で重要なことは「個別評定」である。「直してもらいたい所が3つあります」と指導しても、自分のことと捉えて聞いている子どもは実は少ない。だから「個別」に「どこが良くてどこが悪いのか」を「評定する」ことが必要なのである。

日本の地域で親しまれてきた「阿波踊り」を身に付け、日本の文化に触れる事で交流する力を養うことが目標である。阿波踊りといえば、向山洋一氏の実践が有名である。指導ステップが明確だ。

①足の動きから指導する。教師が「1、2、3、4」とリズムを唱えながら足のステップを教師と一緒に行わせる。

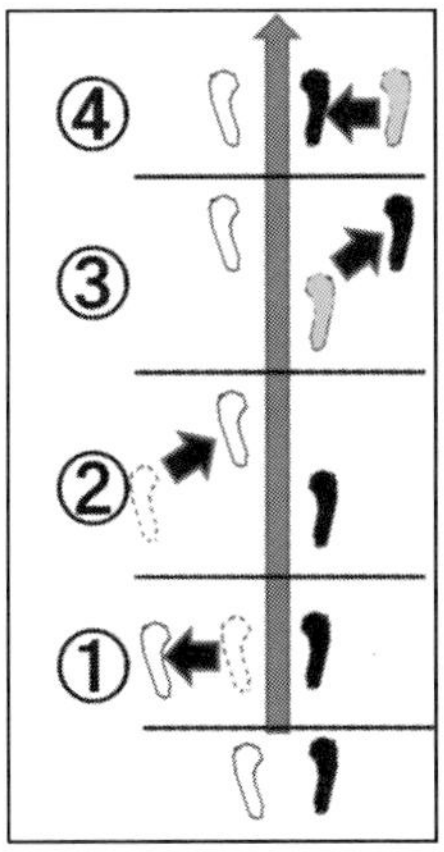

②1人ずつ評定する。4人を横1列に並ばせ、1人ずつ3点満点で評定する。

③2点以上を合格とし、1点以下だった子は再挑戦。合格するまで何度でも評定を受けさせる。

④最終的には全員を合格させる。

⑤次は、手の動き。「手の動きは自分で作る」と告げた後、教師が作った動きを見せる。3回繰り返してできるようになったら、教師に見せなさいと指示して、自分で作らせる。その後個別に評定する。

⑥最後は表情である。先生の「セーノ、ドン」の合図で、男の子はこの世で最も醜い顔を、女の子は可愛らしい顔をつくりなさい。と指示する。

⑦そして、その表情のまま、手足をつけて踊らせる。「10点満点の8点で合格」と話し、足がリズムに乗って動いているかを見て評定する。

⑧10点満点と言いながら敢えて「12点」や「15点」をつけると、より高得点を目指して踊りこむようになっていく。

⑨個人の動きを一通り指導したら、あとは2列縦隊で頭の高さと足の動きを揃えて踊れるようにしていく。

9つのステップで指導をする上で最も重要なポイントは、足の動きが曲に合っていることである。そして評定はすっぱりと言い切ることだ。はっきりとしないと評定される側もすっきりしない。

単元計画（3時間）
第1時　①足だけの指導
　　　　②腰を落として足の指導
第2時　①手の動きをつけた指導
　　　　②面（顔）づくりの指導
第3時　①10点を超える指導
　　　　②全体の動きの指導

阿波踊りは1人1人が違う手の動き・顔の表情を考え出し踊る。個性が生かされ、自己を解放する絶好の機会となる。個別評定により主体的・対話的で深い学びとなる。「短い指示と個別評定そして称賛」というセットは、子ども達を本気にさせる。「こんな踊りができるのか」といった素晴らしい演技を、引っ張り出すのが個別評定である。

（桑原和彦）

3月

道徳 浜口梧陵の行動から命の尊さを考える

3月の道徳のポイント

平成23年3月11日、マグニチュード9の大きな地震が東北地方を襲った。震度7の強い揺れと国内観測史上最大の津波を伴い、東北・関東地方を中心とする広い範囲に甚大な被害をもたらした。

この大災害を決して風化させてはいけない。あえてこの3月だからこそ、生命尊重の大切さについて考えるきっかけとする。『小学校学習指導要領 特別の教科 道徳編』に次のように書いてある。

> 生命の尊さを概念的な言葉での理解とともに、自己との関わりで、生きることのすばらしさや生命の尊さを考え、自覚を深められるように指導することが求められる。そのためには、生命の尊さについて考えを深めていくよう指導することが大切である。（中略）家族や社会的な関わりの中での生命や、自然の中での生命、さらには、生死や生き方に関わる生命の尊厳など、発達の段階を考慮しながら計画的・発展的に指導し、様々な側面から生命の尊さについての考えを深めていくことが重要である。

3月のオススメ資料

「稲むらの火で命を救え」（文溪堂）という資料がある。徳目は「生命尊重」である。人間が人間らしく生きるための最も基本となる精神は、生命を尊重する心である。生命はかけがえの無いものであり、自他の生命を尊重することをねらいとしている。資料の舞台は、江戸時代、現在の和歌山県の海辺、広村である。大きな地震が起きたとき、広村に住んでいた浜口梧陵は「大地震の後には津波が来ることがある」という言葉を思い出す。そして、村民たちを避難させるため、暗闇の中で大切な稲むらに火をつけて、丘への目印とした。そのおかげで、多くの村民の命が救われることになる。

梧陵は、1度目の津波が襲った後、波が引いた後の村に戻り、取り残された人々を救うために、避難経路の目印として、悩みながらも貴重な稲むらに火をつける。そのときの、梧陵の葛藤に目を向けることで、何よりも生命を救うことが大事だということに気づかせたい。

対話指導のポイント

三陸地方に「津波てんでんこ」という代々伝わる言い伝えがある。津波の時は家族さえ構わずに、1人でも高台に走って逃げろという意味である。家族や集落の全滅を防ぐために語り継がれてきた。

この意味について考えさせたい。

> 「津波てんでんこ」についてどう思いますか。

おそらく、「家族を置いては逃げられない」などの意見もあるだろう。しかし、「津波てんでんこ」には次の4つの意味があるとも言われている。

・自分の命は自分で守る
・周りの人たちに避難を知らせる
・お互いに「てんでんこ」するだろうという事前の信頼関係育成
・津波を生き残った人からのメッセージ

これらは、そのまま稲に火を放った梧陵と重なる。何よりも命が大切である。そのためには、先祖からの教えを大切に、日頃から互いの信頼関係を築いておく必要がある。

（吉谷亮）

3月

英語　内容を分析し、読み方を工夫する

巻末の絵本の内容を知ろう

Unit9 では、Unit ごとに巻末に掲載されている絵本を１冊の絵本と見立てて読む指導を行う。

まずは、どのような内容なのか全体像をおさえておきたい。

【Unit1】

主人公の “Kazu” の自己紹介である。これまで慣れ親しんでいる “like” の表現を用いている。

【Unit2】

“Kazu” の自己紹介が続く。また、“special day” と話し、転校生の “Maria” の登場を印象付けている。

【Unit3】【Unit4】【Unit5】

“Kazu” と “Maria” が隣の席になり、Unit で学習した表現方法でやりとりしている。

【Unit6】

転校生 “Maria” の自己紹介である。既習である “have” “sometimes” を用いて、兄について話している。

【Unit7】

“Maria” に “Kazu” たちが町を紹介している。本ユニットで学習した “where” の表現を用いている。

【Unit8】【Unit9】

サッカーを楽しんでいるが、“Kazu” は考えごとをしている。

「もっと英語を話せるようになりたい」と。６年生での学びの意欲を高めようとする最後の２ページである。

工夫して読ませよう

絵本の中の英文は、“Kazu”の言葉、“Maria”の言葉、地の文に分けて書かれている。読む練習では、この３パートを意識する。そして、最終的に１人で読むことができるようにしたい。以下は指導方法の１例である。

①追い読み

教師の後に続き文字を指で押さえながら読む。“Girls, very good!” “Excellent!” など、ほめたり、読み方の姿勢や声の大きさについて、合間合間で指導していく。

②交代読み

１行ずつ交代で読む（教師と子供、男女等）。

③２人読み

お隣同士向かい合って読む。お互いに読みのチェックをしながら練習することができる。

④グループ読み

グループの中で、１文交代で読む。

⑤ 列読み

１列目から順番に読んでいく（縦や横など１列ずつ）。

⑥たけのこ読み

自分の読みたいところに○をつけ、自分の番がきたら立って読む。一度に何人もの人が立って読む様子が筍のように見える。

⑦スピード読み

教師が２倍速で読み、子どもたちの読みが上達したことを実感させる。

５年生の絵本は Unit ごとに１ページずつ掲載されているので、上記のような読み方を通して、楽しく読めるように工夫したい。

（笹原大輔）

3月

総合　わが町発見　市の観光課と連携する

市役所観光課と連携する

「市役所観光課の方の前で調べたことを発表します」と子供達に伝える。

折角なので2月に子供達が調べた地元の魅力について、地元の観光企画のプロである市役所観光課の方の前で発表をさせたい。

そして、子供達の発表についてプロの視点から意見をいただきたい。市役所観光課の方との連携で必要なことは以下である。

①市役所観光課との連携を予め単元計画に入れておく。
②半年前、3か月前など、前もって連携をしておく（直前にお願いしても対応していただけない）。
③出前授業のお願いをしておく。
④観光パンフレットなどをいただき、授業に活用する。

対話形式で観光課の方に発表する

観光課の方を学校にお招きして、子供達が、自分達の町について調べたことを発表させる。

この時に、意識したいのが、観光課の方との対話を取り入れるということである。一方的に調べたことを発表したのでは、子供達に相手意識は育たない。

発表する時には、実物や写真などを提示して相手に分かりやすい発表にすることを意識させる。

例えば、郷土料理について説明する場合では、郷土料理の写真や食材の実物を提示して発表させると参加していただいた観光課の方にとっても伝わりやすい発表となる。

発表後は、観光課の方から子供達の発表に対して意見を頂くことが大切である。子供達の発表の内容について意見を頂くことで対話形式の発表になる。

対話形式の出前授業をしていただく

子供達が調べたことを発表した後に、観光課の方にも地元の素晴らしさについて紹介してもらう出前授業をしていただく。

その場合は、連携をする段階で事前にお願いをしておく。

子供達は、自分が住んでいる町については、知っているようで意外と知らないことが多い。

例えば、地元の特産品の場合、「なぜ」「いつから」あるのか、「どんな努力があるのか」という歴史的なことや作る努力は知られていないことが多い。

そのような子供達が知らない事実を取り入れて授業をしていただく。この時に対話形式になるように、次のような授業をしていただく。

①子供とのやり取りを入れる。
②グループ対話を入れる。

子供達が、対話を通して地元の良さをより深く知ることができる。

新聞作りを通したより深い学び

学習後、観光課の方にお礼の手紙を書く。教えていただいたこと、もっと知りたいこと、感謝の気持ちを表現させる。

さらに、新聞に表現する。新聞を作成することで、学んだことをより深く理解することができ、子供達の表現力を高めることにつながる。

（今井豊）

５年生　Name【　　　　　　　　　　　　　　　　　　　　　　　　】

Unit１ 自己しょうかいをしよう

第１時 先生の英語を聞いて声に出して読もう。指でたどりながら読もう。

I like bananas.　　I don't like lemons.

I have a cat.

I don't have a dog.

第２時　①先生が言った英文を指で指そう。　②英文を読もう。

I like bananas.　　I don't like lemons.

I have a cat.　　I don't have a dog.

第３時　薄い英語をなぞろう。

I like bananas. I don't like lemons.

I have a cat.　I don't have a dog.

第４時　自分のことを選んで書こう。友達が書いたものを読み合おう。

I ＿＿＿＿＿＿＿＿ bananas.

I ＿＿＿＿＿＿＿＿ a cat.

like / don't like
のどちらかを書こう

have / don't have
のどちらかを書こう

答え

すぐコピーして使えるプリント集　国語五年

漢字《かんじ》クイズ（一画加《いっかくくわ》えて）

答《こた》え方《かた》の例《れい》

木（もとの字に）⇦ 未（一画加えて）⇦ 未（できあがり）

左《ひだり》にある漢字《かんじ》に「一画《いっかく》」を加《くわ》えると、別《べつ》の漢字《かんじ》に変身《へんしん》するよ！
一画《いっかく》を加《くわ》えて作《つく》ってみよう。君《きみ》は、いくつ見《み》つけられるかな？

名前

万　未　大　持　幻　侯　刊
皿　由　大　内　椎　李　舌
住　仕　水　句　圧　亦　司
糸　東　代　因　侍　史　門

答え

すぐコピーして使えるプリント集　国語五年

漢字《かんじ》クイズ（一画加《いっかくくわ》えて）

答え

答《こた》え方《かた》の例《れい》

木（もとの字に）⇦ 未（一画加えて）⇦ 未（できあがり）

左《ひだり》にある漢字《かんじ》に「一画《いっかく》」を加《くわ》えると、別《べつ》の漢字《かんじ》に変身《へんしん》するよ！
一画《いっかく》を加《くわ》えて作《つく》ってみよう。君《きみ》は、いくつ見《み》つけられるかな？

名前

方　朱　太　特　幼　候　刑
血　曲　犬　丙　稚　季　乱
往　任　氷　旬　庄　赤　同
系　東　伐　困　待　吏　門

熟語パズル

□に当てはまる漢字を入れ、四つの熟語を作りましょう。

例
千→円
一→円→周
円→満

①
音→□
勝←□→器
気→□

②
時←□
来→□←連
元→□

③
気←□
月←□←公
□→式

わからないときは、下の□の中の漢字から選んで考えてもいいよ！

④
挙→□
歌→□→芸
□→術

⑤
水→□
赤→□←剣
□→順

⑥
両→□
心←□→切
□→方

⑦
着→□
会→□←議
退→□

⑧
作←□
案←□→作
□→子

⑨
会←□
開→□←帰
□→歌

⑩
仮→□
前←□←指
□→人

人　名　本　原　楽　語　中　席　当
手　虫　親　正　国　学　道　日　字

辞書を使って熟語パズルを考えよう！
全部埋められないときは赤い□を×で消してもいいよ！

できたら友達やお家の人に問題を出そう！

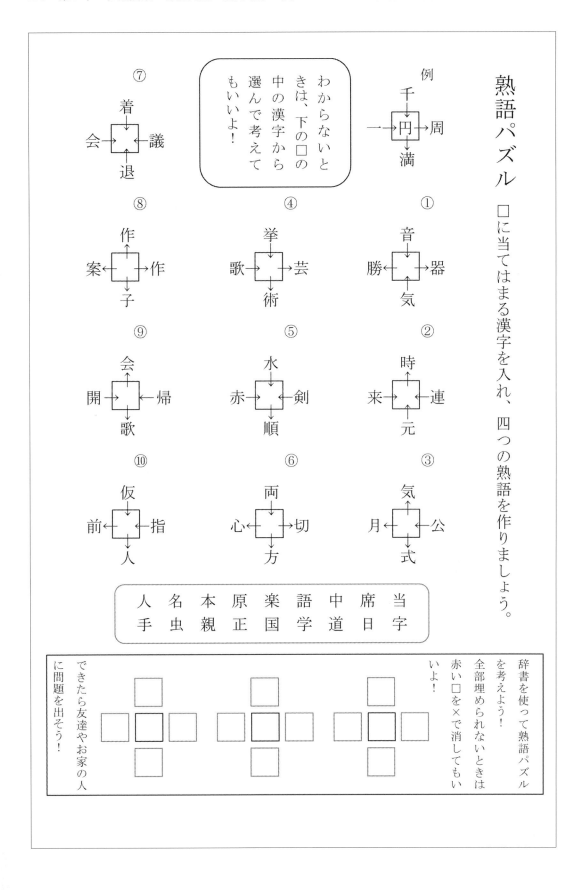

5年生　難問

1

㋐、㋑、㋒のいずれかのコースを進んでゴールまで行きましょう。「１２３」でゴールできるコースは、㋐、㋑、㋒のどれでしょう。

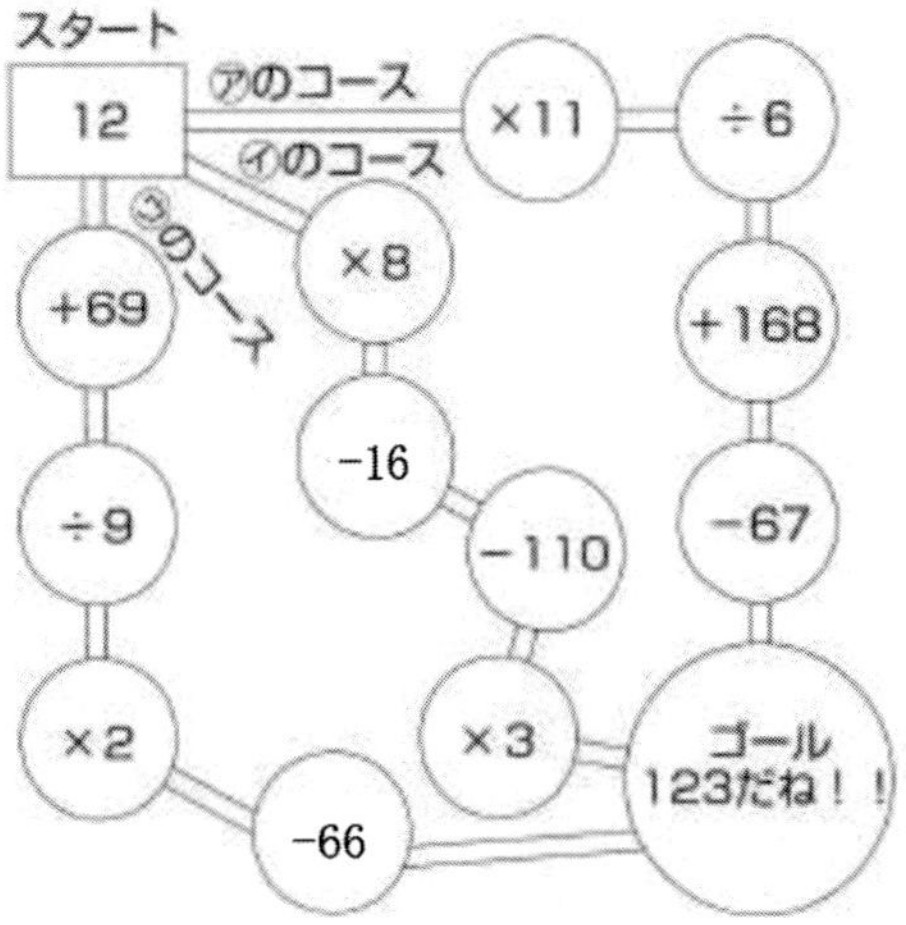

答え（　　　）

2

たて、横、ななめにたした合計がそれぞれ３になるように、あいているところに数を入れましょう。入る数は、小数第１位までの数で、同じ数は２回以上使えません。

答え

	1.0	

3

□の中に数字を入れて、次の計算を完成させましょう。
（数字は何回使ってもかまいません。）

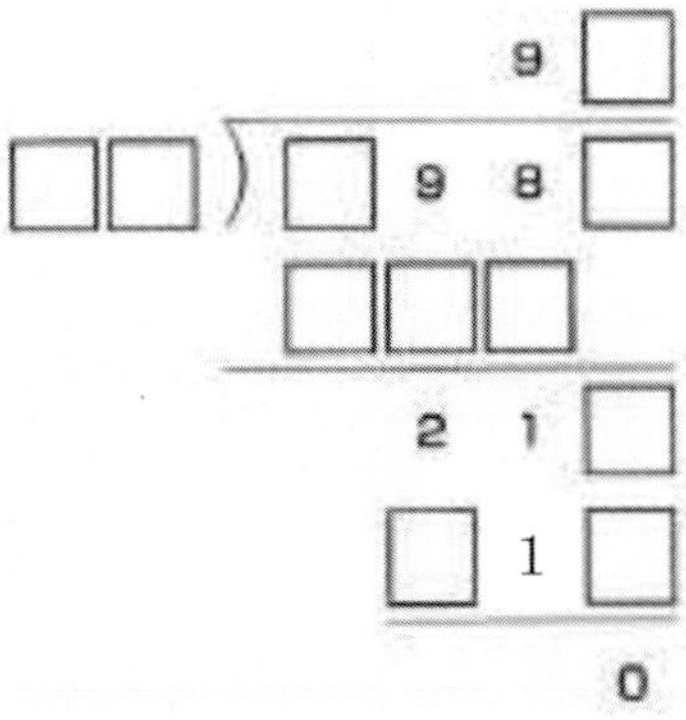

（　　）月（　　）日　名前（　　　　　　　　　　　　）

4

マッチぼうで下のように１だん、２だん、３だん・・・・・・と三角形を作っていきます。２０だん作るとすると、マッチぼうは何本必要ですか。

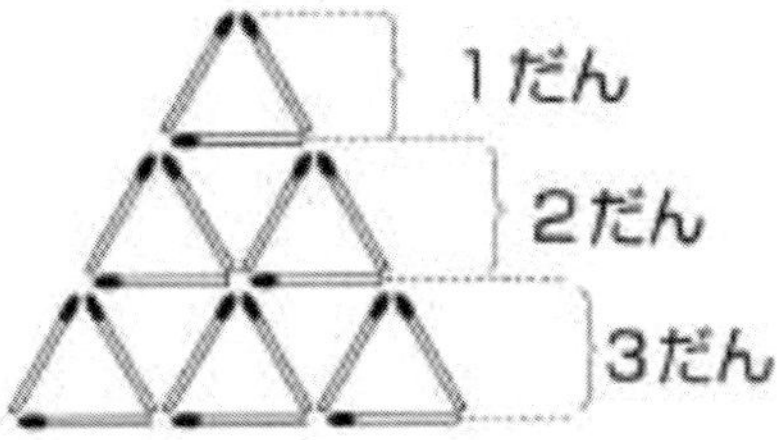

答え（　　　　　　　　）

5

４つの４の間に＋、－、×、÷などを入れて、０から９までの答えにしましょう。（　）を使ってもかまいません。

答え

4□4□4□4＝0
4□4□4□4＝1
4□4□4□4＝2
4□4□4□4＝3
4□4□4□4＝4
4□4□4□4＝5
4□4□4□4＝6
4□4□4□4＝7
4□4□4□4＝8
4□4□4□4＝9

1　㋐

2　別解あり

1.3	0.6	1.1
0.8	1.0	1.2
0.9	1.4	0.7

3

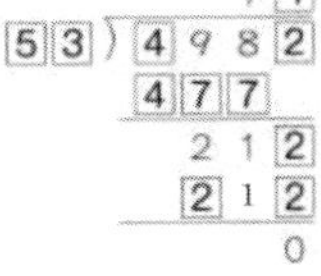

4　６３０本

１段目で使うマッチ棒は３本、２段目は６本、３段目は９本と、３の倍数になっている。３×２０＝６０で、６０までの３の倍数を全てたせば求められる。

5　別解あり

4＋4－4－4＝0
4÷4×4÷4＝1
4÷4＋4÷4＝2
（4×4－4）÷4＝3
（4－4）×4＋4＝4
（4×4＋4）÷4＝5
4＋（4＋4）÷4＝6
4＋4－（4÷4）＝7
4×4÷4＋4＝8
4÷4＋4＋4＝9

出典：TOSS メディア収録『難問・良問＝５題１問選択システム』

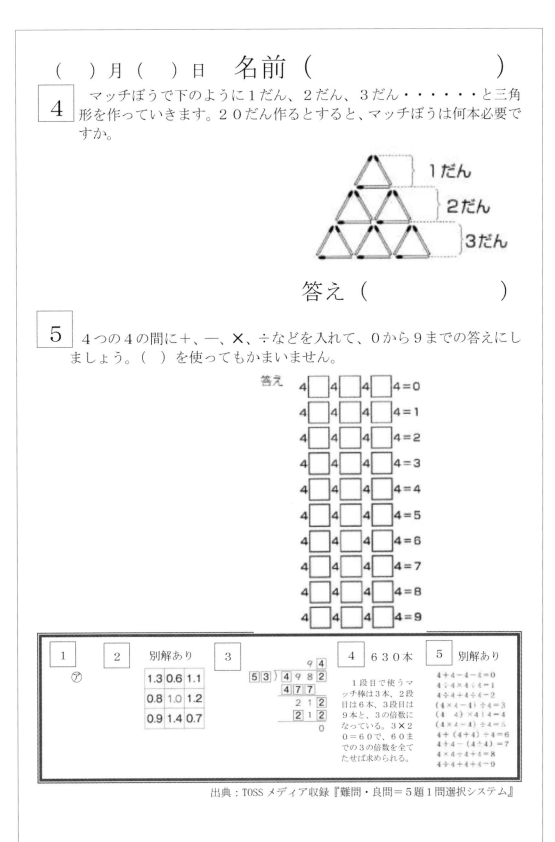

学校生活アンケート

年　　組　名前〔　　　　　　　　　　　　　　　　〕

今から、みなさんにたずねることは、安心して、楽しく生活できるようにするためのアンケートです。正直に教えてください。

1．ろうか・教室などで、友達とすれちがう時、急にさけられたことがありますか。

A. ある　　(a)1～2 回　　(b)3～4 回　　(c)5 回以上

B. ない

2．シューズや筆箱など、自分の持ち物が、かくされたりしたことがありますか。

A. ある　　(a)1～2 回　　(b)3～4 回　　(c)5 回以上

B. ない

3．休み時間、仲間はずれや、無視をされたことがありますか。

A. ある　　(a)1～2 回　　(b)3～4 回　　(c)5 回以上

B. ない

4．いやなことや気になることを書かれた手紙をもらったことがありますか。

A. ある　　(a)1～2 回　　(b)3～4 回　　(c)5 回以上

B. ない

5．お金や物（ゲームやおもちゃなど）を持って来いといわれたことがありますか。

A. ある　　(a)1～2 回　　(b)3～4 回　　(c)5 回以上

B. ない

６．友達のことが気になって、夜なかなか眠れないことがありますか。

Ａ. ある　　(a) 1〜2 回　　(b) 3〜4 回　　(c) 5 回以上

Ｂ. ない

７．自分がそばに近づくと、急に大きな声で笑ったり、にらみつけられたりすることがありますか。

Ａ. ある　　(a) 1〜2 回　　(b) 3〜4 回　　(c) 5 回以上

Ｂ. ない

８．①〜⑩までについて，友達がやっていたり，話していたりしたのを見たことがありますか？

Ａ. ある　　(a) 1〜2 回　　(b) 3〜4 回　　(c) 5 回以上

Ｂ. ない

９．近頃、気になる友達はいますか。

Ａ．いる（　　　　　　　　　　）Ｂ．いない

１０．担任の先生へのメッセージやお願いがあれば書いてください。

教えてくれてありがとうございます。みなさんが楽しく生活できるように、先生たちはいつも応援しています。何かお話したいことがあれば、いつでも知らせてください。

工業製品	名前	

1　工業製品とは何か、教科書や資料集で調べて書きましょう。

2　教室の中にある工業製品を見つけられるだけかじょうがきにしましょう。

3　教室の中にある工業製品でないものを見つけられるだけかじょうがきにしましょう。

4　あなたが知っている工業製品を思いつくだけかじょうがきにしましょう。

5　次のものは工業製品でしょうか。工業製品でないでしょうか。理由も書いて、話し合ってみましょう。

1	水道水	（工業製品　工業製品ではない）
	（理由） 	
2	野菜工場で作られた野菜	（工業製品　工業製品ではない）
	（理由） 	

＊＊＊
＜参考＞上記２つは答えがどちらになってもかまいません。工業製品の定義を参考に考えてみましょう。調べられる人は調べてみましょう。

5年　流れる水のはたらき

月　　日（　　）

どうして河原の石は丸くなるの？

問題　学習することをなぞって確かめましょう。

河原の石は、上流から下流に流されるにつれてどのように変化するのだろうか。

予想　次の写真は上流・中流・下流のどれかにある石です。（　　）に上流・中流・下流のいずれかを書き、□に自分の考えを書きましょう。

（①　　　　）　（②　　　　）　（③　　　　）

実験　予想を確かめるモデル実験をしましょう。

1．準備

準備できたら□にチェックを入れましょう。

- □ ふた付きで透明な空きびん（水漏れしないもの）
- □ 生け花用スポンジ
- □ カッター
- □ カッター板
- □ 割りばし

２．方法

①カッター板の上で、スポンジを２ｃｍ角ぐらいにカッターで切ります。
②４～５個ぐらい（びんの大きさによる）びんに入れます。
③水をびんの半分ぐらい加えて振ります。
④一人が５０回ぐらいずつふって次の人と交代するようにして、
　班員全員がふります。
⑤５０回、１００回、１５０回と形がどう変化しているか、
　割りばしで取り出して調べます。

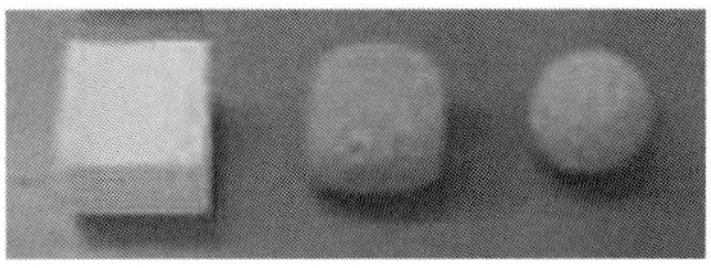

※スポンジを１個、びんに入れずとっておく。
　５０回振るごとに１つずつ取り出し、
　並べて比較《ひかく》すると違いがよく分かります。
⑥ふり終わったびんを静かに置いて、水の底に沈んだものを観察します。

結果　各回数のスポンジとふり終わったびんの絵をかきましょう。

０回　５０回　１００回　１５０回　びん

結論　□を完成させましょう。

河原の石は上流から下流に流されるにつれて、
□たり、□られたりして小さくなった。
使ったスポンジを□とすると、
底にしずんだものは実際の川では□にあたる。

【答え】予想 ①下流②中流③上流　結論（順番に）われ　けず　石　砂

特別支援教育研修：自閉症スペクトラムの子どもへの基本的な対応

　自閉症スペクトラムの診断を受けている男の子がいます。よく教師を試すような言動をとります。授業中にもかかわらず、立ち上がってふざけたり、暴言をはいたりします。彼が大人を試すような言動をしたとき、どのように対応すればよいでしょうか。基本的な対応の仕方を学びましょう。

①大人を試すような言動をしてきた場合、どのように対処すればよいのでしょうか。
　下に書きましょう。

②自閉症スペクトラムの子どもの言動は、その子の脳の活動と大きく関連しています。興奮や衝動性などは、脳内の神経伝達物質のドーパミンやノルアドレナリンが大きく関係していることが分かってきました。そして、それらの働きを抑える脳内の神経伝達物質として、セロトニンという物質があることも分かってきました。セロトニンが十分であると、癒やされ、安心感が得られるので、気持ちや感情のコントロールができます。セロトニンを分泌させるには、どのような関わり方が大切なのでしょうか。
　下の字をなぞりましょう。

みつめる

ほほえむ

はなしかける

さわる

ほめる

③自閉症スペクトラムの子どもに伝わる指示をするには、どのようなことに気を付けるとよいでしょうか。

特別支援教育研修：自閉症スペクトラムの子どもへの基本的な対応

自閉症スペクトラムの子どもは、教師や大人を試すような言動をすることがあります。
そのような言動にどのように対応すればよいのでしょうか。

ポイント：その子の脳がさせていると考え、冷静に対応する

自閉スペクトラム症の子どもが行う言動は、その子どもの脳の活動と大きく関係していることがわかっています。例えば、

興奮・衝動性･･･脳内の神経伝達物質「ドーパミン」「ノルアドレナリン」
これらの物質が不足すると、立ち歩いたり動くことで物質を出させようとする。

癒やし・安心感･･･脳内の神経伝達物質「セロトニン」
これらが不足すると、不安で挑発的な言動につながる。

などのことが分かっています。教師や大人を試すような行動は、主にセロトニンの不足に関係しています。そのため、教師や大人を試すような言動に対して、どれだけ言葉で言い返してもあまり効果はありません。セロトニンが不足していると捉え、冷静に対応することが大切です。

ポイント：セロトニンを出す関わり方を心がけよう

①見つめる

（１）お母さんのように優しく包み込むようなまなざしでみつめます。
（２）さわるスキルと合わせ技で効果を上げます。

②ほほ笑む

（１）口角を上げて，少し口を開き気味にします。
（２）声に出して笑わない。

③話しかける

（１）まず，名前を呼んではなしかけます。
（２）その子が不安を感じたり，困っている時に話しかけます。
（３）安心感を感じさせる言葉かけをします。

④さわる

（１）スキンシップで安心感を与えます。基本は握手です。
（２）相手が見えるところからふれます。
（３）触覚過敏の子もいます。

⑤ほめる

（１）シャワーのように褒め，成功体験を実感させます。
（２）力強く，断定的にほめます。

ポイント：予告と承認をすることで、見通しをもって行動することができる

自閉症スペクトラムの子どもに伝わる指示のポイントは、「予告」と「承認」です。

「予告」とは、あらかじめ子どもに何をするのか話しておくことです。全体に指示をする前に、あらかじめその子どもに話しておきます。セロトニンを出す関わり方で伝えることで、より一層効果があります。

そして、ＯＫかどうかを聞いておきます。それが「承認」です。

自閉症スペクトラムの子どもは、見通しが見えないことや変化への不安が強い傾向があります。そのため、「予告」と「承認」をすることで、見通しをもって取り組むことができるのです。

1学期　子供の良さを見つけてほめる

1学期の所見の文例集

1学期の通知表の所見は、

①「人となり」や友達関係、生活の様子
②当番や係、行事などの様子
③学習の様子

という3つの組み立てで書く。

子供の良さを見つけてほめるということが基本だ。

もし、改善しなければならない点を書くとするのならば、「改善するために、どのようなことに気を付けなければならないか」「2学期に、学校でどのような指導をするのか」ということまで書く必要がある。「家庭で○○してください」というように、教師の指導を家庭に押し付けてはいけない。

また、子供の良さを具体的に書くということも大切だ。「算数をがんばりました」というような一般的な記述ではなく、所見の文章を読めばクラスの誰か分かるような書き方をする。

そのためには、「記録」が必要になる。私の場合、学級の児童全員の名前が入ったB4サイズの名簿を1枚用意し、気付いたことがあったらすぐに記録するようにしている。記録のポイントは2つある。

第1に、1人に1枚ではなく、「学級全体で1枚にする」ことだ。こうすることによって、誰のことをまだ書けていないのかが一目でわかるようになる。通知表のシーズンが近づいてきても空欄のままになっている子がいたら、その子により目を向けられるようになるのだ。また、1枚であれば、保管も容易で、取り出してすぐに記録することができる。

第2に、「通知表にそのまま写せるように記録する」ことだ。「掃除○」と記録していても、あとで読み返して何のことか思い出せない。「掃除の時、自分の担当している仕事が終わったら、別の仕事を見つけたり、他の子を手伝ったりしていた」というように記録していれば、そのまま通知表に写して書くことができるのだ。

1学期の所見のポイント

「人となり」や友達関係、生活の様子について

【人となりや友達関係】
・クラスの中のリーダー的存在です。みんなから信頼されています。
・明るく優しい子です。男女分け隔てなく接することができ、友達から好かれています。
・人懐っこく明るい子です。友達に対して優しく接することができます。
・担任がトイレ掃除の点検に行ったときには、見やすいようにさりげなくドアを開けてくれるなど、細やかな心配りができます。

【生活の様子】
・休み時間は、いつも元気に外で遊んでいました。
・休み時間には、男子と一緒に元気にサッカーをして遊ぶこともありました。

当番や係、行事などの様子について

【当番活動】
・係や掃除当番の仕事にも責任をもって最後までやり遂げられるのが大変立派でした。

・給食や掃除の当番では人一倍、一生懸命働きます。

【係活動】

・係活動では、本を作ったり、給食時間にクイズを出したりしてクラスの友達を楽しませていました。
・係活動に熱心に取り組み、給食時間に歌やギャグを披露して、クラスのみんなを楽しませていました。宿泊学習のバス係でも同様に頑張り、F君の替え歌をみんなが口ずさむようになるほどの人気でした。
・係活動に熱心に取り組み、給食時間にはクイズを出してクラスのみんなを楽しませていました。
・係活動では、川柳コンクールを企画するなど、工夫した取組ができました。

【行事・児童会活動】

・運動会の組体操では、バランスに気を付けながら高い位置での演技を頑張りました。
・宿泊学習では、バス係としてバスの中でのレクを中心になって行っていました。
・宿泊学習では、バス係として座席決めなど中心になって活躍しました。
・生活委員として、朝のあいさつ運動にも熱心に取り組みました。

学習の様子について

【学習態度】

・授業中の発表が積極的で、内容も知的です。学習した内容もしっかり理解しています。申し分のない成績です。
・授業中の態度も真面目で、話し手の目を見ながらしっかり話を聞くことができます。発表も積極的です。そのため、学習内容を理解し、どの教科でも安定した成績を残すことができました。
・教科書やノートの準備、次の行動への切り替えは、クラスで一番早くできます。
・Iさんのことで感心するのは、わり算の商を立てる時に1つずつ補助計算を書くことや漢字練習の仕方、宿題の取組など教えられたことを素直にやろうとするところです。こうした地道な取組の成果が表れ、少しずつ力を付けてきています。
・学習面では、どの教科でも課題に対して丁寧に取り組むことができます。それが、各教科の安定した成績につながっています。

【算数】

・算数の小数のわり算の学習では、補助計算をしっかり書き、正確に計算しようと努力していました。その結果、テストではクラスでも数少ない１００点を取ることができました。
・算数では、1つ1つの問題を丁寧に解くことができました。

【音楽】

・音楽では休み時間にもリコーダーの練習を行っていましたし、歌のテストのときには1人で大きくきれいな声で歌うことができ、クラスで最高の点数をとることができました。

【家庭学習】

・イラストを使ったり問題形式にしたりするなどの工夫も素晴らしく、他の子の取組の参考になりました。
・家庭学習にも毎日熱心に取り組みました。漢字の50問テストに向けてもこつこつと練習していたのが立派です。

改善を要する点

・学習では、授業中にできていることがテストに反映されていません。うっかりミスが原因です。1つ1つのことに丁寧に取り組ませるようにして、ミスを減らせるようにしていきたいと思います。
・算数では、数字が乱雑なことによる位取りや小数点の位置の付け間違いをすることがしばしばありました。何事にも丁寧に取り組めるように指導していきたいと思います。

（田上大輔）

2学期　子供の書いた自己評価・振り返りを活用する

2学期の所見のポイント

2学期の通知表の所見は、

①「人となり」や友達関係、生活の様子
②当番や係、行事などの様子
③学習の様子
④1学期と比べて向上したところ

という4つの中から、2つ～3つを取り上げて書く。

その際、教師の記録以外に所見を書く時の参考になるのが、子供の書いた「自己評価・ふりかえり」だ。

運動会や学習発表会などの大きな行事の後には、教師が設定した「練習が始まる時刻に遅れることがなかった」などの評価の観点ごとに自己評価をさせ、「頑張ったことやできるようになったこと」を書かせる。

学期末には、各教科の学習や学校生活などについても「できるようになったことや努力したこと」を書かせる（総合的な学習や外国語活動についても、同様に自己評価・ふりかえりをさせる）。

こうした子供自身の記録によって、その子が自分で何を頑張ったと思っているのかを教師が把握できるとともに、所見に何を書いていいのか思いつかない場合の参考となる。

☆１学期の外国語（英語）の授業について、「５」、「４」、「２」、「１」で点数をつけましょう。

	チェックポイント	点数
1	英語で自己紹介・あいさつができた。	
2	世界には様々な言葉があることに気づいた。	
3	英語で相手の気持ち・気分をたずねたり、答えたりできた。(How are you ?)	
4	英語で数をかぞえることができた。	
5	英語で数をたずねたり、答えたりすることができた。(How many ?)	
6	音を聞いて、どの国の数の言い方か、考えることができた。	
7	好きなものやきらいなものをたずねたり、答えたりすることができた。(Do you like～?)	
8	日本語と英語の音のちがいに気付くことができた。(例) バスケットボール、オレンジなど	
9	英語を使って、友達にすすんで質問したり、答えたりすることができた。	
10	英語を使ったゲームに積極的に参加し、楽しむことができた。	
11	果物やスポーツ、食べ物、動物を英語で言えるように、声に出して練習した。	

☆１学期の英語の授業について、感想を書きましょう。

2学期の所見の文例集

「人となり」や友達関係、生活の様子について

【人となり】

・穏やかで笑顔が素敵です。図工の後の片付けなど、自分のことだけではなく、クラス全体のために働く姿が大変立派です。

・音楽の歌のテストや家庭科の作品発表、係活動など、普通にするのではなく、少しでも楽しく、面白くなるように豊かな発想で様々な工夫をしていました。B君のおかげでクラスが明るくなっています。

【友達関係、生活の様子】

・いつも明るく、楽しそうに学校生活を送っています。男子とも仲良くできるのが立派です。

・交友関係も広がり、毎日楽しそうに学校生活を送っていました。

当番や係、行事などの様子について

【当番活動】

・黒板の消し残しがあったら、自分が担当する時間でなくてもすすんで消していました。

【係活動】
・係活動では、休み時間の度にダンスの練習に励むなど、積極的に活動を行いました。
【行事・児童会活動】
・学習発表会では、「あきちゃん役」として、気持ちのこもった上手な演技をすることができました。
・学習発表会の器楽合奏では、グロッケンの練習に一生懸命取り組み、上手に演奏することができました。
・図書委員会の当番も忘れることなく責任をもって取り組みました。

学習の様子について

【学習態度】
・学習面では、分からないことをそのままにせず、できるようになるまで繰り返し質問し、問題に取り組むことのできるところがすばらしいです。
・学習面ではどの教科も基礎・基本がしっかり身に付いています。学習の課題に対して丁寧に取り組んでいる成果です。
・授業態度が真面目です。話し手の目を見ながらしっかり話を聞くことができます。
・学級で取り組んでいる詩文の暗唱や算数の検定問題など、意欲的に挑戦していました。その合格数は学級のトップレベルです。
【国語】
・1学期同様、丁寧に漢字練習に取り組み、漢字スキルのテストも50問テストも全て満点というすばらしい成績でした。
・新しい漢字を練習する時には、薄く書いてある字をはみ出さないようにしっかりとなぞることができました。
【算数】
・算数の面積の学習では、正確に計算することはもちろん、これまでに学習したことを利用して、様々な面積の求め方を考えることができました。
・算数の面積の学習では、正確に計算するだけでなく、多様な求め方を考えることができました。
【社会】
・社会科のグラフや写真などの基礎資料を正確に読み取る力が大変優れています。
【体育】
・抜群の運動神経で、体育の鉄棒では、足かけ回りなどの難易度の高い連続技も美しくできました。

1学期と比べて向上したところ

・2学期、学習面でクラスの中で一番力を伸ばしたのがA君です。毎時間の努力の積み重ねに加え、1学期に比べてテストの問題文を正確に読み取れるようになってきたことが要因です。漢字練習や日記などの継続した家庭での学習が加われば、もっと伸びていくことと思います。期待しています。
・友達との接し方も少しずつ上手になってきました。
・1学期には、掃除の仕方が分からずに戸惑っている場面もありましたが、正しいやり方を指導すると一生懸命に自分の仕事ができるようになりました。
・テストの問題文も、少し助言をするだけで意味が理解できるようになってきています。苦手にしていた前の学年までの算数の基本的な計算も、たし算・ひき算は確実にできるようになっています。
・新しい漢字の覚え方、正しい練習の仕方をしっかり身に付け、1学期と比べて漢字の力が大きく伸びました。

（田上大輔）

3学期　指導要録は冬休み中に書き始める

3学期の所見のポイント

3学期の通知表の所見は、

①進級を祝う言葉
②その子の「人となり」や「友達関係」、当番や係、行事などの様子、学習の様子、1年間で特に成長したことなどの中から1つか2つ
③次の学年に向けて期待すること

という組み立てで書く。

短い学期ではあるが、1・2学期同様、教師の記録はもちろん、子供にも自己評価やふりかえりをさせておく。

指導要録の書き方のポイント

指導要録の総合所見には、通知表の所見に書いたことからいくつか取り上げ、文末だけ敬体から常体に変えて書けばよい（外国語活動や、総合的な学習の所見も同様である）。

ポイントは、「冬休み中に書く」ということだ。短い3学期に、要録にどうしても書いておかなければならないことが起きるとは考えにくい（心配であれば、あとで書き足せるスペースを少しだけ空けておくとよい）。

比較的、時間に余裕のある冬休み中に所見を書いておくことで、教室移動や次年度の準備で忙しい春休みを、余裕をもって迎えることができる。

3学期の所見の文例集

全体の構成

・進級おめでとうございます。どの教科でも、分からないことをそのままにせずしっかり質問できるのが立派です。算数の授業では、ノートのマスからはみ出ないよう、きれいに書こうと努力することができました。6年生でも、A君の良さを更に伸ばして前進することを期待しています。

「人となり」や友達関係、生活の様子について

・いつも笑顔で、Cさんの周りにいる子も明るくなります。
・人柄のすばらしい子です。友達に対する温かな接し方がとても立派です。

当番や係、行事などの様子について

【当番活動】
・給食や掃除などの当番活動では、人の嫌がる仕事も率先して行うことができ、大変立派です。

【係活動】
・係活動では、ダンスのイベントを企画し、学級のみんなを楽しませました。

【行事】
・卒業式の取組では、呼びかけに立候補し、大きくゆっくりとせりふが言えるように努力しました。
・「6年生を送る会」では、応援団の役として、元気に発表することができました。
・「6年生を送る会」では、実況役として会場を大いに盛り上げました。プロ顔負けの実況でした。

学習の様子について

【学習態度】
・失敗を恐れずに、自分の考えを積極的に発表できるのが立派です。
・どの教科でも学習した内容をしっかり理解し

ています。毎日、集中して学習に取り組んだ成果です。授業中の発表も積極的でした。
・いつも落ち着いて学習に取り組むことができました。
・名前を呼ばれたときに、はっきりと返事をできるのが立派です。
・目標に向けて、真面目にこつこつと努力することができます。こうした取組が、漢字や都道府県など、地道な練習を必要とするテストで全て満点という結果に表れています。

【国語】
・学習面では、文章を正確に読み取ることができています。また、作文の学習では、ユーモアたっぷりの物語を創作することができました。
・国語で物語を創作した時には、短い時間の中で長く書くことができました。
・国語の作文では、正しい原稿用紙の使い方で、読み手に分かりやすい文章を書くことができました。
・国語で物語を創作した時には、使う言葉の選択や語り手の視点、会話文の使い方などに高いセンスを感じました。
・国語で「研究レポート」を書いたときには、太陽系の惑星について本で調べた情報をノートにメモし、作文にまとめることができました。

【算数】
・算数の学習では、円柱や角柱の性質をしっかり理解し、難しい見取り図や展開図も正確に描くことができました。

【社会】
・正確に資料を読み取り、問題に答えることができます。

【体育】
・体育のスケート学習では、華麗な滑りでみんなの手本となりました。

【家庭学習】
・家庭学習の取組も、学習内容やまとめ方が工夫されていて見事でした。
・家庭学習も、自分なりの工夫をしながら知的な内容に取り組むことができました。

【成長したこと】
・学習面では、どの教科も安定した成績です。毎日の努力の積み重ねの成果が表れています。この1年間で大きく成長しました。
・3学期は、学習の中で字を丁寧に書こうと努力していました。また、文章の読解力も以前に比べて伸びました。
・苦手な場面になった時の対応の仕方も、1年間で大変上手になりました。

次の学年に向けて期待すること
・6年生でもA君の丁寧さや努力する力を大切に、更に活躍することを願っています。
・6年生でもB君の優しさ、真面目さを大切に、更に活躍することを期待しています。
・6年生でもC君の仕事に対する真剣な取組や真面目な授業態度を大切に、更に前進することを願っています。
・6年生でもD君の元気の良さや友達を思いやる心を大切に、更に前進することを願っています。
・6年生でも、Eさんの明るさや表現力、積極性を大切に、更に活躍することを願っています。
・6年生でも、Fさんの行動力や発想力を大切に、更に活躍することを願っています。

（田上大輔）

トラブル対応原則「慌てず騒がず即行動」

【事例一　問題行動】
女子の仲良しグループが、お酒を持った写真をＬＩＮＥのタイムラインにアップするトラブル

3学期が始まってすぐに、女子の仲良しグループ7人が放課後に家に集まり、集団飲酒をする事件が起きました。

学年の多くの子どもや保護者とＬＩＮＥの友達設定になっているので、多くの子がその写真を見ることになりました。すぐに写真を削除したようですが、情報は出回りました。翌日の放課後、他の子の保護者から、担任に情報が届きました。

（対応その一）事実の確認

翌朝、関係する7人を1人ずつ呼び出し、事実の確認を行いました。時間割を変更し、学年2クラスを合同体育にして自習体制を取り、担任2人で話を聞きました。担任1人ではなく、2人で聞き取るようにしました。正確さを期すためと、当事者である子どもに事の重大さを理解してもらうためです。この段階では事実の確認にとどめ、指導は行いません。

【原則一】事実の確認と指導は別に行う

（対応その二）情報の整理

次は全員を集めて聞き取った情報の整理を行いました。多人数が関係する案件では、各自が話す情報にずれが生じることは当然のことです。その情報を全員で共有してその場で整理し確認します。今回の案件についての全体像と詳細を確定します。

ここで大切なことは、この時点での確定内容をもとにして、今後の指導や保護者への連絡を行うということを、当事者に理解させることです。

集団飲酒というトラブルは、反抗期の非行行為として認識されがちですが、今回の案件は、ここまでの段階で、理解力不足と想像力不足を起因とした「幼さ」によるものであると判断できました。そのため、指導を行う前に、1つ1つ理解できているのかを丁寧に確認する必要があるのです。

【原則二】指導の前に理解の確認をする

（対応その三）指導後の過ごし方への助言

個別の聞き取りや集団への指導を終えた後に、当事者である子ども達にかける言葉が大切になります。それは、その後の過ごし方への助言をすることです。

本来ならば、トラブルを起こして教師から指導を受けた子ども達は、教室に戻った後も静かに過ごす姿を期待されます。しかし、それは教師の思い込みです。子ども達は、ホッとした気持ちから、いつも通り楽しそうにおしゃべりをしたり、一緒に歌ったり踊ったりしてしまうのです。その場合、さらに指導する内容が増えてしまいます。

当事者である子ども達には、そのような行動を取った場合、自習をして待っていた周りの子ども達の気持ちや真剣に指導をした教師の気持ちを傷つけてしまうことになる、と教えることが大事になります。丁寧な指導によって正しい行動を取ることができるようになります。

生徒指導上の問題やトラブルが起きた場合、そのこと（過去）についての指導のみに終始してしまいがちです。大切なのは現在と未来の行動について「教え」、「正しい行動をさせる」ことです。

【原則三】過去への指導のみに終始せず、現在や未来の行動への指導を大切にする。

（対応その四）家庭への連絡

家庭への連絡は、「時間」と「公平」と「趣旨」がポイントとなります。

まず、「時間」についてです。これは、指導日に確実に連絡をすることです。子どもが校内で大怪我をした時は、家庭に即座に確実な方法で連絡を行うはずです。それと同様の対応が必要です。後からの連絡は、さらなるトラブルを招きます。

次に、「公平」です。多人数が関係する案件の場合、子どもの取った行動に軽重があったとしても、家庭への連絡では、公平さを保つように配慮します。

そして、「趣旨」です。子どもから聞き取ったことの事実を説明し、今後どのように過ごしていくかを相談したい、という趣旨を伝えます。決して、責めるような伝え方をしないように配慮します。あくまでも、学校と家庭とで、子どもを中心に置いた「相談」を行いたい、と面談の「趣旨」を伝えます。

【原則四】問題行動に関する家庭への連絡では、今後の「相談」をしたいという趣旨を伝える。

【事例二　苦情】
学区の境にある公園で他校の児童とけんかをする。相手の保護者から学校にクレームが届く。

放課後に学校に電話がかかってきました。

「5年生に○○というのがいるだろう。うちの子がそいつに暴力を振るわれた。いったい、学校ではどういう指導をしているんだ。担任と保護者が謝りに来い」

（対応その一）誰が苦情を受け取るかの選択

この場合、電話をしている相手は、かなりの興奮状態にあることが想像できます。このままでは、正確な情報を聞き取ることさえできません。このような苦情の電話を受けると、動揺してしまいますが、努めて冷静に対応することが大切です。

まずは、その時の職員室の状況を確かめます。学年主任や生徒指導主任がいれば、電話対応を代わってもらいます。そのような立場の先生が不在の場合は、他学年の先生でも構わないので、ベテランの先生に対応をお願いすることをお勧めします。

立場のある教師やベテラン教師が電話に対応することで、相手方に、「自分のことを受け入れてくれている」と感じてもらえる場合が多くあります。また、電話をいったん保留することで、相手方も学校も、一呼吸入れることができ、冷静な対応へとつながります。

【原則一】誰が苦情に対応するかで相手の反応が異なる。上司を頼りにする。

（対応その二）苦情電話対応の流れ

自分が電話に対応するしかない場合もあります。その場合、次のような流れを意識して話を進めます。

①自分の立場・名前を告げる。
②相手の立場・名前を尋ねる。
③相手の話を聞く。
④時系列に沿って話を整理する。
⑤学校の対応予定について話す。
⑥相手方への連絡予定について話す。
⑦質問等があるか確認する。
⑧連絡への感謝の意を伝えて電話を終える。

①について

まずは、自分の立場と名前を伝えます。「5年2組担任の金子が、お話を伺います」と自分の立場と名前を告げることで、次に相手の立場と名前を尋ねやすくなります。

②について

「失礼ですが、お名前をお伺いしてもよろしいでしょうか?」と尋ねます。名前を名乗りたがらない方も多くいます。その場合、名前を確認したい理由を話すとよいでしょう。「お話をお伺いした後、学校で対応させていただき、そのことについてご連絡差し上げたいのです」。それでも名乗りたがらない場合は、立場だけでも確認させてもらいます。今回の場合、「○○小学校五年生のお子さんのお父様ですね」となります。

③について

相手の話を聞く際は、受容的な態度を基本として聞きます。苦情ですので、話の途中に好ましくない内容を多く聞かされることになります。今回の場合は、「何も言わずに、いきなりお腹を殴ってきた」や「集団で取り囲み、1人に対して暴力を振るった」等です。まさかそんなことはないだろうと思ったとしても、この場では決して反論しません。あくまで苦情であり、事実確認をするのはこの後だからです。相手方の話を誠実に聞き取るようにします。

④について

苦情の電話というのは、内容の大半は感情です。ですので、事実のみを確認します。「上司へ報告するために時系列に沿って事実を整理させてください」と相手方にお断りをして、整理した内容を告げます。この時、「いつ・どこで・誰が・何を・どのようにしたのか・なぜそうなったのか」について、相手方の主張する内容を確認します。苦情というのは、たいてい子どもから聞いた話をもとにして生まれます。ですが、子どもは事実通りに話すことができない場合があります。相手方にこちらの話を受け入れてもらえる雰囲気があるならば、その旨を告げます。

「今、確認させていただいたことをもとに、明日、関係する児童を集め、事実の確認を行います。その際、子どもですので、今回の件について自分達なりの捉え方をしていることが考えられます。今お話しいただいたこと、つまりお父様がお子さんからお聞きになった事実と、明日私たちが子ども達から聞き取りをする事実とが、ずれてしまうことがあります」

「その際、再度お話しさせていただきたいのですが、こちらからの連絡は、○○小学校の生徒指導の先生や担任の先生を通してご連絡させていただく、という方法でよろしいでしょうか」

⑤について

現時点で考えられるだけの対応例を挙げます。

ア　上司（校長）に報告する。

イ　○○小学校の校長にも報告する。

ウ　関係する児童を集め、事実の確認を行う。

エ　聞き取った内容について、○○小学校の生徒指導の先生もしくは担任に連絡する。

オ　その他の要望（謝りに来い等）への対応については、できる限り対応するが、現時点では確実な約束ができない。

⑥について

回答期限を相手に伝えることが大切です。

「今回お話しいただいた件について、できる限り早急に対応します。最短で明後日までに○○小学校を通してご連絡できます。時間がかかったとしても、3日後までにはご連絡します」

⑦⑧について

最後に相手方からの質問事項がないかを確認し、今回連絡をしてくれたことへの感謝の意を述べ、電話を終えます。

「ご連絡ご相談をいただき、ありがとうございました。子ども達にとってよりよい解決となりますようにしていきます」

『子ども（達）のために』という部分を強調する。最後に立場を主張することをしてもよい。

【原則二】苦情の大半は感情表現ではあるが、冷静に対応し、事実の確認を最優先する。

【事例三　学級崩壊からの生還】

4年生のクラスが学級崩壊して担任が療休に入る。校長が臨時担任になるが立て直せない。年度途中でそのクラスのみ解体を行い、2クラスに分けて指導する。そのクラスが含まれた学年（5年生）を異動してきたばかりで担任する。

何のために

学級崩壊したクラス、学年崩壊した学年を立て直すためには膨大なエネルギーを必要とします。立て直す途中には、何度も挫折しかけます。

「なぜ自分が担任なのだろうか」
「自分でなくてもいいのでは」
「何をしても全く何も変わらない」
「今までの自分の経験は全て無駄だったのか」

等々。だからこそ、何のために立て直すのか、自分なりの「大義」を持つことが必要です。

「子ども達を笑顔にするために」
「よりよい仕事がしたいから」

何でもいいのです。言葉にすることが大切です。

【何のために立て直すのか】
自分なりの大義を持つことで乗り越えられる

頼る・感謝する

学級崩壊からの生還は、全て担任の力量にかかっています。よい授業、よい対応、よい指導の「連続的成功」によってのみ立て直すことができます。担任の力量にかかっているからこそ、担任の責任は重く、担任が感じる孤独感は大きくなります。

だからこそ、自分から同僚を「頼る」ことを増やしていきます。事務的な手続きをお願いしたり、早目に帰らせてもらったり、というお願いをします。このような「図々しさ」を持ち合わせていないと、そもそも学級崩壊を立て直すことはできないのです。

そして、それとともに「感謝する」ことを忘れないようにします。崩壊しているクラスの子ども達は、たいてい他の学年にも迷惑をかけているものなのです。ある1日、他学年からの苦情が出なかったとしたら、子ども達が頑張ったとともに、同僚の先生方が自分の代わりに対応してくださったのだと感謝しましょう。このような「謙虚さ」を持ち合わせていないと、そもそも学級崩壊を立て直すことはできないのです。

【何が必要か】
同僚を頼る「図々しさ」
同僚に感謝する「謙虚さ」

【荒れた学級から生還するための原則七】

〈原則一〉いつかよくなると信じ続ける
大人が荒らした子ども達。同じ大人が建て直せないわけないじゃないか！

〈原則二〉自分の限界を知る
自分には力がない。きれい事ばかり言ってられない。何でもやる覚悟を持て。

〈原則三〉とにかく笑う
声に出して笑う。常にニコニコする。驚きながら笑う。困りながら笑う。

〈原則四〉底を見せるな
大きな声で感情をむき出しにして叱ってしまったら、それ以上はない。

〈原則五〉よく話し、よく食べる、よく眠る、そしてよく忘れる
今日起きたことは全て忘れる。どうせ明日も同じことが起きるのだから。

〈原則六〉いざとなったら逃げる
保護者が来る。校長が来る。そんな時は責任転嫁。

〈原則七〉楽しむ
荒れたクラスはネタの宝庫。他人には経験できないことばかり。楽しまなきゃ。

（金子明弘）

〈社会〉「グラフの読み取り」をフローチャート化

グラフの読み取りの基本

このフローチャートで、グラフの読み取りの技能を習得することができる。この技能を習得すれば、今後、他の種類のグラフが出てきても対応できる。

基本になる部分を取り上げる。まず、題・出典・年度を答えられるようにする。

これが、グラフの読み取りの基本となる。次ページに示す教科書のグラフの場合は、題は米の生産量と消費量の変化。出典は食料需給表。年度は平成19年である。ここは、何度も戻って指導してもよい所である。資料によっては、年度が抜けている場合がある。その場合は、不明とする。

次に、縦軸、横軸についてである。

まず、それぞれの軸が何を表しているかである。次に単位を問う。縦軸は米の量であり、単位は万tである。横軸は、年号で単位は年である。

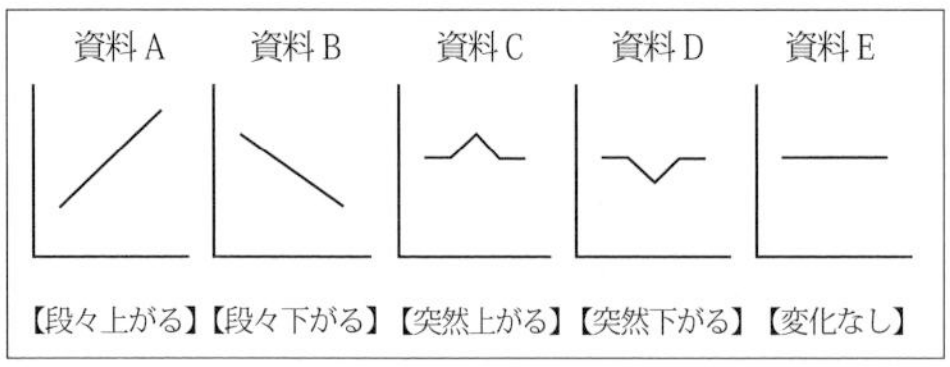

縦軸と横軸の設定で、グラフの印象が大きく変わるので、そのことも理解させたい。

そして、グラフの傾向である。グラフの傾向は、次の5つに分類される。「①上がる　②下がる　③突然上がる　④突然下がる　⑤変化なし」である。次ページの教科書に示すグラフの場合は、生産量も消費量も下がるである。分かりにくい場合は、始点と終点を定規で結ぶとよい。

グラフの変化には因果関係がある

次ページのグラフの場合は、下がるという傾向である。変化には、何らかの因果関係があると考えられる。その因果関係が教科書の本文やほかの資料から分かる場合も多い。教科書の中から、グラフの変化の理由と考えられる部分にアンダーラインを引かせるという方法もある。次ページのグラフであれば、生産調整をした結果というところである。

教科書の同じページには、生産調整という言葉の解説もあり、１９６９年から生産調整が行われたことが分かり、赤鉛筆で、１９６９年のところに赤鉛筆で縦に線を引くと、そこを境に生産量が減っていることが読み取れる。

（片山育男）

グラフの読み取りは、「A情報の読み取り」と
「B因果関係を見つけること」がポイントである。

グラフの読み取りのポイント

A　情報の読み取り

・題　・出典　・年度

・縦軸　・横軸

・傾向　①上がる　②下がる　③急激に上がる　④急激に下がる　⑤変化なし

B　因果関係を見つける

グラフの変化の原因を教科書から見つける。

社会科の教科書にはたくさんの資料が載っている。その1つにグラフがある。グラフの読み取りは、「題」から始まる。やり方さえわかれば、どの子でもできるのだ。このチャート通りに授業を行えば、たとえ新卒1年目の教師でも、あるいは教育実習の学生でさえも、社会科の基礎・基本を身に付けさせることができる。グラフの変化には、因果関係があり、それを教科書から見つけるのも大切な技能である。

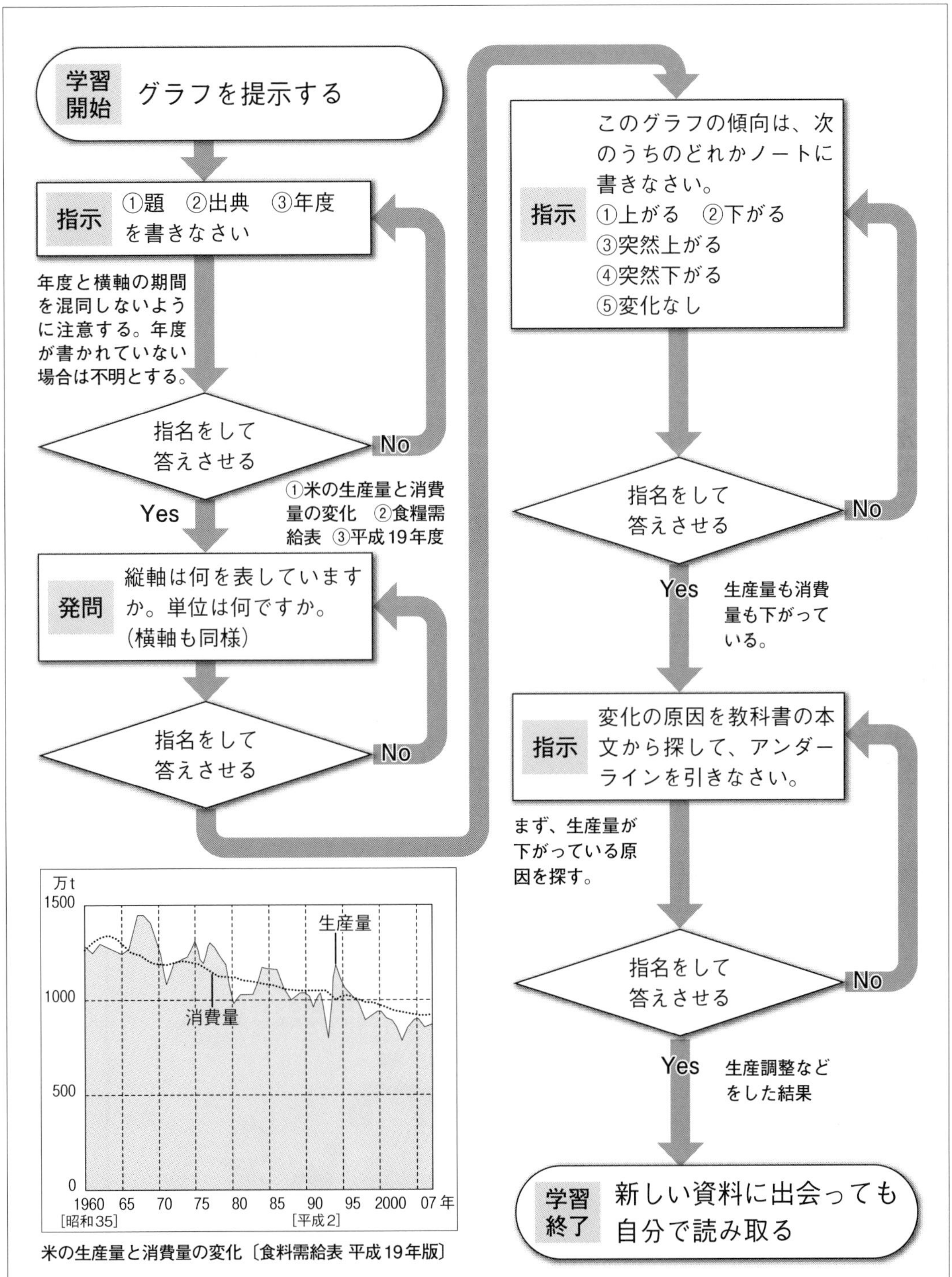

米の生産量と消費量の変化〔食料需給表 平成19年版〕

〈国語〉「桃太郎要約」をフローチャート化

国語で「プログラミング的思考」を育む

向山型要約指導（この項では向山洋一氏が実践した「桃太郎要約」を取り上げる）は、要約を「2回」させている。

これだけで「繰り返す＝反復性」がある。

しかし、反復するだけでいいのなら、腕のある教師ならば誰でもできる。

向山実践がすごいのは、「反復」なのに「子供たちが熱中する」ところだ。

どうやって、ただの反復である「2回目の要約」で子供をたちを熱中させるのか。同一教材の「2回目の要約」である。普通は飽きる。

その秘訣は、

> 「まだ黒板に書いていない人書きなさい」

という指示にある。

通例、1回目の「黒板に書きなさい」という指示で黒板に書く子供は、「勉強のできる子供」であるはずだ。

大人だって「桃太郎のお話を20字以内でまとめて黒板に書いてください」と言われたら苦戦する。

それを子供たちがやるのだ。

どう考えても「勉強のできる子供」が出てくる。

その勉強のできる子供が教師に「10点満点の3点」等の言葉をかけられる。ここでまず衝撃が起こる。

キーワードを確定し、「桃太郎を最後にする」ということを教えた上で、再び子供たちに黒板に書かせる。

> 「まだ黒板に書いていない人書きなさい」

と指示する。

今度はどう考えても「勉強があまり得意ではない子供」が出てくる。そこで「勉強があまり得意ではない子供」が満点（10点）をもらう。

再び衝撃が起こる。完全な逆転現象である。

「要約という同じことを繰り返しながら＝反復性」、「順序よく要約を進め＝順序性」、「ところどころ答えが分かれる＝分岐性」という3条件を、「向山型要約指導」は全て満たしている。

それでいて子供たちが熱中する。

「国語でプログラミング的思考？　そんなの無理」を打ち砕く実践である。

（鈴木良幸）

「全員がほぼ同じ答えになる」向山型要約指導。
この要約指導は「プログラミング的思考」そのものだ。

桃太郎のお話を 20 字以内にまとめなさい

子供たちは右図のような答えを書いてくる。
いずれも満点（10 点）ではない。

A　桃太郎はおともをつれて鬼退治をしました。
B　鬼退治をして出世した桃太郎の話。
C　桃から生まれた桃太郎は鬼をたいじしました。
D　桃から生まれた少年が動物の手下と鬼退治。
E　昔、桃太郎が鬼ヶ島へ行って鬼退治をした。

２回目　桃太郎のお話を 20 字以内にまとめなさい

今度は「ほぼ全員の答えが同じになる」。
順序性・分岐性・反復性のある要約指導である。

「全員がほぼ同じ答えを書く」要約指導を主張した向山洋一氏の代表的実践である。「桃太郎の話を20字以内でまとめなさい」という指示を「反復」しながら、進んでいく。子供たちの答えは途中で「分岐」するが「順序」よく進めていけば、必ず最後は「全員がほぼ同じ答えを書く」状態になる。それでいて子供たちは楽しく熱中しながら学ぶ。初任者でも追試可能の「子供が熱中する要約指導」である。

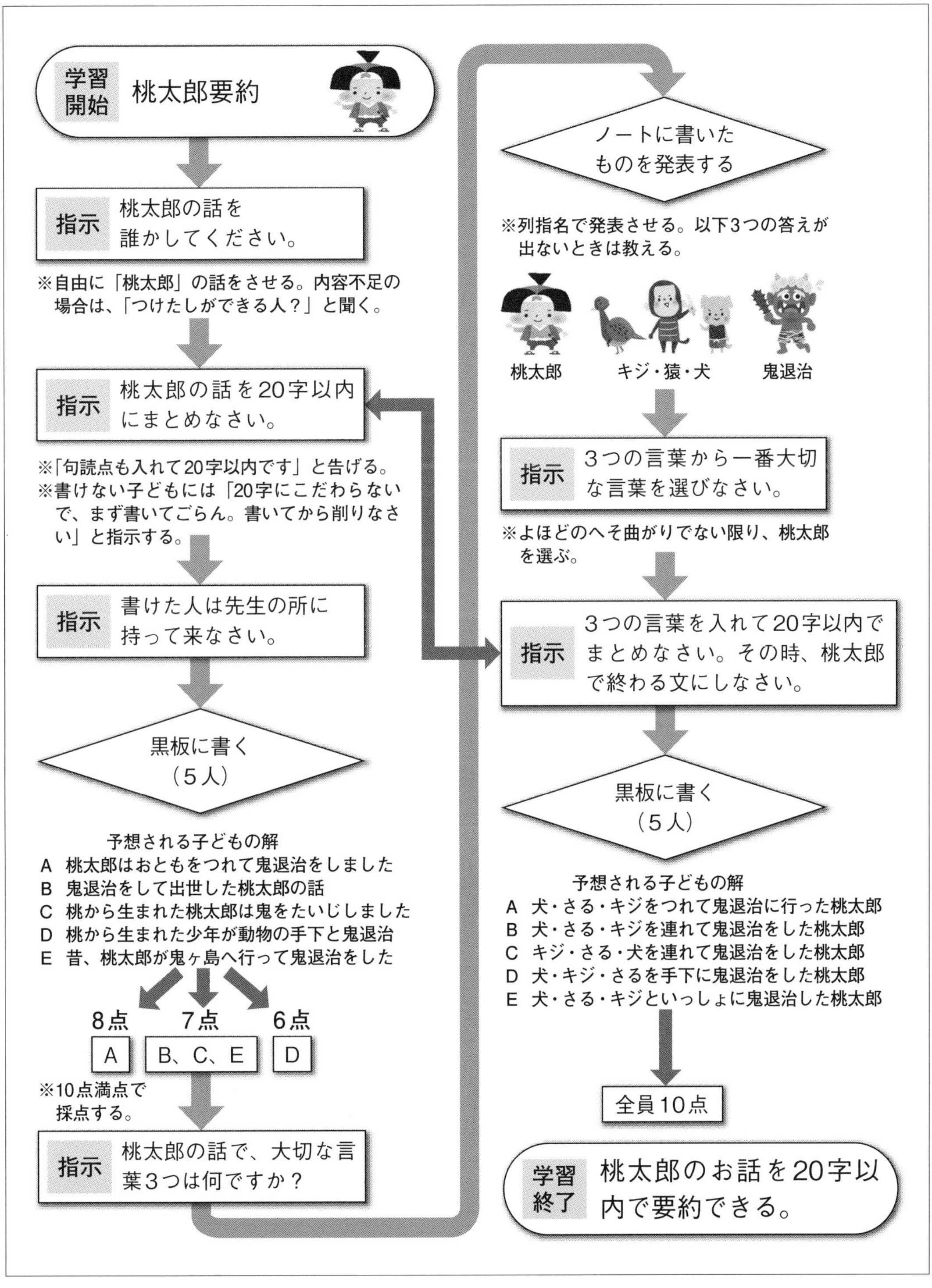

企画統括／監修／執筆者一覧

〈企画統括〉
向山洋一　日本教育技術学会会長／TOSS代表

〈監修〉
谷和樹　玉川大学教職大学院教授

〈各章・統括者一覧〉
井手本美紀　東京都公立小学校
小野隆行　岡山県公立小学校
橋本信介　神奈川県公立小学校
石坂陽　石川県公立小学校
雨宮久　山梨県公立小学校
平山靖　千葉県公立小学校
千葉雄二　東京都公立小学校
太田政男　島根県公立小学校
小嶋悠紀　長野県公立小学校
渡辺喜男　神奈川県公立小学校
河田孝文　山口県公立小学校
村野聡　東京都公立小学校
川原雅樹　兵庫県公立小学校
木村重夫　埼玉県公立小学校
小森栄治　日本理科教育支援センター
関根朋子　東京都公立小学校
上木信弘　福井県公立小学校
川津知佳子　千葉県公立小学校
桑原和彦　茨城県公立小学校
井戸砂織　愛知県公立小学校
甲本卓司　岡山県公立小学校
松崎力　栃木県公立小学校
鈴木恭子　神奈川県公立小学校
谷和樹　玉川大学教職大学院教授

◎執筆者一覧

〈刊行の言葉〉
谷和樹　玉川大学教職大学院教授

〈本書の使い方〉
村野聡　東京都公立小学校
千葉雄二　東京都公立小学校
久野歩　東京都公立小学校

〈グラビア〉
井手本美紀　東京都公立小学校
三宅孝明　岡山県公立小学校
宮森裕太　神奈川県公立小学校
奥本翼　石川県公立小学校

〈第1章〉
生山裕子　山梨県公立小学校

〈第2章〉
東條正興　千葉県公立小学校
本宮淳平　千葉県公立小学校

〈第3章〉
阿妻洋二郎　東京都公立小学校

〈第4章〉
太田政男　島根県公立小学校
團野晶夫　島根県公立小学校

〈第5章〉
原良平　長野県公立小学校
小嶋悠紀　長野県公立小学校

〈第6章〉
水本和希　神奈川県公立小学校
佐藤文香　神奈川県公立小学校

〈第7章〉
吉谷亮　山口県公立小学校

〈第8章〉
保坂雅幸　東京都公立小学校
高橋優　神奈川県公立小学校
細井俊久　埼玉県公立小学校
吉原尚寛　千葉県公立中学校
丸山美香　奈良県公立小学校
末永賢行　宮城県公立小学校
川津知佳子　千葉県公立小学校
桑原和彦　茨城県公立小学校
吉谷亮　山口県公立小学校
笹原大輔　山形県公立小学校
西村純一　岡山県立特別支援学校
中越正美　大阪府公立小学校
片倉信儀　宮城県公立小学校
金崎麻美子　千葉県公立小学校
梶田俊彦　岡山県公立小学校
小川幸一　神奈川県公立小学校
高木順一　東京都公立小学校
熊谷一彦　宮城県公立小学校
堀田和秀　兵庫県公立小学校
藤本英治　山口県公立小学校
平眞由美　神奈川県公立小学校
水本和希　神奈川県公立小学校
松本菜月　栃木県公立小学校
早坂英里子　宮城県公立小学校
浦木秀徳　鳥取県公立小学校
直江一平　宮城県公立小学校
白石和子　東京都公立小学校
今井豊　広島県公立小学校
山本芳幸　岡山県公立小学校
菊地耕也　宮城県公立小学校
柏木麻理子　千葉県公立小学校
金子明弘　福井県公立小学校
上木朋子　福井県公立小学校
関澤陽子　群馬県公立小学校

〈第9章〉
小林智子　群馬県公立小学校（p.211）
生山裕子　山梨県公立小学校（p.212～213）
梅沢貴史　埼玉県公立小学校（p.214～215）
吉谷亮　山口県公立小学校（p.216～217）
川原雅樹　兵庫県公立小学校（p.218～219）
阿妻洋二郎　東京都公立小学校（p.220～221）
三宅孝明　千葉県公立小学校（p.222～223）

〈第10章〉
田上大輔　北海道公立小学校

〈第11章〉
金子明弘　神奈川県公立小学校

〈附章〉
片山育男　北海道公立小学校
鈴木良幸　東京都公立小学校

[企画統括者紹介]　向山洋一（むこうやま・よういち）

東京都生まれ。1968年東京学芸大学卒業後、東京都大田区立小学校の教師となり、2000年3月に退職。全国の優れた教育技術を集め教師の共有財産にする「教育技術法則化運動」TOSS（トス：Teacher's Organization of Skill Sharingの略）を始め、現在もその代表を務め、日本の教育界に多大な影響を与えている。日本教育技術学会会長。著書に『新版　授業の腕を上げる法則』をはじめとする「教育新書シリーズ」（全18巻）、同別巻『向山の教師修業十年』、全19巻完結セット『向山洋一のLEGACY BOX（DVD付き）』、『子どもが論理的に考える！――"楽しい国語"授業の法則』、『そこが知りたい！　"若い教師の悩み"　向山が答えるQA集１・２』、『まんがで知る授業の法則』（共著）など多数。総監修の書籍に「新法則化」シリーズ（全28巻）がある（以上、すべて学芸みらい社）。

[監修者紹介]　谷和樹（たに・かずき）

玉川大学教職大学院教授。北海道札幌市生まれ。神戸大学教育学部初等教育学科卒業。兵庫県の加東市立東条西小、滝野東小、滝野南小、米田小にて22年間勤務。その間、兵庫教育大学修士課程学校教育研究科にて教科領域教育を専攻し、修了。教育技術法則化運動に参加。TOSSの関西中央事務局を経て、現職。国語、社会科をはじめ各科目全般における生徒指導の手本として、教師の授業力育成に力を注いでいる。『子どもを社会科好きにする授業』『みるみる子どもが変化する「プロ教師が使いこなす指導技術」』（ともに学芸みらい社）など、著書多数。

若手なのにプロ教師！　新学習指導要領をプラスオン
小学5年生　新・授業づくり＆学級経営
365日サポートBOOK

GAKUGEI MIRAISHA

2018年4月15日　初版発行

企画統括　向山洋一《むこうやまよういち》
監修　谷和樹《たにかずき》
編集・執筆　「小学5年生　新・授業づくり＆学級経営」編集委員会
発行者　小島直人

発行所　学芸みらい社
〒162-0833　東京都新宿区箪笥町31　箪笥町SKビル
電話番号：03-5227-1266
http://www.gakugeimirai.jp/
E-mail：info@gakugeimirai.jp

印刷所・製本所　藤原印刷株式会社
装丁　小沼孝至
本文組版　村松明夫／目次組版　小宮山裕
本文イラスト　げんゆうてん
企画　樋口雅子／校正　（株）一校舎

乱丁・落丁本は弊社宛にお送りください。送料弊社負担でお取替えいたします。

ISBN978-4-908637-65-0 C3037

小学校教師のスキルシェアリング
そしてシステムシェアリング
―初心者からベテランまで―

授業の新法則化シリーズ
＜全28冊＞

企画・総監修／向山洋一 日本教育技術学会会長 TOSS代表

編集 執筆 TOSS授業の新法則 編集・執筆委員会

発行：学芸みらい社

1984年「教育技術の法則化運動」が立ち上がり、日本の教育界に「衝撃」を与えた。そして20年の時が流れ、法則化からTOSSになった。誕生の時に掲げた4つの理念はTOSSになった今でも変わらない。

1. 教育技術はさまざまである。出来るだけ多くの方法を取り上げる。（多様性の原則）
2. 完成された教育技術は存在しない。常に検討・修正の対象とされる。（連続性の原則）
3. 主張は教材・発問・指示・留意点・結果を明示した記録を根拠とする。（実証性の原則）
4. 多くの技術から、自分の学級に適した方法を選択するのは教師自身である。（主体性の原則）

そして十余年。TOSSは「スキルシェア」のSSに加え、「システムシェア」のSSの教育へ方向を定めた。これまでの蓄積された情報をTOSSの精鋭たちによって、発刊されたのが「新法則化シリーズ」である。

日々の授業に役立ち、今の時代に求められる教師の仕事の仕方や情報が満載である。ビジュアルにこだわり、読みやすい。一人でも多くの教師の手元に届き、目の前の子ども達が生き生きと学習する授業づくりを期待している。

（日本教育技術学会会長　TOSS代表　向山洋一）

学芸を未来に伝える
学芸みらい社
GAKUGEI MIRAISHA

株式会社 学芸みらい社（担当：横山）
〒162-0833 東京都新宿区箪笥町31 箪笥町SKビル3F
TEL:03-6265-0109（営業直通） FAX:03-5227-1267
http://www.gakugeimirai.jp/
e-mail:info@gakugeimirai.jp